U0884083

"十四五"职业教育国家规划教材

职业教育汽车类专业"互联网+"创新教材

汽车单片机应用技术

主　编　李晓艳

副主编　张　娟　王艳超　陈晓宝

参　编　侯立芬　王　晶　李文华

董艳艳　徐　蕾　耿升荣　姜　霞

陈　健　林　法　唐国锋　王万君

机械工业出版社

本书为“十四五”职业教育国家规划教材。

本书主要内容包括汽车照明系统控制、汽车信号系统控制、汽车喷油系统控制、汽车仪表系统控制、汽车怠速控制、汽车其他系统控制6个基础模块，共35个任务。全书以AT89S51为载体，兼顾汽车电子控制的相关基本知识，循序渐进地介绍了单片机应用知识。

本书可作为高职高专汽车检测与维修技术、汽车新能源技术、汽车电子技术等相关专业的教材，也可作为汽车相关专业学生的参考用书。

为了便于读者自主学习、提高学习效率，本书配备了二维码视频资源，可通过手机扫码观看。

本书还配有电子课件、试卷及答案等，凡使用本书作为教材的教师可登录机械工业出版社教育服务网 www.cmpedu.com 注册后免费下载。咨询电话：010-88379375。

图书在版编目（CIP）数据

汽车单片机应用技术/李晓艳主编．—北京：机械工业出版社，2020.6（2025.6重印）
职业教育汽车类专业“互联网+”创新教材
ISBN 978-7-111-66111-5

Ⅰ.①汽… Ⅱ.①李… Ⅲ.①汽车-单片微型计算机-高等职业教育-教材 Ⅳ.①U463.6

中国版本图书馆CIP数据核字（2020）第126767号

机械工业出版社（北京市百万庄大街22号　邮政编码100037）
策划编辑：葛晓慧　责任编辑：葛晓慧　陈文龙
责任校对：刘丽华　封面设计：鞠　杨
责任印制：刘　媛
北京中科印刷有限公司印刷
2025年6月第1版·第11次印刷
184mm×260mm·18印张·440千字
标准书号：ISBN 978-7-111-66111-5
定价：55.80元

电话服务
客服电话：010-88361066
010-88379833
010-68326294

网络服务
机　工　官　网：www.cmpbook.com
机　工　官　博：weibo.com/cmp1952
金　书　网：www.golden-book.com
机工教育服务网：www.cmpedu.com

封底无防伪标均为盗版

关于“十四五”职业教育国家规划教材的出版说明

为贯彻落实《中共中央关于认真学习宣传贯彻党的二十大精神的决定》《习近平新时代中国特色社会主义思想进课程教材指南》《职业院校教材管理办法》等文件精神，机械工业出版社与教材编写团队一道，认真执行思政内容进教材、进课堂、进头脑要求，尊重教育规律，遵循学科特点，对教材内容进行了更新，着力落实以下要求：

1. 提升教材铸魂育人功能，培育、践行社会主义核心价值观，教育引导学生树立共产主义远大理想和中国特色社会主义共同理想，坚定“四个自信”，厚植爱国主义情怀，把爱国情、强国志、报国行自觉融入建设社会主义现代化强国、实现中华民族伟大复兴的奋斗之中。同时，弘扬中华优秀传统文化，深入开展宪法法治教育。

2. 注重科学思维方法训练和科学伦理教育，培养学生探索未知、追求真理、勇攀科学高峰的责任感和使命感；强化学生工程伦理教育，培养学生精益求精的大国工匠精神，激发学生科技报国的家国情怀和使命担当。加快构建中国特色哲学社会科学学科体系、学术体系、话语体系。帮助学生了解相关专业和行业领域的国家战略、法律法规和相关政策，引导学生深入社会实践、关注现实问题，培育学生经世济民、诚信服务、德法兼修的职业素养。

3. 教育引导学生深刻理解并自觉实践各行业的职业精神、职业规范，增强职业责任感，培养遵纪守法、爱岗敬业、无私奉献、诚实守信、公道办事、开拓创新的职业品格和行为习惯。

在此基础上，及时更新教材知识内容，体现产业发展的新技术、新工艺、新规范、新标准。加强教材数字化建设，丰富配套资源，形成可听、可视、可练、可互动的融媒体教材。

教材建设需要各方的共同努力，也欢迎相关教材使用院校的师生及时反馈意见和建议，我们将认真组织力量进行研究，在后续重印及再版时吸纳改进，不断推动高质量教材出版。

机械工业出版社

前　　言

汽车电子技术的发展，使得汽车电子信息化紧紧围绕着安全、环保、舒适、节能四个方面逐步提升汽车的性能。汽车电子控制设备成本低、控制精确、使用寿命长，对汽车的性能发挥起着至关重要的作用，同时其通用性好，便于维修和更换。电子技术的发展使得电子电路高度集成化，具有体积小、使用方便等优点，也使电子设备成本越来越低。电子控制单元的核心是微处理器，目前微处理器已广泛应用于汽车安全、环保、动力装置、传动、底盘、娱乐和故障诊断等系统中。

为贯彻落实党的“二十大”精神，建设现代化产业体系，本书以国家目标和战略需求为导向，以汽车智能技术专业、智能网联汽车技术专业人才培养目标为依据，以专业能力结构为主线，以建立基于工作过程系统化为导向的课程体系为落脚点，融入科技创新、科学家精神、“双碳”理念等思政元素，以学生为主体，以能力为本位，以“汽车单片机应用技术”课程为单位，以项目为载体，以任务来驱动，改革课程内容、评价体系，优化课程结构，进行项目化设计。本书以AT89S51为载体，兼顾汽车电子控制的相关基本知识，循序渐进地介绍了汇编语言程序设计、单片机的基本结构、中断系统、定时系统、接口技术等知识。

本书共有5个基础模块，33个任务，具体内容如下表所示，参考学时为72学时。所有任务均配有对应的任务工单。

项目设计任务表

模块一 汽车照明系统控制	项目一　汽车单片机认知	任务一　汽车电子技术与单片机认知
		任务二　51系列单片机认知
		任务三　MOTOROLA系列汽车单片机认知
		任务四　汇编语言认知
	项目二　汽车照明系统模拟设计	任务一　单片机最小系统认知
		任务二　汽车照明灯模拟控制设计
模块二 汽车信号系统控制	项目一　汽车喇叭模拟控制	任务一　汇编语言顺序程序结构认知
		任务二　汽车喇叭模拟控制设计
	项目二　汽车紧急灯模拟控制	任务一　汇编语言循环程序结构认知
		任务二　汽车紧急灯模拟控制设计
	项目三　汽车转向灯模拟控制	任务一　汇编语言查表程序结构认知
		任务二　汇编语言子程序结构认知
		任务三　汽车简易防盗报警系统认知
		任务四　流水灯设计
		任务五　电子音乐设计
		任务六　汽车转向灯模拟控制设计
	项目四　交通信号灯模拟控制	任务　交通信号灯设计

（续）

模块三 汽车喷油系统控制	项目 汽车喷油修正控制	任务一 汇编语言分支程序设计
		任务二 空燃比反馈修正控制设计
模块四 汽车仪表系统控制	项目一 汽车里程表	任务一 LED 数码管显示认知设计
		任务二 LED 数码管静态显示设计
		任务三 LED 数码管动态显示设计
		任务四 汽车里程表设计
	项目二 汽车转速表	任务一 LCD 显示设计
		任务二 汽车转速表设计
	项目三 点阵 LED 控制	任务 点阵 LED 显示设计
	项目四 电子时钟	任务 电子时钟设计
	项目五 键盘接口技术	任务一 独立按键控制设计
		任务二 矩阵键盘控制设计
		任务三 蜂鸣器设计
模块五 汽车其他系统控制	项目一 步进电动机控制	任务 步进电动机控制设计
	项目二 汽车辅助电器	任务 汽车辅助电器认知
	项目三 汽车车窗模拟控制	任务 汽车车窗模拟控制设计

本书由李晓艳担任主编，张娟、王艳超和陈晓宝担任副主编。李晓艳统筹策划全书，并编写模块一和模块五，张娟和陈晓宝编写模块二和模块三，王艳超和陈晓宝编写模块四和模块六，李文华编写了模块五。参加编写的还有侯立芬、王晶、董艳艳、徐蕾、姜霞、陈健、林法、唐国锋、王万君、耿升荣。

本书编写过程中，得到烟台裕顺汽车服务有限公司、烟台瑞达汽车科技有限公司、烟台盛鹏汽车维修有限公司、东联汽车维修有限公司、烟台倍达能电子科技有限公司、烟台华昱工匠智能科技有限公司等相关企业的帮助，将企业对单片机技术的应用需求融入书中。

本书在编写过程中，相关企业的专家、工程师和院校的老师提出了宝贵的意见和建议，在此表示衷心感谢。同时，编者也参考了大量的文献资料，在此向文献资料的各位作者表示感谢。

鉴于编者水平有限，书中难免有不妥之处，敬请批评指正。

编 者

二维码索引

（续）

名　　称	图　　形	页码	名　　称	图　　形	页码
程序 5		147	4 个键盘控制 4 个灯多路开关状态指示		170
程序 6		154	4×4 矩阵式键盘 识别技术		176
步进电机运行控制		169	程序 7		178

目　录

模块一　汽车照明系统控制

◇◇◇ 项目一　汽车单片机认知

◆ 任务一　汽车电子技术与单片机认知

知识目标

1. 了解汽车电子技术的发展历史。
2. 掌握单片机的基本知识。
3. 掌握单片机的发展历史、特点、应用领域及发展趋势等。
4. 了解单片机在汽车中的应用。

能力目标

1. 能对89S51芯片的引脚进行说明。
2. 能进行单片机内、外存储器的选择设置。
3. 能对各特殊功能寄存器进行功能说明。

素养目标

养成自主学习新知识的习惯，提高创新的意识。

任务相关知识

1. 汽车电子技术发展

20世纪60年代中期开始，微电子技术的迅猛发展使其在汽车上被广泛应用，给汽车工业的进一步发展带来了新的生机。电子控制系统具有控制精度高、响应速度快、集成度高、体积小、重量轻、应用更加灵活等特点，用于汽车后，可使汽车有关系统在各种工况下都处在最佳的工作状况，各项受控指标均能获得较大的改善，是任何机械控制系统都难以达到的。电子技术在汽车上的应用将使汽车很容易满足日益严格的各项法规和人们对驾驶舒适性与方便性的要求。汽车的电子化不仅开拓了电子技术新的应用领域，更重要的是将成为现代汽车技术进步的重要手段，在某些系统中甚至是唯一途径。

20世纪50年代到70年代末，主要用电子装置改善部分机械部件的性能：50年代，汽车上开始安装电子管收音机，这是汽车电子装置的雏形；1953年，美国汽车公司着手开发汽油电喷装置，这是电子控制汽油喷射技术发展的起点；1955年，晶体管收音机开始在汽车上安装；1960 年，结构紧凑、故障少、成本低的二极管整流式交流发电机投入使用，取代了直流发电机；1963 年，美国公司采用 IC 调节器，并在汽车上安装晶体管电压调节器和晶体管点火装置，接着又逐步实现集成化；1969 年，汽车变速器的电子控制装置开始研制，并于 1970 年装车使用。70 年代末到 90 年代中期，汽车电子控制技术开始形成，大规模集成电路得到广泛应用，这减小了汽车电子产品的体积，特别是 8 位、16 位单片机的广泛应用，有效地提高了电子装置的可靠性和稳定性。另外，汽车电子装置还解决了机械装置所无法解决的复杂的自动控制问题：1973 年，美国通用汽车公司采用 IC 点火装置并逐渐普及；1976 年，美国克莱斯勒公司研制出由模拟计算机对发动机点火时刻进行控制的电子控制点火系统；1977 年，美国通用公司开始采用数字式点火时刻控制系统，这就是电喷点火系统的雏形；80 年代，电喷技术在日本、美国和欧洲一些国家得到飞速发展，并开始规模使用。80 年代中期到 90 年代末被认为是电子技术在汽车上应用的第三阶段，在这一阶段中，在汽车上大规模应用的以微处理器为核心的微机控制系统趋于成熟和可靠，并向智能化发展，汽车全面进入电子化时代。2000 年以后，汽车电子化被认为已进入第四阶段——智能化和网络化时代，在这一阶段中，汽车产品将大量采用人工智能技术，并利用网络进行信息的传递和交换。汽车电子技术的重点由解决汽车部件或总成问题开始向广泛应用计算机网络与信息技术发展，使汽车更加自动化、智能化，并向解决汽车与社会融为一体等问题转移。汽车电子设备成本占汽车总成本的比重越来越大，汽车制造技术由机械制造时代逐步进入电子控制技术时代。

2. 汽车电子系统在整车中的地位

从世界范围看，汽车工业向电子化发展的趋势在加快，在如今生产的中档以上汽车中，电子装置所占的成本已经达到整车成本的 30% ~35%；在豪华轿车中已经达到 50% 以上。

现在汽车电子控制技术的应用不仅提高了汽车的动力性、经济性和安全性，改善了行驶的稳定性和舒适性，推动了汽车工业的发展，还为电子产品开拓了广阔的市场，从而推动了电子工业的发展。因此，发展汽车电子控制新技术，加快汽车电子化速度，是振兴和发展汽车工业的重要手段。

随着电子信息技术的发展，智能网联汽车进入广泛应用的时代，成为汽车产业发展战略的重要方向。智能网联汽车技术是车联网与智能驾驶技术相结合的产物。车联网是依托信息通信技术，通过车内、车与车、车与路、车与人、车与服务平台的全方位连接和数据交换，提供综合信息服务，形成汽车、电子、信息通信、道路交通运输等行业深度融合的新型产业形态。

3. 单片机基本知识

微型计算机是指把中央处理器（CPU）、半导体存储器、I/O 接口、输入/输出接口和中断系统等集装在一块或数块印制电路板上所构成的计算机，通常包括三种类型：单片微型计算机（Single Chip Microcomputer）、单板微型计算机（Single Board Microcomputer）和多板微型计算机（Multiboard Microcomputer）。

单片机为单片微型计算机（Single Chip Microcomputer）的简称，是微型计算机的一个重要分支，单片机经常用于工业控制领域。例如，矿井下的机器的运作，人不可能长时间在井下操作，它的控制是由井上的单片机控制系统控制的。再如，现在一般居民楼的智能电能表，一块智能电能表可以控制整个楼洞的用电情况，有的甚至可以控制整座楼的用电情况，还有我们熟悉的水表、煤气表等，都可以用单片机来控制。单片机的主要功能部件有 CPU、随机存取存储器（RAM）、只读存储器（ROM）、I/O 接口、定时器/计数器以及串行通信接口。

单片机技术发展十分迅速。纵观整个单片技术发展过程，可以分为以下五个主要阶段。第一阶段（1974—1976）——初始阶段。以 4 位单片机为主，功能比较简单。如 1974 年美国 Fairchild 公司生产的第一台单片机 F8，采用双片形式，功能简单。第二阶段（1976—1978）——探索阶段。单芯片形式，低档 8 位单片机。如 1976 年美国 Intel 公司生产的 MCS-48 系列单片机，这是第一台完全的 8 位单片机。MCS-48 的推出是在工控领域的探索。此后，各种 8 位单片机纷纷应运而生。第三阶段（1978—1982）——完善阶段。提高电路的集成度，增加 8 位单片机的功能。如 Intel 公司在 MCS-48 基础上推出了完善的高档 8 位单片机系列——MCS-51。第四阶段（1982—1990）——巩固和发展阶段。巩固发展 8 位单片机、推出 16 位单片机，向微控制器发展，强化了智能控制器的特征。如将 ADC、DAC、PWM、WDT、DMA 集成到单片机。第五阶段（1990—至今）——全面发展阶段。出现了适合不同领域要求的单片机，如各种高速、大存储容量、强运算能力的 8 位/16 位/32 位通用型单片机，还有用于单一领域的廉价的专用型单片机。

单片机具有以下特点：①种类多，型号全。很多单片机厂家有针对性地推出一系列型号产品，使系统开发工程师有很大的选择余地。大部分产品有较好的兼容性，保证了已开发产品能顺利移植，较容易地使产品进行升级换代。②提高性能，扩大容量，性能价格比高。集成度已经达到 300 万个晶体管以上，总线速度达到几百纳秒到数十微秒，指令执行周期已经达到数十纳秒到几微秒，以往的片外 RAM 现已在物理上存入片内，ROM 容量已经扩充达 32KB、64KB、128KB 甚至更大的空间。价格从几元到几百元不等。③增加控制功能，向真正意义上的“单片”机发展。把原本是外围接口芯片的功能集成到一块芯片内，在一片芯片中构造一个完整的、功能强大的微处理应用系统。④低功耗。现在新型单片机的功耗越来越小，供电电压从 5V 降低到了 3.2V，甚至 1V，工作电流从毫安级降到微安级，工作频率从十几赫兹可编程到几十千赫兹。特别是很多单片机都设置了多种工作方式，这些工作方式包括等待、暂停、睡眠、空闲、节电等。总体来说，单片机具有集成度高、体积小、功耗小、成本低廉、控制能力强、速度快、抗干扰能力强、易开发等优点，这使得单片机以非常快的速度发展起来，并广泛地运用在各个领域。

单片机以其极优的特点广泛应用在各个领域：

（1）单片机在智能仪器仪表中的应用

单片机用于各种仪器仪表的硬件结构，可减小体积，提高其性价比。例如，温度智能控制仪表、医用仪表、汽车电子设备、数字示波器等。

（2）单片机在工业测控中的应用

机电一体化是机械工业发展的方向。机电一体化产品是指集机械技术、微电子技术、计算机技术于一体，具有智能化特征的机电产品，例如微机控制的车床、钻床等。单片机作为产品中的控制器，能充分发挥它体积小、可靠性高、功能强等优点，可大大提高机器的自动化、智能化程度。单片机被广泛用于导弹的导航装置、飞机上各种仪表的控制、计算机的网络通信与数据传输、机器人、工业自动化过程的实时控制和数据处理。

（3）单片机在计算机网络与通信技术中的应用

单片机与通信技术相结合，促使通信设备的智能控制水平大大提高，被广泛应用于通信的各个领域，如调制解调器、传真机、复印机、打印机、移动电话机、固定电话等。例如，之前传统的电话机只能实现简单的拨号、响铃、通话等功能，使用单片机后，可以开发出来电显示、存储电话号码、时钟显示、免提、重拨、声控等功能。

（4）单片机在日常生活及家用电器中的应用

传统的家电配上单片机以后，提高了智能化程度，增加了功能，倍受人们喜爱；单片机使人类生活更加方便、舒适、丰富多彩。如洗衣机、电冰箱、电子玩具、收录机、微波炉、电视机、录像机、音响设备、程控玩具、洗衣机等。

单片机的发展趋势：COMS 化——单片机将具有更低的功耗、更低的电压；高性能化——精简指令集结构和流水线技术将得到广泛应用；高可靠性——提高单片机的抗电磁干扰能力；大容量化——扩大片内存储器容量；多功能化——把众多的各种外围功能器件集成在片内，如模/数转换器、数/模转换器、液晶显示驱动器等；串行扩展技术——SPI、I_2C、Microwire、1-Wire 等串行总线的引入，可以使单片机的引脚设计更少，系统结构更加简化。

4. 单片机在汽车中的应用

单片机在汽车中的引入，最早应用在汽车发动机控制。首推 1976 年通用汽车公司研发的利用单片机对发动机的点火时间进行控制（MASIR）。它能更好地根据发动机运转工况，对点火调速器提前角与负压提前角做出精确的点火时间控制。汽车电子控制计算机也从模拟时代进入到了数字时代。1984 年，丰田推出速度密度型的 T-LCS（Toyota Lean Combustion System，丰田稀薄燃烧系统）汽油喷射装置，能在各种运转工况下，对喷射时间和点火时间进行有效、出色的控制。由于微机的运用，以及微机计算、存储、分析、学习等功能的发展，可进行复杂的逻辑、智能控制计算，对发动机运转速度和进气流量及其他工况的变化能做出敏捷的反应，使单片机型汽油喷射渐渐成为主要的喷射方式，同时在柴油喷射方式中也得到了充分的发展。纵观现在的汽油喷射汽车，已经集高科技、高精密度于一身。其所控制的废气排放，如 CO、HC 在用废气仪测量时达到了 10^{-2}数量级的水平，几近零排放。另外，在汽车的其他系统中，也开始采用基于单片机的控制技术，这使得汽车的性能得到极大的提高，另外也成为汽车向节能化、信息化、智能化等方向发展的有力推动力量。

汽车由许多子系统如动力传动系统、底盘车身系统、制动系统、转向机构、车载通信系统和娱乐系统等组成。在控制功能较为简单或者仅仅在局部几个系统采用了电子控制时，往往采用一个单片机就可以了，但这种单片机要求功能较为强大，像 PowerPC、68K 以及 Siemens 和 Infineon 公司的一些高端芯片，但是对于比较复杂的子系统如发动机控制系统，其本身就需要较为强大的芯片来满足复杂的控制功能，如在 20 世纪 90 年代 Intel 公司的 8098 和 196 系列芯片就有广泛的应用。

随着时代的发展，特别是计算机总线技术的日益成熟，车上使用的芯片也越来越多，比如 ABS、EBD、ASR、悬架、电子防盗和卫星导航等系统上的应用。而在这些系统中，有些使用的芯片功能较为简单，甚至一片 8 位芯片就完全能满足使用要求。因而有许多汽车上开始采用基于总线的多芯片系统，通过布置在车上的总线系统共享信息，使汽车能非常自如地工作。

另外，随着世界汽车工业的发展，特别是汽车电子技术的日新月异，车上微处理器的用量快速增长。微处理器已广泛地应用于安全、环保、发动机、传动系、速度控制和故障诊断中。随着汽车电子在整车应用中的比重不断提高，车用微处理器不断升级换代，MCU（微控制单元）在汽车领域的应用将超过家电和通信领域使用的数量，成为世界上最大的 MCU 应用领域。

习　题

1. 单片机的主要功能部件有哪些？

2. 汽车电子技术的发展过程中，20 世纪 50 年代到 70 年代末，主要用电子装置改善部分的性能；70 年代末到 90 年代中期，__________开始形成，大规模集成电路得到广泛应用，减小了汽车电子产品的体积；80 年代中期到 90 年代末，以__________为核心的微机控制系统在汽车上大规模的应用趋于成熟和可靠，并向智能化发展，汽车全面进入电子化时代；2000 年以后，汽车电子化进入__________时代，汽车产品大量采用人工智能技术，并利用网络进行信息的传递和交换。

3. 简述单片机的发展历史。

4. 简要说明单片机的特点。

5. 简要说明单片机的发展趋势。

6. 列举单片机在汽车上的应用。

任务二　51 系列单片机认知

知识目标

1. 了解 89S51 单片机的性能参数和引脚功能。
2. 掌握单片机的内部结构。
3. 掌握单片机的存储器结构和配置。
4. 掌握单片机的特殊功能寄存器。

能力目标

1. 能对 89S51 的引脚进行说明。
2. 能进行单片机内外存储器的选择设置。
3. 能对各特殊功能寄存器进行功能说明。

任务相关知识

1. 51 系列单片机概况

MCS-51 单片机是美国 Intel 公司于 1980 年推出的产品，典型产品有 8031、8051 和 8751 等通用产品。8031 芯片内部没有程序存储器，已经被市场淘汰；8051 芯片采用 HMOS 工艺，功耗为 630mW，是早期最典型的单片机代表，由于 MCS-51 单片机影响极深远，许多公司都推出了兼容系列单片机，就是说 MCS-51 内核实际上已经成为一个 8 位单片机的标准，但现已被市场淘汰。

其他公司的 51 单片机产品都是和 MCS-51 单片机内核兼容的产品。同样一段程序在各个单片机厂家的硬件上运行的结果都是一样的，如 ATMEL 的 89C51（已停产）和 89S51、

PHILIPS（飞利浦）和 WINBOND（华邦）的同类产品等。由于 89C51 不支持 ISP（在线编程）功能，必须加上 ISP 功能等新功能才能更好地延续 MCS-51 单片机的发展，在这样的背景下 89S51 取代了 89C51，89S51 目前已成为实际应用市场上的新宠。89S51 在工艺上进行了改进，89S51 采用新工艺，成本降低，而且将功能提升，增加了竞争力。89SXX 可以向下兼容 89CXX 等 51 系列芯片。

2. 89S51 单片机引脚介绍

89S51 是美国 ATMEL 公司生产的低功耗、高性能 COMS 8 位单片机，片内含有 4KB 可系统编程的 Flash 只读程序存储器，器件采用 ATMEL 公司的高密度、非易失性存储技术生产，兼容标准 8051 指令系统及引脚。它集 Flash 程序存储器及通用 8 位微处理器于单片芯片中，既可在线编程（ISP）也可用传统方法进行编程。89S51 单片机可提供许多高性价比的应用场合，可灵活应用于各种控制领域。

（1）主要性能参数

89S51 单片机的主要性能参数如下：

1）与 MCS-51 产品指令系统完全兼容。

2）4KB 在系统编程 Flash 闪速存储器。

3）1000 次擦写周期。

4）4.0 ~ 5.5V 的工作电压范围。

5）全静态工作模式下，工作频率为 0 ~ 33MHz。

6）三级程序加密锁。

7）128 × 8B 内部 RAM。

8）32 个可编程 I/O 口线。

9）2 个 16 位定时/计数器。

10）6 个中断源。

11）全双工串行 UART 通道。

12）低功耗空闲和掉电模式。

13）中断可从空闲模式唤醒系统。

14）看门狗（WDT）及双数据指针。

15）掉电标志和快速编程特性。

16）灵活的在系统编程（ISP 字节或页写模式）。

（2）功能特性概述

89S51 提供以下标准功能：4KB Flash 闪速存储器、128B 内部 RAM，32 个 I/O 口线，看门狗（WDT），2 个数据指针，2 个 16 位定时/计数器，1 个 5 向量两级中断结构，1 个全双工串行通信口，片内振荡器及时钟电路。同时，89S51 可降至 0Hz 的静态逻辑操作，并支持两种软件可选的节点工作模式。空闲方式停止 CPU 的工作，但允许 RAM、定时/计数器、串行通信口及中断系统继续工作。掉电方式保护 RAM 中的内容，但振荡器停止工作并禁止其他所有部件工作直到下一个硬件复位。

（3）引脚功能说明

MCS-51 系列单片机芯片均为 40 个引脚，其中 HMOS 工艺制造的芯片采用双列直插（DIP）方式封装。CMOS 工艺制造的低功耗芯片也有采用方形封装（PLCC）的，但为 44 个引脚，其中 4 个引脚是不使用的。本书主要讲解标准 40 引脚的双列直插式封装的单片机。89S51 芯片引脚图如图 1-1 所示，引脚功能说明如下：

V_{CC}：电源电压。

GND：地。

P0 口：P0 口是一组 8 位漏极开路型双向 I/O 口，也即地址/数据总线复用口。作为输出口用时，每位能驱动 8 个 TTL 逻辑门电路，对端口写“1”可作为高阻抗输入端用。在访问外部数据存储器或程序存储器时，这组口线分时转换地址（低 8 位）和数据总线复用，在访问期间激活内部上拉电阻。在 Flash 编程时，P0 口接收指令字节；而在程序检验时，P0 口输出指令字节；在校验时，P0 口要求外接上拉电阻。

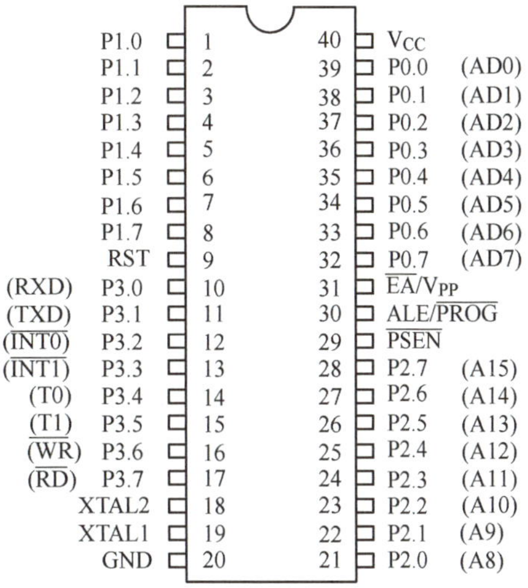

图 1-1　89S51 芯片引脚图

P1 口：P1 口是一个带内部上拉电阻的 8 位双向 I/O 口，P1 口的输出缓冲级可驱动 4 个 TTL 逻辑门电路。对端口写“1”，通过内部的上拉电阻把端口拉到高电平，此时可作输入口。作输入口使用时，因为内部存在上拉电阻，某个引脚被外部信号拉低时会输出一个电流。Flash 编程和程序校验期间，P1 口接收低 8 位地址。P1 口的高 3 位具有第二功能：

P1.5：MOSI（用于 ISP 编程）。

P1.6：MISO（用于 ISP 编程）。

P1.7：SCK（用于 ISP 编程）。

P2 口：P2 口是一个带有内部上拉电阻的 8 位双向 I/O 口，P2 口的输出缓冲级可驱动 4 个 TTL 逻辑门电路。对端口写“1”，通过内部的上拉电阻把端口拉到高电平，此时可作输入口。作输入口使用时，因为内部存在上拉电阻，某个引脚被外部信号拉低时会输出一个电流。在访问外部程序存储器或 16 位地址的外部数据存储器时，P2 口送出高 8 位地址数据；在访问 8 位地址的外部数据存储器时，P2 口线上的内容在整个访问期间不改变；在 Flash 编程或校验时，P2 口亦接收高位地址和其他控制信号。

P3 口：P3 口是一组带有内部上拉电阻的 8 位双向 I/O 口。P3 口输出缓冲级可驱动 4 个 TTL 逻辑门电路。对 P3 口写入“1”时，它们被内部上拉电阻拉高并可作为输入口。作输入口时，被外部拉低的 P3 口将用上拉电阻输出电流。P3 口除了作为一般的 I/O 口线外，更重要的用途是它的第二功能：

P3.0：RXD（串行输入口）。

P3.1：TXD（串行输出口）。

P3.2：$\overline{\text{INT0}}$（外部中断 0）。

P3.3：$\overline{\text{INT1}}$（外部中断 1）。

P3.4：T0（定时/计数器 0 外部输入）。

P3.5：T1（定时/计数器 1 外部输入）。

P3.6：$\overline{\text{WR}}$（外部数据存储器写选通）。

P3.7：$\overline{\mathrm{RD}}$（外部数据存储器读选通）。

P3 口还接收一些用于 Flash 闪速存储器编程和程序校验的控制信号。

RST：复位输入。当振荡器工作时，RST 引脚出现两个机器周期以上高电平将使单片机复位。复位分为上电复位和人工按键复位两种，RST 还可以作为备用电源输入端，当主电源 V_{CC}发生故障而降低到规定电压时，RST 上的备用电源自动供电，以防止信息丢失。

ALE/$\overline{\mathrm{PROG}}$：当访问外部程序存储器或数据存储器时，ALE（地址锁存允许）输出脉冲用于锁存地址的低 8 位字节。即使不访问外部存储器，ALE 仍以时钟振荡频率的 1/6 输出固定的正脉冲信号，因此它可对外输出时钟或用于定时目的。

$\overline{\mathrm{PSEN}}$：外部程序存储器的读选通信号，当 89S51 由外部程序存储器取指令时，每个机器周期内$\overline{\mathrm{PSEN}}$两次有效，即输出两个脉冲。当访问外部数据存储器，没有两次有效的$\overline{\mathrm{PSEN}}$信号。

$\overline{\mathrm{EA}}$/V_{PP}：V_{PP}访问程序存储器控制信号。欲使 CPU 仅访问外部程序存储器，$\overline{\mathrm{EA}}$端必须保持低电平。需注意的是：如果加密位 LB1 被编程，复位时内部会锁存$\overline{\mathrm{EA}}$端状态。Flash 存储器编程时，该引脚加上 12V 的编程电压 V_{PP}。

XTAL1：振荡器反相放大器及内部时钟发生器的输入端。

XTAL2：振荡器反相放大器的输出端。

3. 51 系列单片机结构

单片机由硬件系统和软件系统两大部分组成。硬件系统主要由 CPU（运算器和控制器）、存储器、I/O 接口和 I/O 设备组成，各组成部分之间通过地址总线（Address Bus，AB）、数据总线（Data Bus，DB）、控制总线（Control Bus，CB）联系在一起。软件系统是单片机的灵魂，单片机通过软件控制硬件进行工作，与硬件系统相辅相成，共同构成单片机控制系统。51 系列单片机内部结构如图 1-2 所示，CPU 系统包括 8 位 CPU、时钟电路和总线控制；存储器系统包括 4KB 的程序存储器、128B 的数据存储器和 21 个特殊功能寄存器（SFR）；还包括 4 个并行 I/O 口、2 个 16 位定时/计数器、1 个全双工串行口和中断系统（5 个中断源，2 个优先级）。

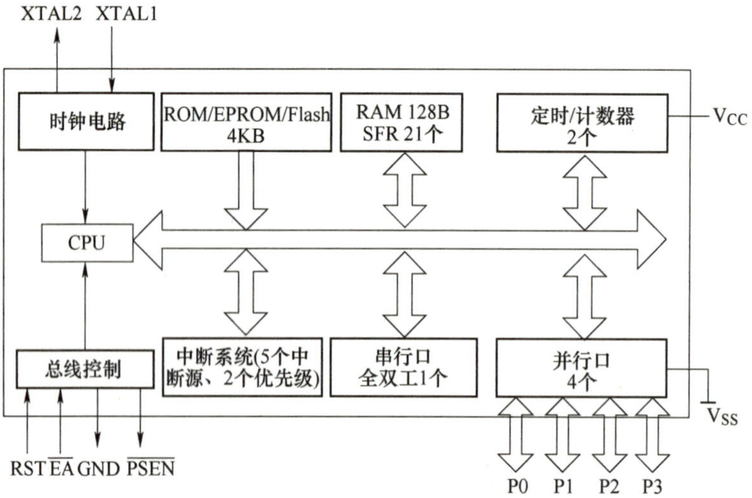

图 1-2 51 系列单片机内部结构

（1）普通存储器

51 系列单片机的片内存储器与一般微机的存储器的配置不同。一般微机的 ROM 和 RAM 安排在同一空间的不同范围（称为普林斯顿结构）。而 51 系列单片机的存储器在物理上设计成程序存储器和数据存储器两个独立的空间（称为哈佛结构），如图 1-3 所示。

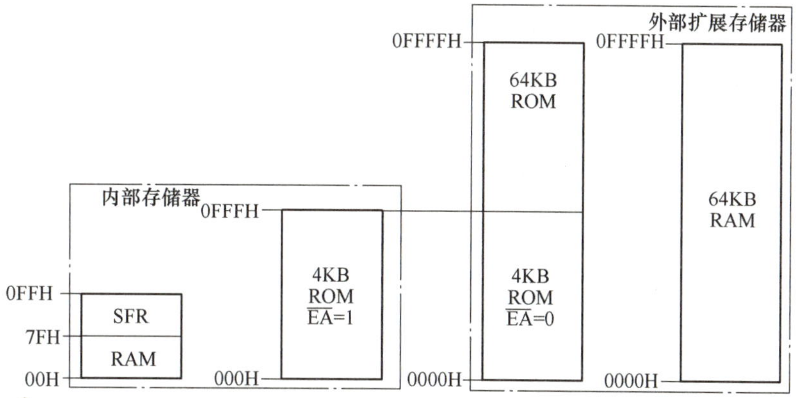

图 1-3　51 系列单片机存储器结构

51 系列单片机片内有 4KB 的程序存储器，片外可以扩展 64KB 的 RAM 和 ROM。其内部 ROM 和 RAM 的结构如图 1-4 和图 1-5 所示。程序存储器是片内还是片外靠$\overline{EA}$引脚的状态来区分：当该引脚为高电平时，4KB 地址指向片内；当该引脚为低电平时，4KB 地址指向片外。

51 系列单片机的数据存储器有 64KB 的寻址区，在地址上和程序存储器重合。单片机通过不同的信号线来选通 ROM 或 RAM，如果从外部 ROM 取指令，则采用选通信号$\overline{PSEN}$，如果从外部 RAM 读写数据，则采用读写信号$\overline{RD}$或者$\overline{WR}$ 来选通。因此，虽然地址相同，但不会出现读写数据和读指令混乱的情况。

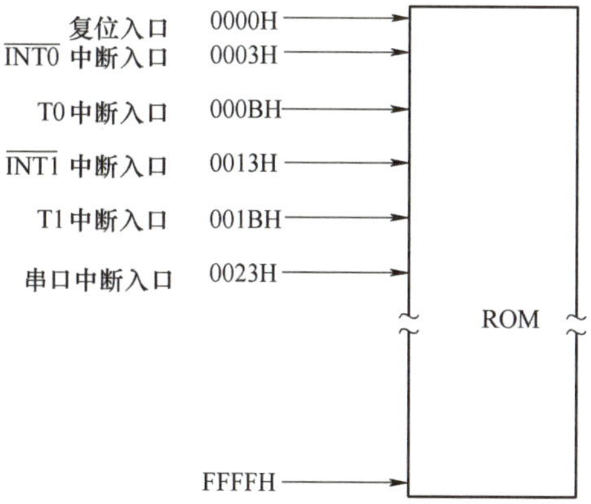

图 1-4　51 系列单片机内部 ROM 结构

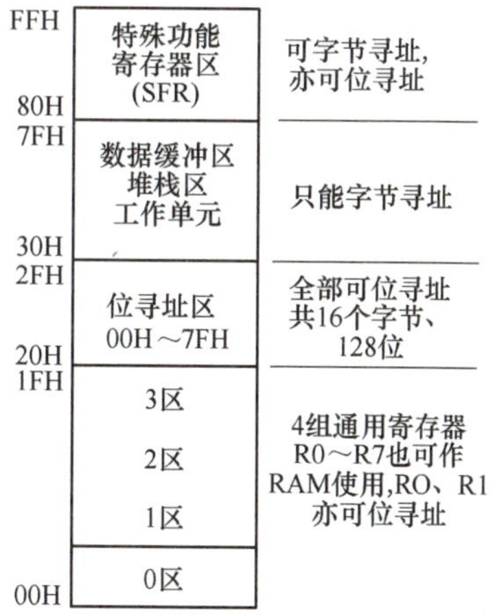

图 1-5　51 系列单片机内部 RAM 结构

51 系列单片机的片内数据存储器是 256B（含特殊功能寄存器），可分为 4 个区，见表 1-1。

表 1-1 片内数据存储器的分区

分 区	名 称	地址范围	分 区	名 称	地址范围
第 1 区	工作寄存器区	00H ~ 1FH	第 3 区	数据存储区	30H ~ 7FH
第 2 区	位寻址区	20H ~ 2FH	第 4 区	特殊功能寄存器区	80H ~ 0FFH

第 1 区 00H ~ 1FH，是 4 组工作寄存器，每组占用 8B，记作 R0 ~ R7，见表 1-2。在某一时刻单片机只能使用其中一组工作寄存器。工作寄存器组的选择是由程序状态寄存器（PSW）中的第 3 位和第 4 位决定的。

表 1-2 工作寄存器组分配情况表

RS1	RS0	寄存器组	R0	R1	R2	R3	R4	R5	R6	R7
0	0	0 组	00H	01H	02H	03H	04H	05H	06H	07H
0	1	1 组	08H	09H	0AH	0BH	0CH	0DH	0EH	0FH
1	0	2 组	10H	11H	12H	13H	14H	15H	16H	17H
1	1	3 组	18H	19H	1AH	1BH	1CH	1DH	1EH	1FH

第 2 区 20H ~ 2FH，是位寻址区，共 16B（即 128 位）。该区可以作为一般的数据 RAM 区进行读写，还可以对每个字节的每一位进行操作，并且这些位都规定了固定的位地址，见表 1-3。从 20H 单元的第 0 位开始到 2F 单元的第 7 位截止，共 128 位，用位地址 00H ~ 7FH 分别与之对应。对需要进行位操作的数据，可以放在这个区。

表 1-3 位寻址区位地址表

字节地址	位地址							
	D7	D6	D5	D4	D3	D2	D1	D0
20H	07H	06H	05H	04H	03H	02H	01H	00H
21H	0FH	0EH	0DH	0CH	0BH	0AH	09H	08H
22H	17H	16H	15H	14H	13H	12H	11H	10H
23H	1FH	1EH	1DH	1CH	1BH	1AH	19H	18H
24H	27H	26H	25H	24H	23H	22H	21H	20H
25H	2FH	2EH	2DH	2CH	2BH	2AH	29H	28H
26H	37H	36H	35H	34H	33H	32H	31H	30H
27H	3FH	3EH	3DH	3CH	3BH	3AH	39H	38H
28H	47H	46H	45H	44H	43H	42H	41H	40H
29H	4FH	4EH	4DH	4CH	4BH	4AH	49H	48H
2AH	57H	56H	55H	54H	53H	52H	51H	50H
2BH	5FH	5EH	5DH	5CH	5BH	5AH	59H	58H
2CH	67H	66H	65H	64H	63H	62H	61H	60H
2DH	6FH	6EH	6DH	6CH	6BH	6AH	69H	68H
2EH	77H	76H	75H	74H	73H	72H	71H	70H
2FH	7FH	7EH	7DH	7CH	7BH	7AH	79H	78H

低 128B RAM 的字节地址范围也是 00H ~ 7FH。51 系列单片机采用不同的寻址方式来加以区分，访问低 128B 单元用直接寻址及间接寻址方式，而访问 128 个位地址时用位寻址方式。这样就区分开了 00H ~ 7FH 是位地址还是字节地址。

第 3 区 30H ~ 7FH，是一般的数据存储区，共 80B。

第 4 区 80H ~ 0FFH，专门用于特殊功能寄存器。

（2）特殊功能寄存器（表 1-4）

51 系列单片机的特殊功能寄存器是用来对片内各功能模块进行管理、控制、监视的控制寄存器或状态寄存器，是一个特殊功能的 RAM 区。51 系列单片机特殊功能寄存器一共有 21 个。

表 1-4　特殊功能寄存器表

寄存器符号	寄存器名称	地　址	寄存器符号	寄存器名称	地　址
* B	乘法(除法)寄存器	F0H	TH1	定时/计数器 1(高字节)	8DH
* ACC	累加器	E0H	TH0	定时/计数器 0(高字节)	8CH
* PSW	程序状态字	D0H	TL1	定时/计数器 1(低字节)	8BH
* IP	中断优先级控制寄存器	B8H	TL0	定时/计数器 0(低字节)	8AH
* P3	P3 口	B0H	TMOD	定时/计数器工作方式寄存器	89H
* IE	中断允许控制寄存器		* TCON	定时/计数器控制寄存器	88H
* P2	P2 口		PCON	电源控制及波特率控制寄存器	87H
SBUE	串行口数据缓冲寄存器		DPH	数据地址指针(高字节)	83H
* SCON	串行口控制寄存器		DPL	数据地址指针(低字节)	82H
* P1	P1 口		SP	堆栈指针	81H
			* P0	P0 口	80H

注：* 表示可以进行位寻址。

A：累加器。

B：乘法（除法）寄存器。

PSW：程序状态字，各位功能见表 1-5。

表 1-5　PSW 各位功能表

D7	D6	D5	D4	D3	D2	D1	D0
CY	AC	F0	RS1	RS0	OV	—	P
进位标志	半进位标志	用户标志位	工作寄存器组选择控制位		溢出标志		奇偶校验

DPTR：数据指针 DPTR 由低 8 位 DPL 和高 8 位 DPH 两个寄存器组成，DPTR 是个 16 位寄存器，可以存放一个 16 位的地址值。

IE：中断允许控制控制器。

IP：中断优先级控制控制器。

P0、P1、P2、P3：I/O 口。

PCON：电源控制及波特率控制寄存器。

SP：堆栈指针，指向专门在内存中留出来的数据存储器区域，即指示堆栈的位置。堆栈遵循“先进后出，后进先出”的原则，在使用堆栈前，要给 SP 赋一个初始值，这个初始值就是栈底。当数据存入堆栈后，堆栈指针 SP 的值就自动加 1；当数据出栈时，SP 自动减 1。

SCON：串行口控制寄存器。

SBUF：串行口数据缓冲寄存器，包括两个独立的寄存器：发送缓冲器和接收缓冲器。

TCON：定时/计数器控制寄存器。

TMOD：定时/计数器工作方式寄存器。

TL0：定时/计数器 0 低 8 位。

TH0：定时/计数器 0 高 8 位。

TL1：定时/计数器 1 低 8 位。

TH1：定时/计数器 1 高 8 位。

习　题

1. RST 引脚出现____个机器周期以上的____电平将使单片机复位。

2. 欲使 CPU 仅访问外部程序存储器，$\overline{EA}$端必须保持__________。

3. 单片机由__________和__________两大部分组成。__________主要由 CPU（运算器和控制器）、存储器、I/O 接口和 I/O 设备组成，各组成部分之间通过__________、__________、__________联系在一起。

4. 51 系列单片机片内有____ KB 的程序存储器，片外可以扩展____ KB 的 RAM 和 ROM。

5. 51 系列单片机的数据存储器有 64KB 的寻址区，在地址上和程序存储器重合，却不会出现读写数据和读指令混乱的情况，是如何实现的？

6. 51 系列单片机的片内数据存储器是 256B（含特殊功能寄存器），可分为哪 4 个区？

7. 在某一时刻单片机只能使用其中的一组工作寄存器。工作寄存器组的选择是由______中的______和______决定的。

8. 位寻址区共____ B（即____位），该区可以作为一般的数据 RAM 区进行读写，还可以对每个字节的每一位进行操作，并且这些位都规定了固定的位地址，用位地址 00H ~ 7FH 分别与之对应。

9. 请说明程序状态字（PSW）各位功能。

任务三　MOTOROLA 系列汽车单片机认知

知识目标

1. 了解 MOTOROLA 系列汽车单片机的性能参数和引脚功能。
2. 掌握点火控制电路结构。
3. 掌握喷油控制电路结构。

能力目标

1. 能列举 8 位、16 位、32 位汽车单片机的应用。
2. 能理解点火控制电路的原理。
3. 能理解喷油控制电路的结构。

任务相关知识

MOTOROLA 系列汽车单片机拥有丰富的微处理单元（MCU），可广泛用于汽车电控发动机、车身、乘员安全、车门和座椅、车窗、通风和空调、天窗和灯光控制、汽车局域网的网关、通信设备、全球定位系统及其他汽车控制单元中。其产品主要包括 8/16 位微控制器（MC68HC08 系列、MC68HC11 系列等）、16 位微控制器（MC9S12DP256）、32 位微控制器（包括 Yowe rI C、Cold Fi re、ARM 等）。

1. MC68HC908GP32 单片机

MOTOROLA 公司的 MC68HC08 系列微控制器是向上兼容了以前的 MC68HC05 系列的增强改型版，其性能更好、功能更强、速度更快，是性价比很高的 8 位微控制器。MC68HC08 的中央处理单元是 CPU08，在 CPU08 的基础上集成不同的存储器模块和外围电路，就会生成适应不同应用环境的不同系列的微控制器芯片，从而构成了品种繁多的 MC68HC08 系列（或称为 CPU08 系列）微控制器。

MC68HC908GP32 是 MC68HC08 系列微控制器中的一款典型产品，是 MOTOROLA 公司极力在我国推广的一种微控制器。它具有较强的代表性，了解它的功能与特性即可体验到 MC68HC08 系列微控制器的性能。

（1）MC68HC908GP32 主要特性

1）片内包含 307B 的监控 ROM，为用户在线编程提供了难得的基本条件。

2）32KB 的片内 Flash 存储器与 512B RAM 能满足多数用户的各种应用要求，用户不必再额外扩展存储器，尤其是 Flash 存储器具有在线编程能力，给开发者带来了很大方便。

3）时钟源设计采用了数字锁相环技术，外部只需接 32kHz 的晶体振荡器就可获得各种内部总线时钟频率，且最高总线时钟频率可达 8MHz，相对于外部直接使用高频晶振电路的微控制器而言，消除了晶振源的高频辐射与干扰，提高了系统工作的可靠性与稳定性。

4）内含实时中断时基模块，可产生 8 种不同周期的时基信号。

5）拥有 16 种不同的外部与内部中断源，另外，还可通过 SWI 指令实现内部的软件中断功能。

6）采用低功耗设计，具有 WAIT 与 STOP 两种低功耗模式。

7）系统具有安全保护特性，包括看门口复位、低电压禁止复位、非法指令操作复位、非法地址复位等，使应用系统避免了进入死循环的危险。

8）不仅具有传统的串行通信接口（SCI），而且还有串行外围接口（SPI），使得芯片与外部设备、芯片与外围扩展芯片的通信和连接变得简单。

9）内置 8 路 8 位 A/D 转换器。内置的 8 路 8 位 A/D 转移器可实现 A/D 转换的需要。虽然没有集成专门的 D/A 转换模块，但定时器的脉宽调制功能能够满足多数场合的 D/A 转换要求。

10）两个 16 位的双通道定时器接口模块，每个通道有可选择的输入捕捉、输出比较和产生 PWM 信号的功能。

11）8 位具有集成上拉电阻的键盘唤醒端口。

12）33 个通用输入/输出（I/O）引脚，分别组成了 A、B、C、D、E 共 5 个 I/O 端口，其中 A、B、D、E 端口的 26 个引脚具有复用功能，C 端口的 7 个引脚为专用引脚。

（2）MC68HC908GP32 引脚功能

MC68HC908GP32 有 DIP40、SDIP42 和 QFP44 三种封装形式，如图 1-6 所示。三种封装的引脚数各不相同，其差别仅表现在 C 端口和 D 端口的 I/O 引脚数目，其余信号都是一致的。各引脚功能如下：

1）电源信号引脚：

V_{DD}和 V_{SS}分别是电源和电源地引脚，V_{DD}是主电源，V_{SS}为接地。

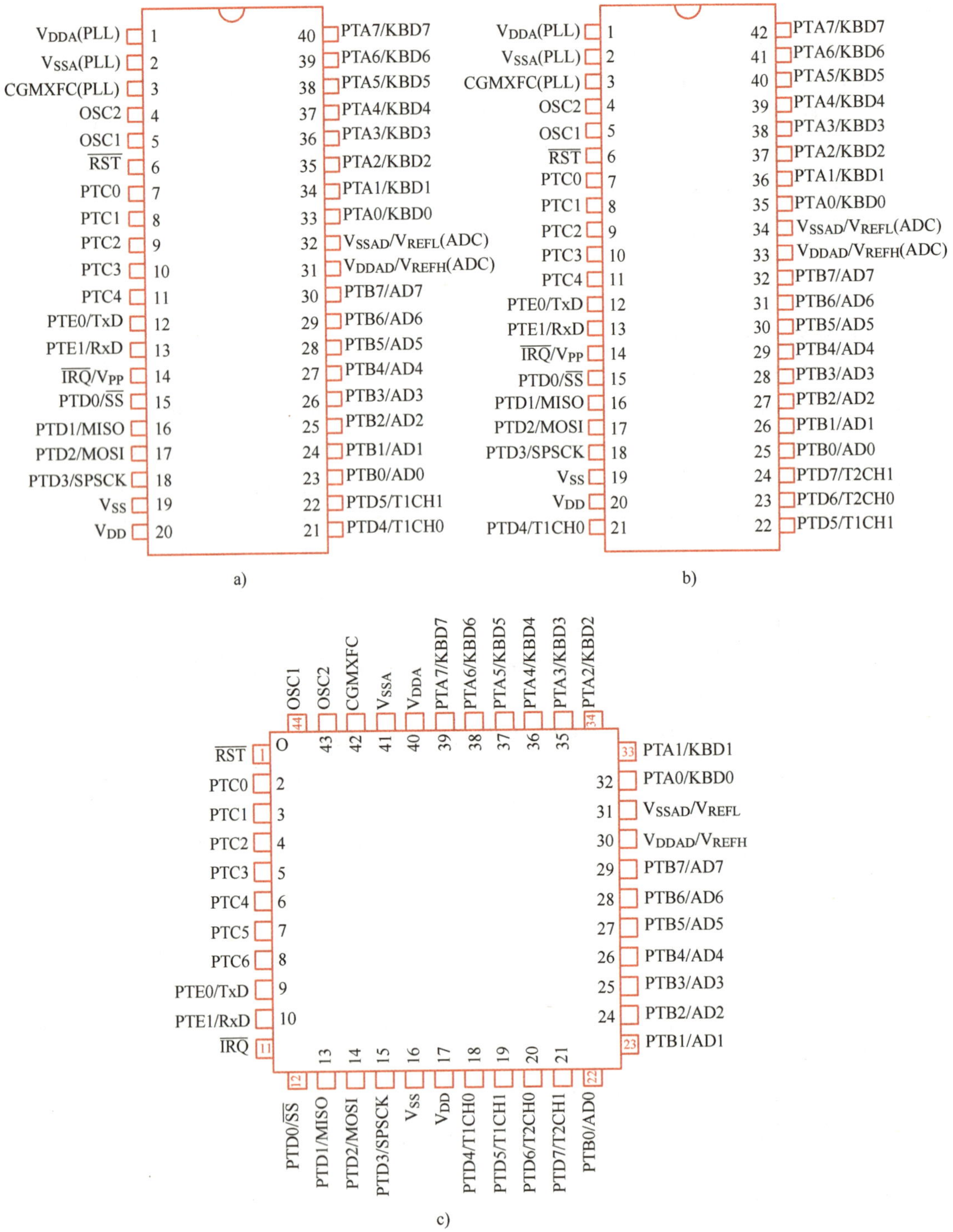

图 1-6 MC68HC908GP32 芯片引脚图

a）DIP40 b）DIP42 c）DIP44

V_{DDA}和V_{SSA}是时钟发生器模块（CGM）的电源供给端。

V_{DDAD}和V_{SSAD}是微控制器A/D转换模块的电源供给端。

2）晶振引脚。OSC1和OSC2是外接晶体振荡元件的引脚。

3）外部复位引脚。$\overline{RST}$引脚的低电平将为控制置于一个既定的初始状态。此引脚的内部集成了上拉电阻。

4）外部中断引脚。$\overline{IRQ}/V_{PP}$是一个异步外部中断引脚和编程高电压输入。此引脚的内部集成了上拉电阻。

5）A/D转换模块参考电压引脚。V_{REFH}/V_{REFL}是A/D转换模块的高电压/低电压参考电压输入引脚。

6）外部滤波电容引脚。CGMXFC是锁相环的外部滤波电容引脚。

7）输入/输出引脚：

端口A的PTA7～PTA0（共8个引脚）是具有键盘唤醒功能的双向端口引脚。

端口B的PTB7～PTB0（共8个引脚）是具有复用功能的双向端口引脚，A/D转换器的模拟输入通道AD7～AD0与其共用引脚。

端口C的PTC6～PTC0（共8个引脚）是唯一的单一功能的双向端口引脚。

端口D的PTD6～PTD0（共8个引脚）是具有复用功能的双向端口引脚。定时器TIM2的T2CH1/T2CH0通道占用PTD7/PTD6引脚；定时器TIM1的T1CH1/T1CH0通道占用PTD5/PTD4引脚；SPI的SPSCK/MOSI/MISO/$\overline{SS}$占用PTD3～PTD0引脚。

端口E的PTE1/PTE0是具有复用功能的双向端口引脚。SCI的RxD/TxD与其共用引脚。

2. MC68HC11F1单片机

玛瑞利单点计算机是一种典型的集中喷射计算机，成本低、简单实用，目前广泛应用在国产微型车和低档轿车中。自1999年年底玛瑞利推出单点电控发动机管理系统起，包括沈阳金杯海狮客车、金杯中华轿车、芜湖奇瑞轿车等车型都已经采用了这种基于玛瑞利的单点电控发动机管理系统。

MC68HC11F1单片机是MOTOROLA公司MC68HC11系列的产品。与本系列其他产品相比，增加了I/O端口数量，增加了静态RAM容量和内部片选功能，非多工总线降低了对外部界面的逻辑要求，具有定时器、串口、A/D转换使能功能。

（1）MC68HC11F1芯片特点

CPU为MC68HC；512B的片内EEPROM；1024B的片内RAM；16B的定时器系统；实时中断电路；8位脉冲累加器；同步串行外部接口（SPI）；异步不归零串行接口（SCI）。

8通道8位A/D转换器。

（2）MC68HC11F1芯片封装

MC68HC11F1有两种封装形式，即68引脚的PLCC封装及80引脚的TQFP封装，如图1-7所示。

（3）金杯单点玛瑞利逻辑电路的点火控制电路

玛瑞利单点计算机的点火控制电路是典型的直接点火系统，点火系统是由CPU的端口A来控制的，电路如图1-8所示。系统复位后主程序将端口A配置成定时器口，来自计算机引脚的转速信号（PIN11、PIN28），经电阻送至芯片L9101的第6、7引脚。

转速信号每个周期包括58个小正弦波和1个大正弦波，经L9101对正弦转速信号进行整形，转换成低于5V的脉冲信号，每个周期由58个窄脉冲和1个宽脉冲组成。该信号送到反相器对信号进行反相，然后送到CPU。CPU收到宽脉冲后开始计数，再收到20个（或50个）连续窄脉冲则认为是1、4缸（2、3缸）上止点，据此计算出基本点火提前角。然后根据发动机冷却液温度传感器、进气温度传感器、节气门位置传感器等输入信号，通过存储器中的点火提前角修正表对基本点火提前角进行修正以获得精确的点火时间，输出点火驱动信号，每路信号经过两级晶体管驱动后送至点火晶体管控制点火线圈进行点火。

点火成功后，LM2903输出端产生点火确认信号，经反相后送至CPU，由CPU对点火情况进行监视。

从以上工作过程可以看出，点火电路要正常工作的4个要点：正确的传感器信号（转速信号）送至CPU；CPU系统能进行正常的信息处理并输出相应的计算机或驱动信号；执行机构（点火驱动电路）能正常工作；点火反馈信号能正常送到CPU。

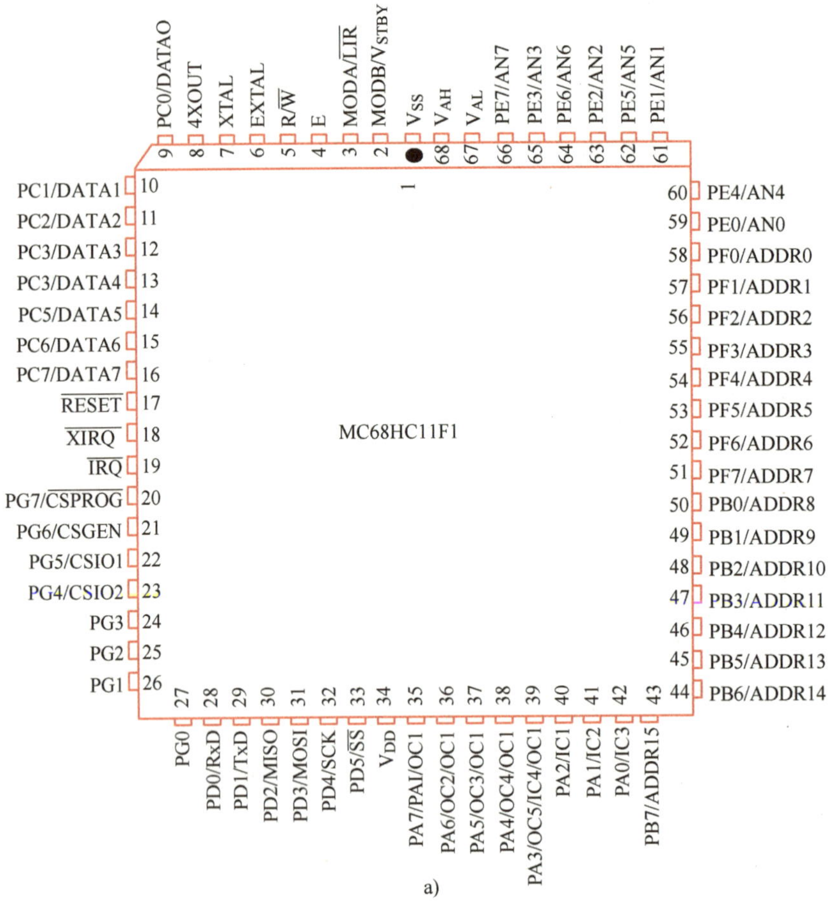

图1-7 MC68HC11F1的引脚图及封装

a）PLCC

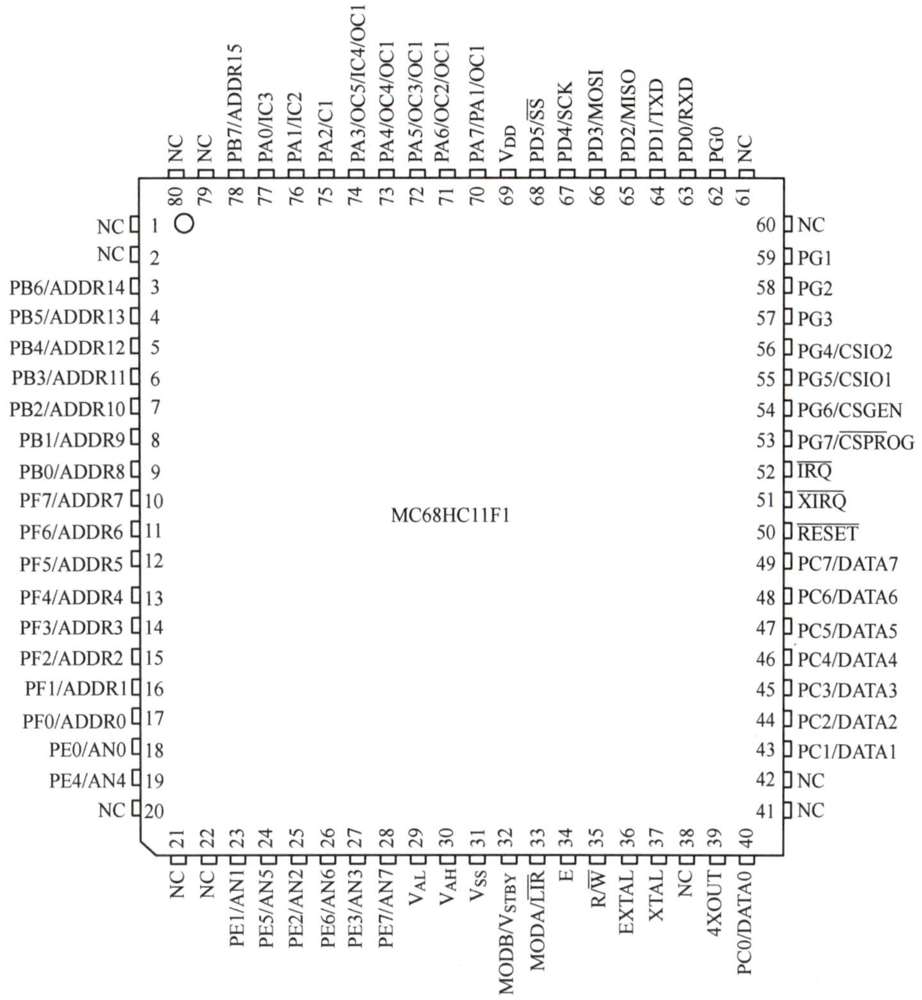

b)

图 1-7　MC68HC11F1 的引脚图及封装（续）

b）TQFP

（4）金杯单点玛瑞利逻辑电路的喷油控制电路

单点玛瑞利逻辑电路的喷油控制电路主要由 CPU 来完成，电路如图 1-9 所示。CPU 首先根据点火频率确定喷油频率，喷油频率是点火频率的一半。具体工作过程如下：①由CPU 的 21 引脚输出片选信号，控制喷油电路的启动和停止。②CPU 输出喷油驱动脉冲信号给 L9150。③L9150 将信号放大，送给喷油器，实现喷油。④喷油过程中，CPU 根据传感器信号判断工况，以此调整喷油驱动脉冲信号宽度，从而控制喷油器喷射适量燃油或是中断。⑤L9150 的 6～9 引脚将信息反馈给 CPU，使其了解喷油器控制是否达到控制目标，这是个典型的闭环控制系统，通过不断的反馈和控制，最终使喷油量与发动机的实际工况相一致。

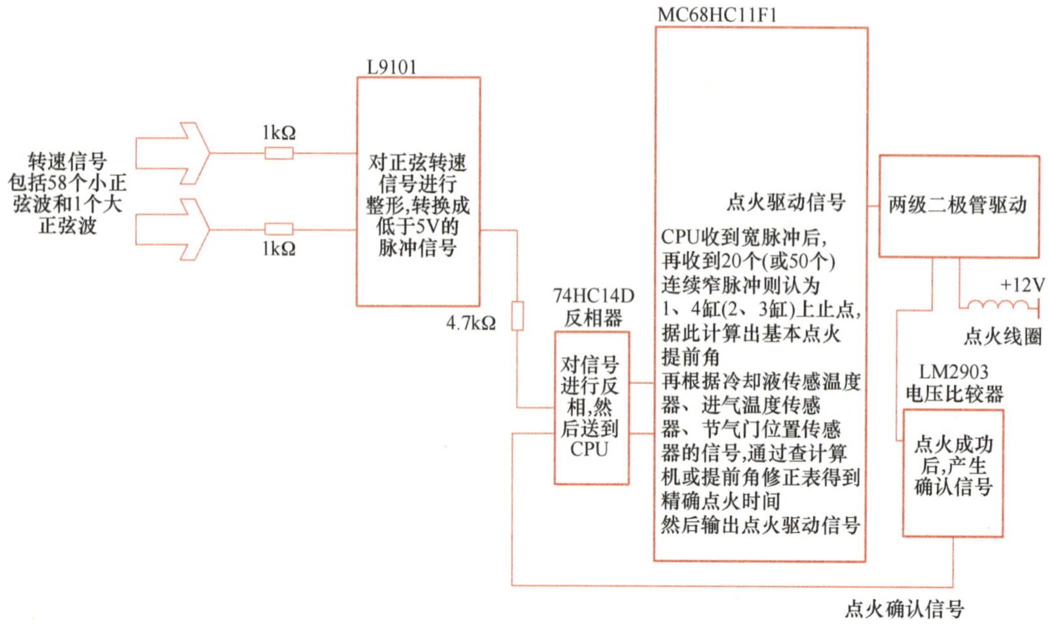

图 1-8 点火控制电路示意图

3. MC9S12DP256 单片机

（1）MC9S12DP256 的结构

MC9S12DP256 是基于 16 位 HCS12 CPU 及 0.25μm 微电子技术的高速、高性能 5.0V Flash 存储器产品中的中档芯片。其较高的性价比使其非常适合用于一些中高档汽车的电子控制系统。同时其较简单的背景开发模式也会使开发成本进一步降低，也使得现场开发与系统升级变得更加方便。

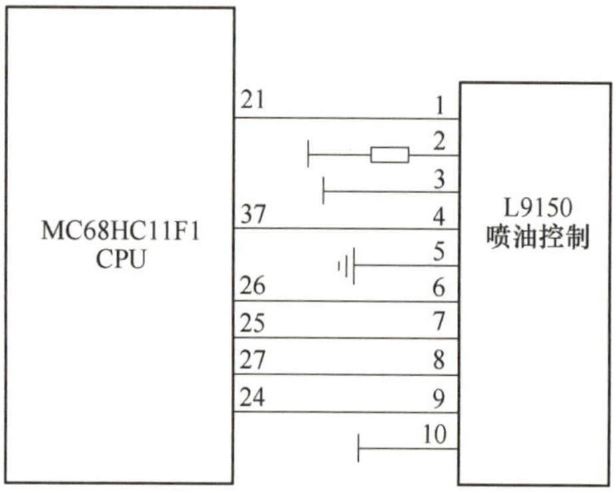

图 1-9 喷油控制电路示意图

MC9S12DP256 的主频高达 25MHz，同时片上还集成了许多标准模块，包括 2 个异步串行通信口 SCI、3 个同步串行通信口 SPI、8 通道输入捕捉/输出比较定时器、2 个 10 位 8 通道 A/D 转换模块、1 个 8 通道脉宽调制模块、49 个独立数字 I/O 口（其中 20 个具有外部中断及唤醒功能）、兼容 CAN2.0A/B 协议的 5 个 CAN 模块以及 1 个内部 IC 总线模块。片内还拥有 256KB 的 Flash EEPROM、12KB 的 RAM/4KB 的 EEPROM。

（2）MC9S12 系列单片机的功能特点

1）片内集成 256KB 的闪速存储器（Flash EEPROM）。近年来，随着 Flash EEPROM 在微控制器片内的应用走向成熟，微控制器的开发、应用又迎来了一次新的飞跃。Flash EEPROM 是一种非易失性存储介质，读取它的内容同 RAM 的读取一样方便，而对它的写操作却比 EPROM 还要快。同时，在系统掉电后，Flash EEPROM 中的内容仍能可靠保持不变。Flash EEPROM 的主要优点是结构简单、集成密度大、成本低。由于 Flash EEPROM 可以局部擦除，且写入、擦除次数可达数万次，从而使开发微控制器不再需要昂贵的仿真器。

2）应用锁相环技术提高了系统的电磁兼容性。在以往不使用锁相环的微控制器应用系统中，晶振电路由于其工作频率比较高（通常为几兆赫至几十兆赫）而成为一个很大的干扰源，这一问题给系统设计、电路板布局带来了很多不便。MC9S12 系列单片机的时钟发生系统中巧妙地使用了锁相环技术，因而可在外接几十千赫的晶振情况下，通过软件编程产生几兆赫的系统时钟，从而降低了对外辐射干扰，提高了系统的稳定性。

3）简单的背景开发模式（BDM）使得开发成本进一步降低，也使得现场开发和系统升级变得比较方便。

此外，虽然拥有 16 位总线结构，但 MC9S12 系列单片机的外部总线可根据不同的系统需求工作在 8 位和 16 位两种模式，因而能够极大地适应不同价位的系统需求。

（3）MC9S12DP256 在汽车电子中的应用

现以一个典型的汽车电子门控系统为例来说明 MC9S12DP256 在汽车电子中的应用，图 1-10 所示为该门控系统示意图，图中，中央微控制器选用 MC9S12DP256，图中的 MC33389A、MC33884、MC33887、MC33486DH 等均为 MOTOROLA 的智能模拟器件。其中，MC33389A 可直接将汽车蓄电池电压转换成系统所需的 5V 电压，还可以将点火开关信号、车门开关信号及面板开关信号由 SPI 接入到微控制器以进行唤醒、复位和中断等工作，同时，该器件还具有容错功能的 CAN 物理层驱动器。此外，它还可以将系统接入整车网络之中；MC33884 的主要作用是实时监测面板开关的状态并驱动面板的照明灯；MC33887 可用于后视镜位置电动机、后视镜折叠电动机及门锁电动机的驱动（如需要较大电流来驱动车窗玻璃的升降等，实际上，该功能也可以选用 MC33486DH 配合独立的 MOS 驱动管一起工作）；MC33290D 主要用于对整个系统的诊断。

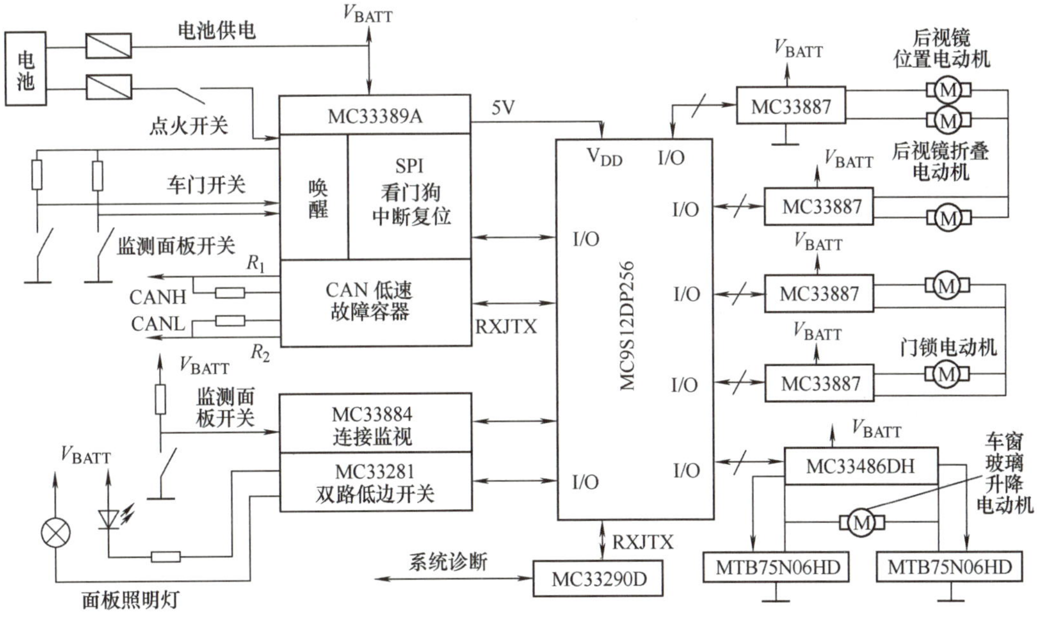

图 1-10 门控系统示意图

4. MPC500 系列单片机

MPC500 系列单片机经专门设计，满足了高速行驶汽车所需的严格的工作环境要求。整个产品系列包括无闪存的 MPC561 和内置 1MB 闪存的 MPC566 等，以针对多种不同的应用环境。可应用于汽油机管理、直接燃油喷射、电子传动控制等动力传输系统、稳定控制系统和悬挂应用系统。MPC500 系列 MCU 还具有浮点单元和智能时钟等创新功能，能满足控制速度和精度要求。

MPC500 内包含 1 个系统集成模组（SIM）、1 个时间处理单元（TPU）、1 个队列串行接口模组（QSM）。特点是：2KB 静态随机存储器，带有 TPU 仿真能力（TPU RAM）；采用 HCMOS 技术，可进一步降低产品功耗，同时指令系统包含专用低功耗指令（LPSTOP）；系统时钟停止状态下，功率消耗最低。

自 20 世纪 90 年代中期以来，智能电子产品在汽车中的应用越来越广泛，已迅速发展为汽车综合电子控制技术。它以大规模集成电路和控制器局域网为特征，包括单片机、灵巧的电源及智能的传感器，它运用计算机网络和通信技术，既能将原来有限的综合性电子控制系统扩大成汽车整体综合控制系统，又可与汽车外部道路通信条件连接起来，使汽车成为智能交通系统或智能道路系统的一部分。

习　题

1. 简述你所知道的应用在汽车上的单片机。
2. MC68HC908GP32 有哪几种封装形式？
3. 简述金杯单点玛瑞利逻辑电路的点火控制电路工作过程。
4. 简述点火电路要正常工作的 4 个要点。
5. 简述金杯单点玛瑞利逻辑电路的喷油控制电路工作过程。
6. MC68HC11F1 有哪两种封装形式？

任务四　汇编语言认知

知识目标

1. 了解程序语言。
2. 掌握汇编语言的常用符号、指令格式和伪指令、寻址方式。
3. 掌握程序流程图的画法。

能力目标

1. 会判断指令的寻址方式。
2. 会使用程序流程图常用图形符号画程序流程图。
3. 会使用伪指令。
4. 会判断指令的寻址方式。

任务相关知识

1. 程序设计语言

计算机程序设计语言是指计算机能够理解和执行的语言，它随着计算机的诞生而诞生，随着计算机的发展而发展。迄今为止，计算机程序设计语言有很多，通常分为机器语言、汇编语言和高级语言三类。

（1）机器语言

机器语言（Machine Language）是一种能被计算机直接识别和执行的机器语言。它有两种表示形式：

1）二进制形式：由二进制代码“0、1”构成，可以直接存放在计算机存储器内。

2）十六进制形式：由“0 ~ F”共 16 个字符组成，是人们通常采用的一种形式。输入计算机后，由监控程序翻译成二进制形式，以供机器直接执行。

机器语言人为识别和读写困难，用机器语言编写程序、分析程序和输入程序时效率低，具有难编写、难读懂、难查错和难交流等缺点，因此通常不用它来进行程序设计。

（2）汇编语言

由于机器语言不便被人们识别、记忆、理解和使用，所以给每条机器语言指令赋予助记符号来表示，这就形成了汇编语言，即汇编语言（Assembly Language）是一种人们用来替代机器语言进行程序设计的语言。它由助记符、保留字和伪指令等组成，很容易为人们识别、记忆和读写，故有时也称之为符号语言。

采用汇编语言编写的程序叫作汇编语言程序，这类程序不能被计算机直接执行，必须经过一个中间环节翻译成机器语言程序，这个中间过程叫作汇编。汇编有两种方式：机器汇编和手工汇编。手工汇编是指程序员把汇编语言指令逐条翻译成机器语言指令，然后输入单片机。机器汇编是用专门的“汇编程序”（Assembler）在计算机上进行翻译，翻译后的机器语言经专用通信线路传输给单片机。“汇编程序”由计算机软件公司编写，可以驻留在微型计算机开发系统的程序存储器内，也可以存放在硬盘上，使用时调入系统机内存。

汇编语言并不独立于具体机器，是一种非常通用的低级程序设计语言。采用汇编语言编程，用户可以直接操作到单片机内部的工作寄存器和片内 RAM 单元，能把数据的处理过程表述得非常具体，而且所占内存小、运行速度快、效果好。所以说，汇编语言程序设计可以在空间和时间上充分发掘微型计算机的潜力，广泛应用于编写实时控制程序。

（3）高级语言

高级语言（High-level Language）是面向过程和问题并能独立于机器的通用程序设计语言，是一种接近人们自然语言和常用数学表达式的计算机语言。例如，BASIC、PASCAL、C++等。

人们在利用高级语言编程时，可以不去了解机器内部结构而把主要精力集中于掌握语言的语法规则和程序的结构设计方面。

采用高级语言编写的程序是不能被机器直接执行的，但可以被编译成目标代码，然后由 CPU 执行。

2. 汇编语言格式

（1）指令格式

根据题目要求采用汇编语言编写的程序称为汇编语言源程序，这种程序不能被 CPU 直接识别和执行，必须由人工和机器把它翻译成机器语言，才能被计算机执行。

为了使机器能够识别和正确汇编，必须对汇编语言的格式和语法规则做出规定。用户在进行程序设计时，必须严格遵循汇编语言的格式和语法规则，只有这样才能编出符合要求的汇编语言源程序。

汇编语言直接面向机器，因机器不同而异，对 MCS51 单片机来说，汇编语言中的每条语句应当符合典型的四分段格式：

标号段	操作码段	操作数段	注释段

注：标号段与操作码段之间用“:”相隔；操作码段与操作数段间用“空格”相隔；两个操作数之间用“,”相隔；操作数段与注释段之间用“;”相隔。

1）标号段。位于一条语句的开头，用于存放语句的标号，来指明标号所在指令操作码字节在内存的地址，又称为标号地址或符号地址。

标号由大写英文字母开头的字母和数字串组成，长度为 1 ~ 8 个字符，当超过 8 个字符时，汇编程序自动舍去超过部分的字符。

注意：不能用指令助记符、寄存器号以及伪指令符等作为标号，而且同一标号不能在同一程序中的不同语句中使用。

2）操作码段。可以是指令助记符，也可以是伪指令和宏指令的助记符，这一字段是任何语句不可缺少的，汇编程序根据这一字段生成目标代码。

3）操作数段。用于存放指令的操作数或操作数地址，操作数个数因指令不同而不同，通常有双操作数、单操作数和无操作数三种。

在 MCS-51 单片机的汇编语言中，操作数通常有以下 5 种合法表示方式：

①操作数的二进制、十进制和十六进制形式。

②工作寄存器和特殊功能寄存器。

③标号地址。

④带加减运算符的表达式。

⑤采用 $ 符。

4）注释字段。用于注解指令或程序的含义。

注意：一行不够写，需另起一行时，必须仍以“;”开头。

(2) 指令常用符号说明

Rn(n = 0 ~ 7)：当前选中的工作寄存器组中的寄存器 R0 ~ R7 之一。

Ri(i = 0，1)：当前选中的工作寄存器组中的可作为地址指针的寄存器 R0 或 R1。

#data：8 位立即数。

#data16：16 位立即数。

data：8 位片内 RAM 单元的直接地址。

addr11：11 位目的地址，用于 ACALL 和 AJMP 指令中。

addr16：16 位目的地址，用于 LCALL 和 LJMP 指令中。

rel：补码形式表示的 8 位地址偏移量，用于相对转移指令中作基址，偏移范围在 -128 ~ 127 之间。

bit：片内 RAM 的位地址、特殊功能寄存器的位地址。

@：间址寻址方式中，间址寄存器前缀。

/：位操作数的取反操作前缀，不影响该位原值。

(x)：表示 x 地址单元或寄存器中的内容。

((x))：表示 x 所指向的地址单元中的内容。

→：指令操作流程，将箭头左边的内容送到右边的单元中。

3. 汇编语言的构成

汇编语言是汇编语言语句的集合，是构成汇编语言源程序的基本元素，也是汇编语言程序设计的基础。汇编语言因机器而异，常可分为指令性语句和指示性语句两类。

(1) 指令性语句

指令性语句是指采用指令助记符构成的汇编语言的集合，同样必须符合汇编语言的语法规则。

对 MCS-51 单片机而言，指令性语句是指 111 条指令的助记符语句，因此指令性语句很多，是汇编语言语句的主体，也是进行汇编语言程序设计的基本语句。

每条指令性语句都有与之对应的指令码，并由机器在汇编时翻译成目标代码，以供 CPU 执行。

(2) 指示性语句

指示性语句又称为伪指令语句，简称伪指令。伪指令并不是真正的指令，而是一种假指令，虽然它具有和指令类似的形式，但并不会在汇编时产生可供机器直接执行的机器码，也不会直接影响存储器中代码和数据的分布。

伪指令是在机器汇编时供汇编程序识别和执行的命令，可以用来对机器的汇编过程进行某种控制，令其进行一些特殊操作。

MCS-51 单片机的汇编语言中，常用的伪指令有如下 8 条：

1) ORG 伪指令：起始汇编伪指令，常用于汇编语言源程序或数据块开头，用来指示汇编程序开始对源程序进行汇编。

格式：【标号:】ORG　16 位地址或标号

括号内的部分可根据实际情况取舍（本节后面出现的括号与此处相同，不再重复解释）。在机器汇编时，当汇编程序检测到该语句时，就把该语句下一条指令或数据的首字节按 ORG 后边的 16 位地址或标号存入相应存储单元中，其他字节和后续指令字存放在后面的存储单元中。

例如：

```
        ORG   2000H
START:  MOV   A, #64H
        ⋮
        END
```

2) END 伪指令：结束汇编伪指令，常用于汇编语言源程序末尾，用来指示源程序到此全部结束。

格式：【标号:】END

在机器汇编时，当汇编程序检测到该语句时，就确认汇编语言源程序已经结束，对 END 后面的指令都不予汇编。因此，一个源程序只能有一个 END 语句，而且必须放在整个程序的结尾。

3) EQU 伪指令：赋值伪指令。

格式：字符名称　EQU　数据或汇编符

在机器汇编时，EQU 伪指令被汇编程序识别后，汇编程序自动把 EQU 右边的“数据或汇编符”赋给左边的“字符名称”。

一旦“字符名称”被赋值，它就可以在程序中作为一个数据或地址来使用。因此，“字符名称”所赋的值可以是一个数据或地址，故“字符名称”所赋的值可以是一个 8 位二进制数或地址，也可以是一个 16 位二进制数或地址。

例如：

```
        ORG     0200H
AA      EQU     R1
A10     EQU     10H
        MOV     A, AA
DELAY:  MOV     R0, # A10
        MOV     A, AA
         ⋮
        LCALL   DELAY
         ⋮
        END
```

注意：

①EQU 伪指令中的“字符名称”必须先赋值后使用，故该语句通常放在源程序的开头；

②在 51 汇编程序中，EQU 定义的“字符名称”不能在表达式中运算。

③DATA 伪指令：数据地址赋值伪指令。

格式：字符名称　DATA　表达式

DATA 伪指令的功能与 EQU 伪指令类似，它可以把 DATA 右边的“表达式”值赋给左边的“字符名称”。“表达式”可以是一个数据或地址，也可以是一个包含所定义“字符名称”在内的表达式，但不能是汇编符号。

EQU 伪指令与 DATA 伪指令的主要区别如下：

1）EQU 伪指令定义的“字符名称”必须先定义后使用，放在源程序的开头。

2）DATA 伪指令定义的“字符名称”没有这种限制，通常用在源程序的开头或结尾。

DATA 伪指令一般用来定义程序中所用的 8 位或 16 位数据地址。但也有些汇编程序只允许 DATA 语句定义 8 位的数据或地址，16 位地址需用 XDATA 伪指令定义。

例如：

```
        ORG     0200H
AA      DATA    35H
DD      XDATA   0A7E6H
        MOV     A, AA
        MOV     DPTR, DD
         ⋮
        END
```

3）DB 伪指令：定义字节伪指令，常用来为汇编语言源程序在内存的某区域中定义一个或一串字节。

格式：【标号：】DB 项或项表

DB 伪指令能把它右边“项或项表”中数据依次存放在以左边标号为起始地址的存储单元中。“项或项表”中的数可以是一个 8 位二进制数或用逗号分开的一串 8 位二进制数。8 位二进制数可以采用二进制、十进制、十六进制和 ASCII 码等多种形式。

例如：

```
        ORG   0200H
START:  MOV   A, #64H
         ⋮
TAB:    DB    45H, 73, 01011010B, '5', 'A'
         ⋮
        END
```

上述程序汇编时，汇编程序自动把 TAB 单元置成 45H，TAB +1 单元置成 49H（即 73 的十六进制表示形式），TAB +2 单元置成 5AH（即 01011010B），TAB +3 单元置成 35H（即'5'），TAB +4 单元置成 41H（即'A'）。

4）DW 伪指令：定义字伪指令。

格式：【标号：】DW 项或项表

DW 伪指令与 DB 伪指令类似，其主要区别在于 DB 伪指令定义的是一个字节，而 DW 伪指令定义的是一个字（即两个字节），因此 DW 伪指令主要用来定义 16 位地址（高 8 位在前，低 8 位在后）。

例如：

```
        ORG   0200H
START:  MOV   A, #20H
         ⋮
        ORG   1520H
HETAB:  DW    1234H, 8AH, 10
         ⋮
        END
```

执行完该程序后，(1520H) = 12H，(1521H) = 34H，(1522H) = 00H，(1523H) = 8AH，(1524H) = 00H，(1525H) = 0AH。

5）DS 伪指令：定义空间伪指令。

格式：【标号：】DS 表达式

其中“表达式”常为一个数值。DS 语句可以指示汇编程序从它的标号地址开始预留一定数量的内存单元，以备源程序执行过程中使用。预留的数量由 DS 语句中“表达式”的值决定。

例如：

```
        ORG   0200H
START:  MOV   A, #20H
         ⋮
```

```
SPC:    DS    08H
        DB    25H
        ⋮
        END
```

汇编程序对上述源程序汇编时，碰到 DS 语句便自动从 SPC 地址开始预留 8 个连续内存单元，第 9 个存储单元（SPC +8）存放 25H。

6）BIT 伪指令：位地址伪指令。

格式：字符名称　BIT　位地址

BIT 伪指令把 BIT 右边的“位地址”赋给左边的“字符名称”，因此 BIT 语句定义过的“字符名称”是一个符号位地址。

例如：

```
        ORG   0200H
A2      BIT   P1.0
        MOV   A2, C
        ⋮
        END
```

有时可以用 EQU 语句代替 BIT 语句，但用 EQU 语句时，右边必须采用物理地址，即直接地址，比如可以用 90H，但不能用 P1.0。

4. 汇编语言程序设计步骤

在单片机应用中，绝大部分实用程序都是采用汇编语言编写的，因此汇编语言程序设计不仅关系到单片机控制系统的特性和效率，而且还和控制系统本身的硬件结构有关。

根据任务要求，采用汇编语言编制程序的过程称为汇编语言程序设计，一个应用程序的编制，从拟制设计任务书直到所编程序的调试通过，通常分为以下 6 步：

1）拟制设计任务书。这是一个收集资料和项目调研过程，设计者根据设计要求到现场进行实地考察，并根据国内外情况写出比较翔实的设计任务书，必要时还应聘请有关专家帮助论证。设计任务书应包括程序功能、技术指标、准确度等级、实施方案、工程进度、所需设备、研制费用和人员分工等。

2）建立数学模型。在弄清设计任务书的基础上，设计者应把控制系统的计算任务或控制对象的物理过程，抽象归纳为数学模型。数学模型是多种多样的，可以是一系列的数学表达式，也可以是数学的推理和判断，还可以是运行状态的模拟等。

3）确立算法。根据被控对象的实时过程和逻辑关系，设计者必须把数学模型演化为计算机可以处理的形式，并拟制出具体的算法和步骤。同一数学模型往往有几种不同的算法，设计者还应对各种不同算法进行分析和比较，从中找出一种切合实际的最佳算法。

4）绘制程序流程图。这是程序的结构设计阶段，也是程序设计前的准备阶段，对于一个复杂的设计任务，还应根据实际情况确定程序的结构设计方法（如模块化程序设计、自顶向下程序设计等），把总设计任务划分为若干子程序（即子模块），并分别绘制出相应的程序流程图。因此，程序流程图不仅可以体现程序的设计思想，而且可以使复杂问题简化。

程序流程图是使用各种图形、符号、有向线段等来说明程序设计过程的一种直观的表示。它使人们通过流程图的基本线索，对全局有完整的了解。程序流程图常用图形符号如图 1-11 所示。

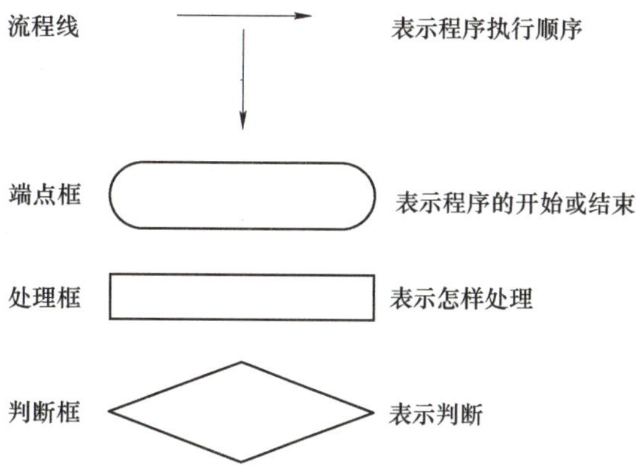

图 1-11　程序流程图常用图形符号

5）编制汇编语言源程序。编制汇编语言源程序是根据程序流程图进行的，也是设计者充分施展才华的地方。设计者应在掌握程序设计基本方法和技巧的基础上，注意所编制程序的可读性和正确性，必要时应在程序的适当位置加上注释。

6）上机调试。上机调试可以检验程序的正确性，也是任何有使用价值的程序设计无法超越的阶段，因为任何程序编写完成后难免会有缺点和错误，只有通过上机调试和运行才能比较容易发现并纠正。

编写的程序在上机调试前必须汇编成目标机器码，以便在计算机上调试和运行。如果汇编不能通过，则说明源程序中有错误或使用了不合法语句，调试者应根据汇编时指出的错误类型对汇编源程序做出修改，直到可以通过汇编为止。

汇编通过的程序才能在机器上调试和执行，但上机调试不一定能够通过，调试不通过的原因可能有两种：一是程序中存在一般性问题，经过修改后便可通过；二是程序有重大问题，这时必须更改程序流程图中的其他部分，才能上机调试通过。

各子模块分调完成后，还应逐步挂接其他子模块，以实现程序的联调。联调时的情况和分调类似，也会发现不少错误。

联调通过后的程序还必须试运行，即在所设计系统的硬件环境下运行，试运行应先在实验条件下进行，然后再到现场进行。

5. 汇编语言寻址方式

（1）立即寻址

操作码后面跟的一个字节是实际操作数，直接参与操作，又称立即数。

如：MOV　A，#0FFH　　　；0FFH→A

　　MOV　DPTR，#26ABH　；26H→DPH，ABH→DPL

（2）直接寻址

指令中包含了操作数的地址，这个地址直接给出了参加运算或传送的单元地址或位地址

如：MOV　A，69H　；(69H)→(A)

（3）寄存器寻址

是指由指令指出寄存器组 R0 ~ R7 中某一个或其他寄存器（A、B、DPTR 等）的内容作为操作数。

如：MOV　A，R5　　；(R5)→(A)

MOV　A，R0　　；(R0)→(A)

ADD　A，R0　　；(A)+(R0)→(A)

（4）寄存器间接寻址

操作数的地址事先存放在某个寄存器中，寄存器间接寻址是把指定寄存器的内容作为地址，由该地址所指定的单元内容作为操作数。

如：MOV　A，@R0　　；((R0))→(A)

（5）变址寻址

以某个寄存器的内容为基地址，然后在这个基地址的基础上加上地址偏移量形成真正的操作数地址。51 系列单片机由 DPTR 和 PC 作为基址寄存器，由累加器作为偏移量寄存器，常用于查表，访问对象是片外程序存储器。

如：MOVC　A，@PC　　；((A)+(PC))→A

（6）相对寻址

将程序计数器 PC 中的当前值与指令第二字节给出的偏移量相加，把结果作为跳转指令的转移地址。

注意：当前值是指这条相对转移指令的下一条指令的第一个字节的地址。

如：JC　04H　　；(PC)+2→(PC)，若 C=1，则(PC)+04H→(PC)；若 C=0，则顺序执行

（7）位寻址

是指对片内 RAM 的位寻址区和某些可位寻址的特殊功能寄存器进行位操作的寻址方式。

初步训练

根据题目要求画出程序流程图。具体要求：已知 VAR 单元中有一个自变量 X，请按如下条件编出求函数值 Y 并将它存入 FUNC 单元的程序，其中 VAR 代表 30H 单元，FUNC 代表 31H 单元。

$$Y=\begin{cases}1, & X>0\\ 0, & X=0\\ -1, & X<0\end{cases}$$

任务分析：

根据题目要求，首先要对 X 进行判断，如果 X>0，则 Y=1；如果 X=0，则 Y=0；如果 X<0，则 Y=-1。根据分析画出程序流程图如图 1-12 所示。

强化训练

根据题目要求画出程序流程图。具体要求：编程实现把 20H 单元内两个 BCD 数变换成相应 ASCII 码放在 21H（高位 BCD 数的 ASCII 码）和 22H（低位 BCD 数的 ASCII 码）单元。

任务分析：

BCD 码是用二进制形式表示的十进制数，通过查表发现 0 ~ 9 的 BCD 码和它们的 ASCII

码之间仅相差 30H，所以只需要把 20H 单元内两个 BCD 码拆开，分别和 30H 相加就可以了。根据分析画出程序流程图如图 1-13 所示。

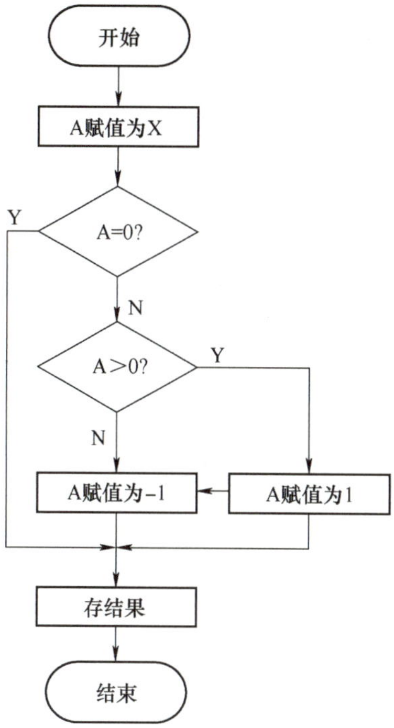

图 1-12　程序流程图

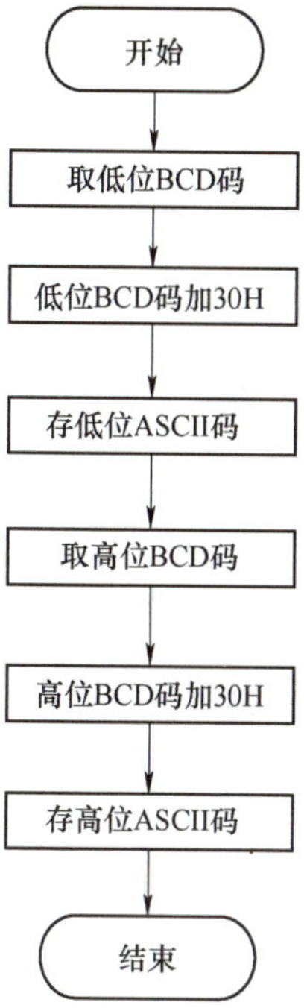

图 1-13　程序流程图

习　题

1. 汇编语言指令由________、________、________、________四部分组成。
2. 指令中 Rn 和@ Ri 有何区别？
3. 伪指令 EQU 和 DATA、XDATA 有何区别？
4. 伪指令 DS、DW、DB 有何区别？
5. 7 种寻址方式是哪七种？
6. 试用另一种思路解决初步训练的问题，并画出程序流程图。

◇◇◇项目二　汽车照明系统模拟设计

任务一　单片机最小系统认知

知识目标

1. 了解单片机的时钟电路和复位电路。
2. 理解振荡周期、时钟周期、机器周期和指令周期的含义。
3. 掌握单片机的最小系统。

能力目标

1. 能理解复位电路和振荡电路的工作原理。
2. 会画出复位电路和振荡电路。
3. 会画出单片机最小系统。

素养目标

提高主动学习、面对问题、解决问题的意识；树立节约成本的意识。

任务相关知识

单片机最小系统又称为最小应用系统，是指用最少元器件组成的单片机可以工作的系统。对51系列单片机来说，最小系统一般应该包括单片机、时钟电路、复位电路，如图1-14所示。

1. 时钟电路

单片机的工作过程是：取一条指令、译码、进行微操作，再取一条指令、译码、进行微操作，由微操作按顺序完成相应指令规定的功能。各指令的微操作在时间上有严格的次序，这种微操作的时间次序称作时序。单片机的时钟信号用来为单片机芯片内部各种微操作提供时间基准。

（1）时钟产生方式

51系列单片机的时钟信号通常有两种方式产生：一是内部时钟方式，二是外部时钟方式。

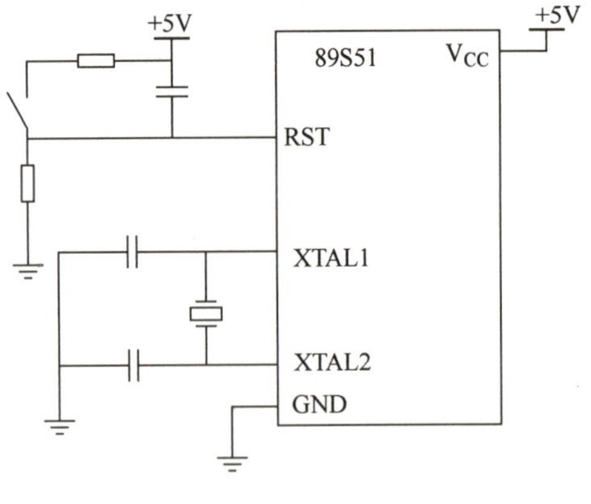

图1-14　单片机最小系统图

内部时钟方式如图1-15a所示，在单片机内部有一振荡电路，只要在单片机的XTAL1和XTAL2引脚外接石英晶体（简称晶振，见图1-16），就构成了自激振荡器并在单片机内部产生时钟脉冲信号。电路中电容的作用是稳定频率和快速起振，电容值在5～30pF之间，典型值为30pF。晶振的振荡频率范围在1.2～

12MHz之间，典型值为6MHz和12MHz。

外部时钟方式是把外部的时钟信号引入单片机内，如图1-15b所示。外部时钟方式多用于多单片机同时工作，以便于各单片机的同步。一般要求外部信号高电平的持续时间大于20ns，且频率低于12MHz的方波。对于CHMOS工艺单片机，外部时钟要由XTAL1引脚引入，而XTAL2引脚应悬空。

（2）时钟信号

CPU执行指令的一系列动作都是在时序电路控制下一拍一拍进行的。由于指令的字节数不同，所以取这些指令所需要的时间就有很大不同，而且即使是字节数相同的指令，由于执行操作有较大差别，所以不同的指令执行时间也不一定相同。为了便于说明，人们按照指令的执行过程规定了几种周期。

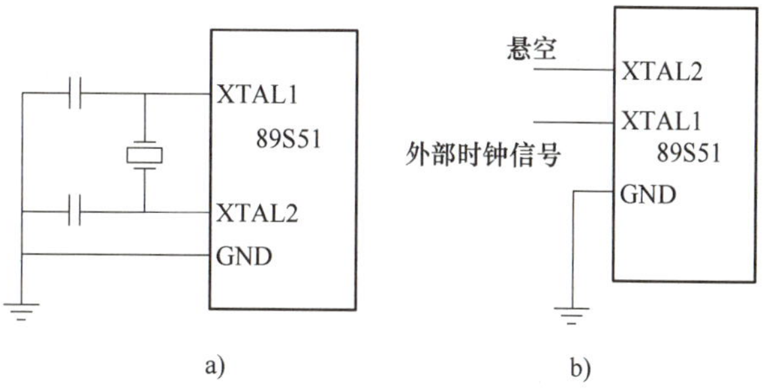

图1-15　时钟电路图
a）内部时钟方式　b）外部时钟方式

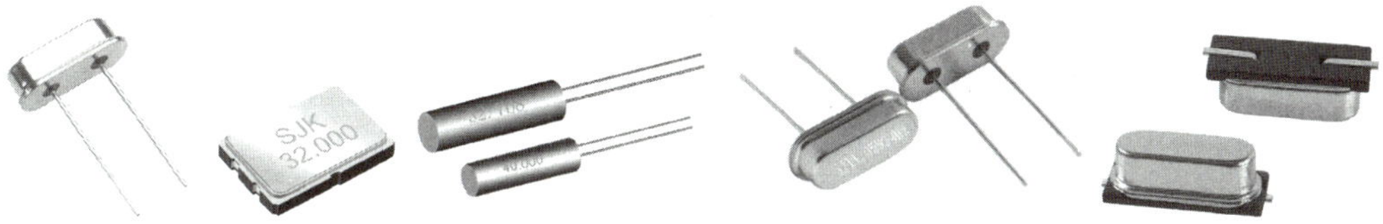

图1-16　各种晶振实物

单片机的基本操作周期称为机器周期，若把一条指令的执行过程划分为几个基本操作，则完成一个基本操作所需的时间即为机器周期。一个机器周期可分为6个状态，每个状态由两个振荡脉冲组成，即节拍P1和P2信号，所以，一个机器周期共有12个振荡脉冲。

振荡周期是指为单片机提供定时信号的振荡源的周期。

时钟周期又称为状态周期或状态时间S，是振荡周期的两倍，它分成P1节拍和P2节拍。P1节拍通常完成算术逻辑操作，而内部寄存器间传送通常在P2节拍。

指令周期是指执行一条指令所占用的全部时间，通常由1~4个机器周期组成。

综上，周期换算见表1-6。

表1-6　周期换算表

周期类型	外接晶振(6MHz)	外接晶振(12MHz)	周期类型	外接晶振(6MHz)	外接晶振(12MHz)
振荡周期	(1/6)μs	(1/12)μs	机器周期	2μs	1μs
时钟周期	(1/3)μs	(1/6)μs	指令周期	2~8μs	1~4μs

2. 复位电路

51系列单片机在启动时都需要复位，使CPU系统处于确定的初始状态，并从初始状态开始工作。当单片机系统处于正常工作状态且振荡器稳定后，每个机器周期都要对RST引脚进行检测，只要其有一个维持2个机器周期的高电平，CPU就可以响应，使系统复位。系统复位后PC=0000H，程序从0000H开始执行。

（1）复位电路分类

51 系列单片机的复位电路通常有三类：一是上电复位电路，二是按键复位电路，三是复杂复位电路。

上电复位电路（见图 1-17a）中，给系统上电时，通电瞬间，电容相当于短路，电容上电压等于 V_{CC}，即 RST 引脚也为 V_{CC}，随着电容充电的完成，电容可看作是断路，电容电压降为零，RST 电压为零。由以上分析可知，RST 复位引脚高电平维持时间取决于电容的充电时间，为了保证系统安全可靠地复位，RST 引脚高电平信号必须至少维持 2 个机器周期的时间。该电路中典型的电阻和电容参数为：晶振为 12MHz 时，$C=10\mu F$，$R_1=8.2k\Omega$；晶振为 6MHz 时，$C=22\mu F$，$R_1=1k\Omega$。

按键复位电路如图 1-17b 所示，其原理与上电复位电路相同，另外在单片机运行期间，还可以利用按键完成复位操作。其中 R_2 经典值为 200Ω。

复杂的复位电路，在现场干扰大，电压波动大的工作环境下工作，为了保持系统能够可靠地工作，需要对复位电路进行处理，设计复杂的复位电路。

复位电路虽然简单，但其作用非常重要。一个单片机系统能否正常运行，首先要检查是否能复位成功。

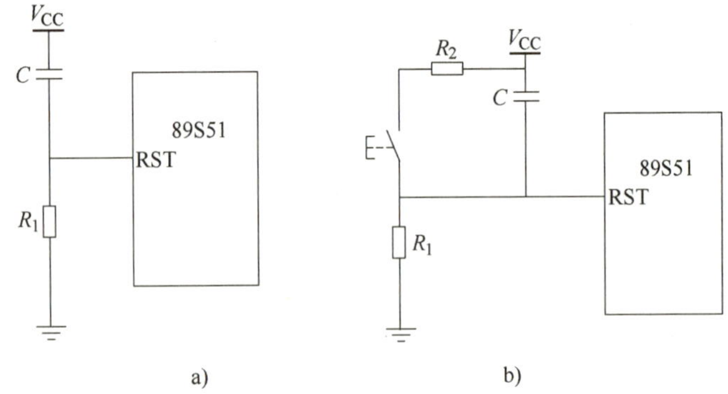

图 1-17　复位电路

a）上电复位电路　b）按键复位电路

（2）复位后寄存器的状态

单片机系统复位后，P0 ~ P3 口输出高电平，准双向口处于输入状态，堆栈指针 SP 写入 07H，程序计数器清零，SBUF 数值不定，其余的寄存器清零，片内和片外 RAM 的状态不受复位影响。单片机特殊功能寄存器的复位状态见表 1-7。

表 1-7　单片机特殊功能寄存器的复位状态

特殊功能寄存器	复　位　值	特殊功能寄存器	复　位　值
PC	0000H	IP	有效位为 0
A	00H	IE	有效位为 0
B	00H	TMOD	00H
PSW	00H	TCON	00H
SP	07H	TH0	00H
DPTR	0000H	TL0	00H
P0	0FFH	TH1	00H
P1	0FFH	TL1	00H
P2	0FFH	SCON	00H
P3	0FFH	PCON	有效位为 0
SBUF	不确定值		

初步训练

画出单片机的按键复位电路，并说明工作原理。

任务分析：

按键复位电路如图 1-17b 所示。按键复位电路是人为在复位输入端加入高电平，让系统复位。一般采用的方法是在 RST 端和电源 V_{CC}之间接一个按键，当按下按键后，V_{CC}和 RST 端接通，RST 引脚处在高电平。而按键动作时间一般是数十毫秒，大于两个机器周期的时间，能够安全地让系统复位。

强化训练

画出单片机最小系统电路图，并标注上各元器件的值。

任务分析：

振荡电路中 C_2 和 C_3 的值为 30pF。当晶振是 12MHz 时，复位电路中 C_1 为 10μF，R_1 为 8.2kΩ，R_2 为 200Ω，如图 1-18a 所示；当晶振是 6MHz 时，复位电路中 C_1 为 22μF，R_1 为 1kΩ，R_2 为 200Ω，如图 1-18b 所示。

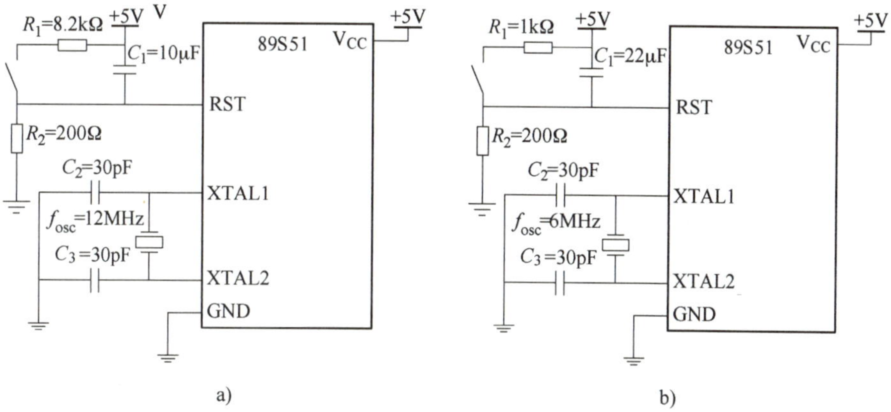

图 1-18

习　题

1. 51 系列单片机复位是高电平复位还是低电平复位？复位的原理是什么？
2. 当 51 系列单片机复位后，工作寄存器位于哪一组？
3. 51 系列单片机复位后，P0～P3 口处于什么状态？
4. 机器周期＝____个时钟周期＝____个振荡周期。
5. 画出上电复位电路。
6. 画出振荡电路。

任务二　汽车照明灯模拟控制设计

知识目标

1. 了解汽车的照明系统。
2. 掌握 Keil 软件的使用。
3. 掌握发光二极管工作原理。

能力目标

1. 会使用 Keil 软件进行程序调试。
2. 会使用发光二极管。
3. 能利用单片机对发光二极管进行控制。
4. 能用单片机设计汽车照明灯模拟控制电路和程序。

任务相关知识

1. 汽车照明设备介绍

汽车上装有各种照明设备，可分为外部照明和内部照明。前照灯、雾灯、示宽灯、牌照灯等是常用的外部照明装置；顶灯、仪表灯、车门灯、阅读灯等是最常用的内部照明装置。前照灯与其他灯相比具有特殊结构和功能。此外军车上还装有特殊用途的防空灯。

（1）前照灯

前照灯是汽车上的主要照明设备。前照灯分为二灯制和四灯制。二灯制前照灯每端一只对称地安装在汽车前两端，每只前照灯提供远光和近光；四灯制前照灯每端两只成对地对称地安装在汽车前两端，每对前照灯中，一只提供远光，另一只提供近光或近、远光。

前照灯按安装方式分内装式（ND）和外装式（WD）；按其灯光组型式分为半封闭式和封闭式（F）；按其形状有圆形、矩形和特殊形状。

半封闭式前照灯的配光镜靠卷曲反射镜边缘上的“牙齿”而紧固在反射镜上，两者之间垫有橡胶密封圈，灯泡从反射镜后端装入。当需要更换损坏的配光镜时，应撬开反射镜外缘的“牙齿”，安上新的配光镜后，再将“牙齿”弯回压紧。

（2）雾灯

雾灯是在有雾、下雪、暴雨或尘埃弥漫时为有效照明道路和提供信号而设置的灯具，结构与前照灯相似，采用单丝灯泡，每车一只或两只，安装位置比前照灯稍低，一般离地面约50cm，射出的光线倾斜度大，光色为黄色（黄色光波较长，透雾性能好）或白色。雾灯有前后之分，后雾灯开关一般受前雾灯开关控制。

（3）防空灯

防空灯是灯光管制时使用的灯具，在军用汽车上有特殊要求。有的车辆将雾灯与防空灯合为一体，配光镜前有遮光罩，开启此罩作为雾灯使用，落下此罩作为防空灯使用（如北京 BJ2020 型汽车的雾灯和防空灯）。

（4）牌照灯

牌照灯是用来照亮汽车后牌照的灯具，发白色光。牌照灯由控制停车灯和前照灯电路的开关控制。当其中的一个电路接通时，牌照灯即亮，通常采用电流为 700mA、发光强度为 4cd 的灯泡。

（5）倒车灯

倒车灯是汽车在倒车时，为观察后方障碍物和指示倒车信号而设置的灯具，由安装于变速器上的倒档开关控制。一般设两只倒车灯，但也有设单个倒车灯的，如南京依维柯 NJ2045 型汽车的倒车灯（位于右后）。

(6) 内部照明灯

汽车内部照明灯包括仪表灯、顶灯、指示灯、警告灯和阅读灯等。

1) 仪表灯。装在复合仪表板的玻璃罩内，用来照明仪表。仪表灯开关装在车灯开关内，即打开前照灯或前小灯，仪表灯即处于工作状态。

2) 顶灯。装在驾驶室顶部，作为内部照明。

3) 指示灯和警告灯。用以指示汽车某些系统或部件的工作状况，包括转向指示灯、远光指示灯以及充电指示灯、机油压力警告灯等，均装在仪表板上。

4) 阅读灯。在阅读书报时照明用。

5) 光纤照明灯。在只需要微弱光线且不便安装灯泡的地方，如仪表表面、烟灰盒、门锁孔等处，往往采用光纤照明。光纤照明灯是一种远距离传输光线的装置，它以普通车用灯泡为光源，让光线通过光导纤维传到末端，发出微光，照亮一定范围。光缆可以任意弯曲或扭转，而不影响光线的传输，并且增加光导纤维的数量就可以增加光缆输出端的亮度，故在无法安装灯泡的地方得到了广泛应用。

(7) 其他辅助用灯

如工具箱灯、发动机罩下工作灯。为了挂车照明，在有些汽车后端备有挂车灯的插座。

2. 发光二极管介绍

发光二极管（LED）。是一种把电能转换成光能的半导体器件。它由 PN 结组成，在正向偏置的条件下导通，会发射出一定波长的光。LED 所含物质不同，发射的光的波长不同，从而发出不同的颜色。LED 一般由含镓（Ga）、砷（As）、磷（P）、氮（N）等的化合物制成。

LED 被称为第四代照明光源或绿色光源，具有节能、环保、寿命长、体积小等特点，广泛应用于各种指示、显示、装饰、背光源、普通照明和城市夜景等领域。根据使用功能的不同，可以将其划分为信息显示、信号灯、车用灯具、液晶屏背光源、通用照明五大类。

LED 可以直接把电能转化为光能。LED 的“心脏”是一个半导体晶片，晶片的一端附着在一个支架上，是负极，另一端连接电源的正极，整个晶片被环氧树脂封装起来。半导体晶片由两部分组成，一部分是 P 型半导体，在它里面空穴占主导地位，另一端是 N 型半导体，在这里面主要是电子。这两种半导体连接起来的时候，它们之间就形成一个“PN 结”。当电流通过导线作用于这个晶片的时候，电子就会被推向 P 区，在 P 区里电子跟空穴复合，然后就会以光子的形式发出能量，这就是 LED 发光的原理。而光的波长决定了光的颜色，光的波长是由形成 PN 结的材料决定的。

LED 具有单向导电性，其正极又称为阳极，负极又称为阴极，电流只能从阳极流向阴极，通过 5mA 左右电流即可发光，电流越大，其亮度越强，若电流过大，会烧毁 LED，电流一般控制在 3 ~ 10mA 之间。LED 串联一个限流电阻，可限制电路中电流大小。当 LED 发光时，测得它两端的电压约为 1.7V，这个电压称为 LED 的“导通压降”。LED 结构示意图和电路符号如图 1-19 所示。

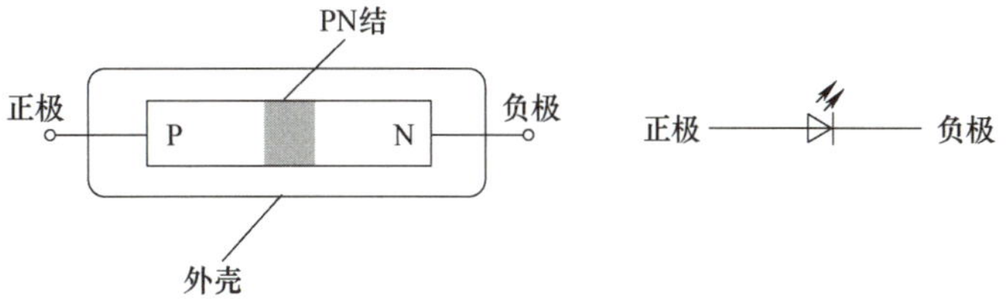

图 1-19　LED 结构示意图和电路符号

3. Keil μVision4 集成开发环境介绍

Keil μVision4 是 Keil software 软件公司产品，是众多单片机应用开发的优秀软件之一，它集项目管理、编译工具、代码编写工具、代码调试以及完全仿真于一体，界面友好，易学易用。这一功能强大的软件提供了简单易用的开发平台，让开发者在开发过程中能集中精力于项目本身，加快开发速度。

下面以建立一个简单的工程为例，介绍 Keil μVision4 的使用方法。

在使用 Keil 软件之前，必须正确安装 Keil 软件。安装完成后，在桌面会生成快捷方式，具体的安装方法这里不做详细介绍，下面来学习 Keil 软件的使用方法。

（1）建立新工程文件

1）启动 Keil μVision4，界面如图 1-20 所示。几秒钟后自动进入编辑界面，如图 1-21 所示。

图 1-20 Keil μVision4 界面

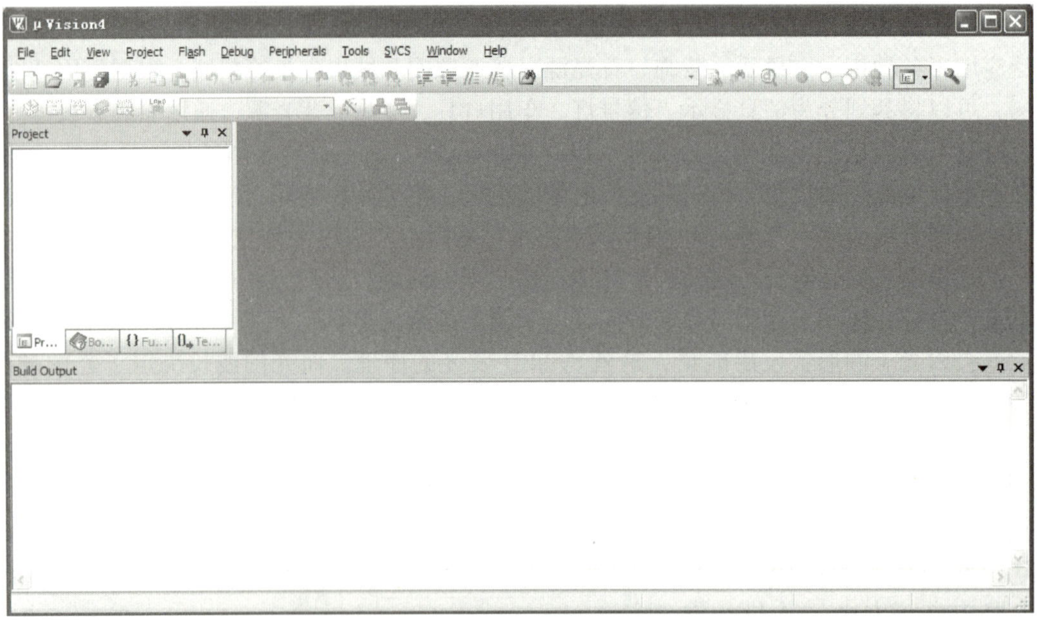

图 1-21 Keil μVision4 编辑界面

2）单击“Project”菜单，在弹出的下拉菜单中选中“New μVision Project”命令，如图 1-22 所示。

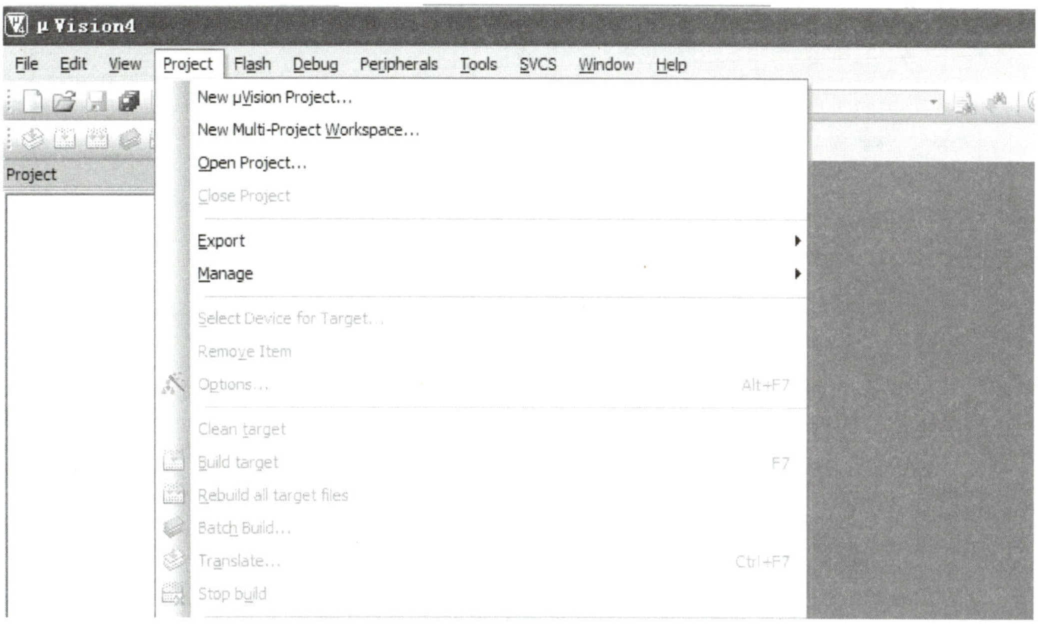

图 1-22　新建工程项目

3）然后选择要保存的路径，输入工程文件的文件名，比如保存到“实训”目录里，工程文件的文件名为“shixun”，如图 1-23 所示，然后单击“保存”按钮。

图 1-23　保存工程项目

4）在弹出的对话框中选择单片机的型号，可以根据使用的单片机来选择，例如选择使用较多的 Atmel 89S51，如图 1-24 所示，选择 89S51 之后，右边栏是对这个单片机的基本说明，然后单击“OK”按钮。

5）此时会出现一个对话框，询问是否自动加入启动文件，单击“否”按钮即可，完成后的界面如图 1-25 所示。

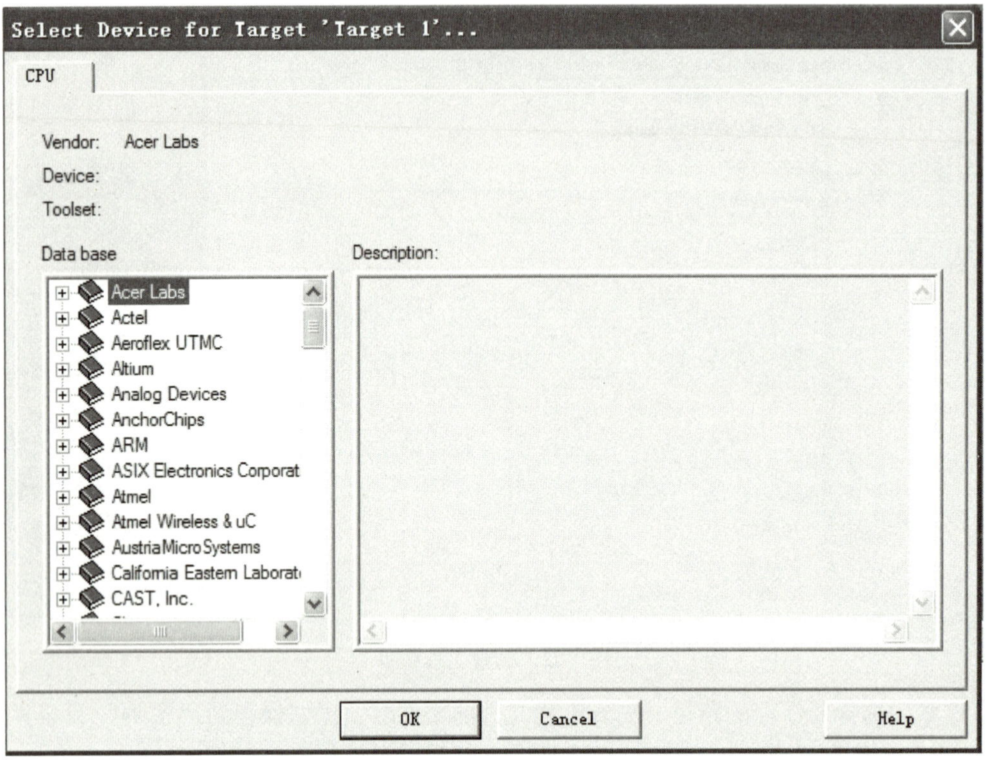

图 1-24 选择单片机型号

图 1-25 建立工程完成

（2）建立和加入文件

1）单击“File”菜单，在下拉菜单中选择“New”命令，建立一个 txt 文件，如图 1-26 所示。

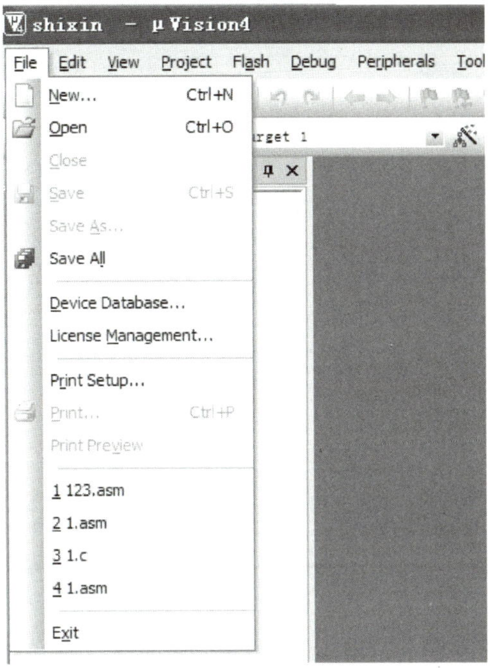

图 1-26　新建文件

2）新建文件如图 1-27 所示，光标在编辑窗口里闪烁，用于输入源程序。

图 1-27　建立文件

3）保存文件，在输入源程序之前一般先保存此空白文件。单击菜单栏中的“File”按钮，在下拉菜单中选中“Save As”命令，界面如图 1-28 所示，在“文件名”栏右侧的编辑框中，键入欲使用的文件名（必须键入正确的扩展名）。注意，因为本书介绍的是汇编语言编写的程序，所以扩展名必须为“asm”，若为 C 语言编写，则扩展名为“c”。然后，单击“保存”按钮。

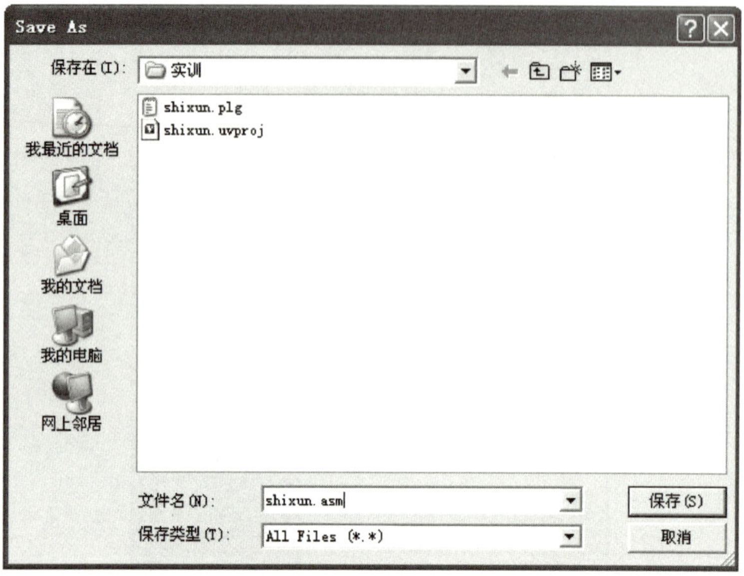

图 1-28 保存文件

4）单击屏幕左侧项目管理窗口中“Target 1”前面的“+”号，然后右键单击“Source Group 1”，在弹出下拉菜单中单击“Add Files to Group 'Source Group 1'”命令，加入文件，如图 1-29 所示。

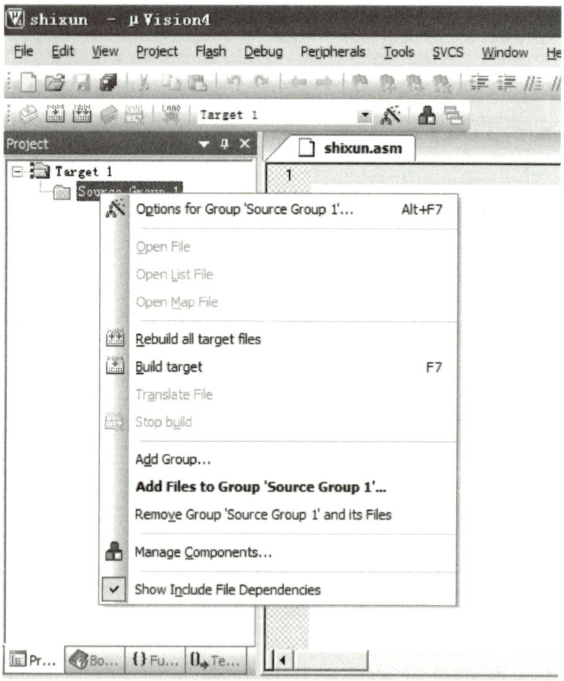

图 1-29 加入文件

5）在弹出的对话框中，选中刚才保存的文件，单击“Add”按钮，界面如图 1-30 所示。完成之后，即可在屏幕左侧的项目管理窗口中看到所添加的文件已经在“Source Group 1”的下拉菜单中，如图 1-31 所示。

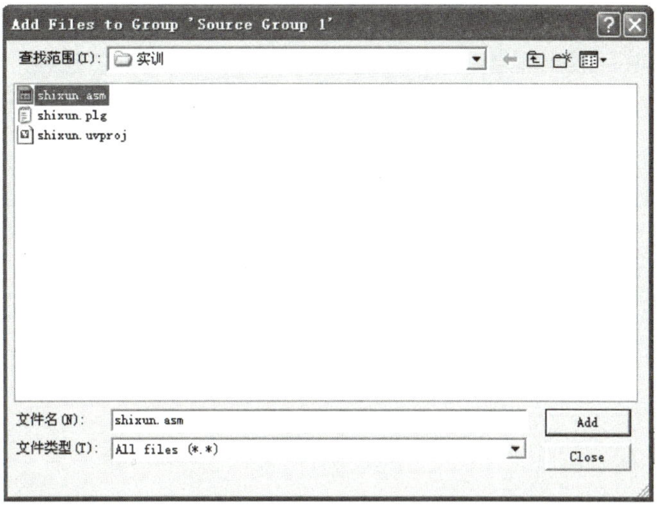

图 1-30　加入“asm”文件

(3) 编辑、编译和调试

1) 在编辑窗口输入源程序(程序功能：将存储单元 30H 中的数传送给累加器 A)。在输入程序时，不同的关键字会自动地以不同的颜色标示出来，如图 1-32 所示。

```
       ORG   0000H
       SJMP  MAIN
       ORG   0030H
MAIN:  MOV   A, 30H
       SJMP  $
       END
```

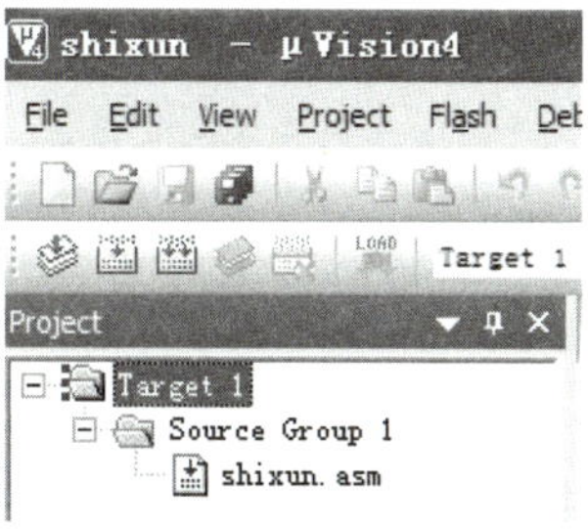

图 1-31　文件加入到工程后

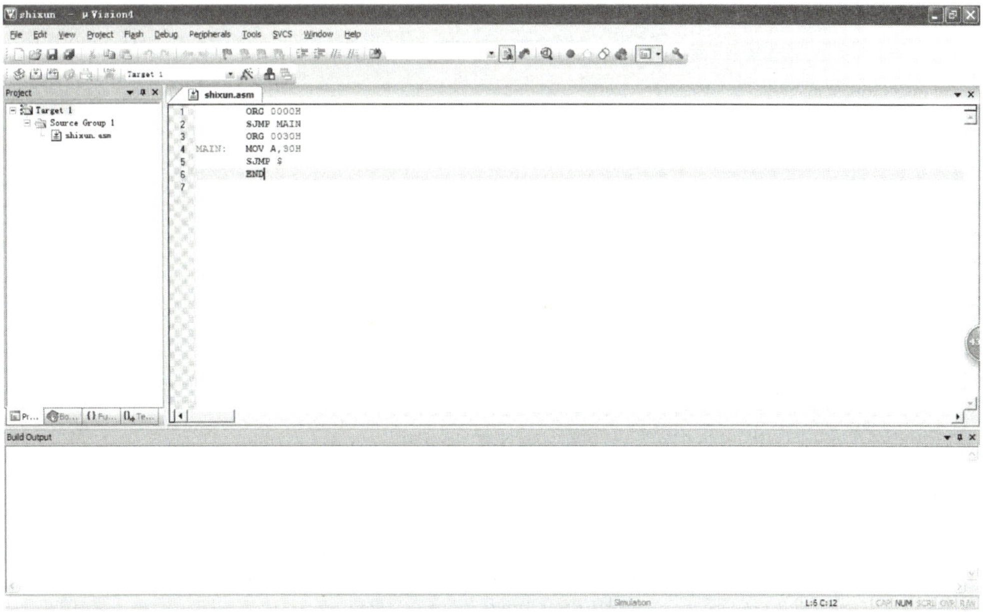

图 1-32　输入程序

2）单击“Project”菜单，在下拉菜单中选中“Option for Target 'Target 1'”命令，如图1-33所示。选择该项目后出现当前项目配置选项，在“Output”选项卡中，勾选“Create HEX File”复选框，如图1-34所示，使程序编译后产生HEX代码，供下载器软件使用，把程序下载到单片机中。

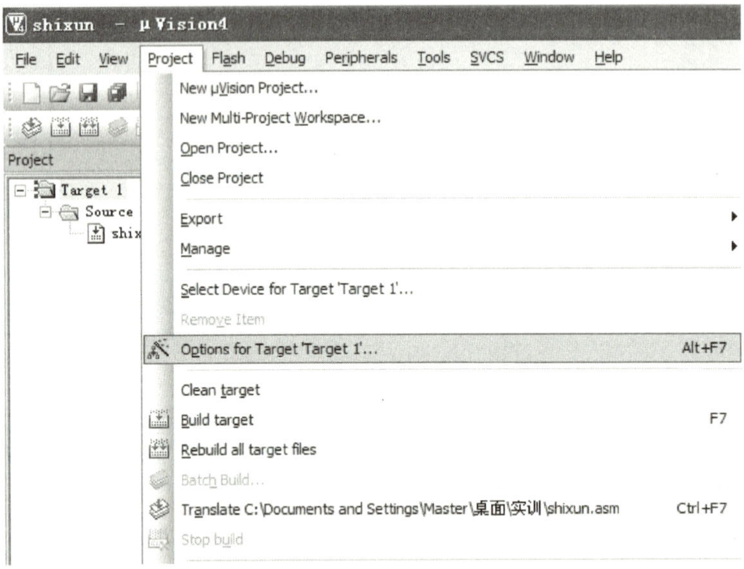

图1-33　项目设置

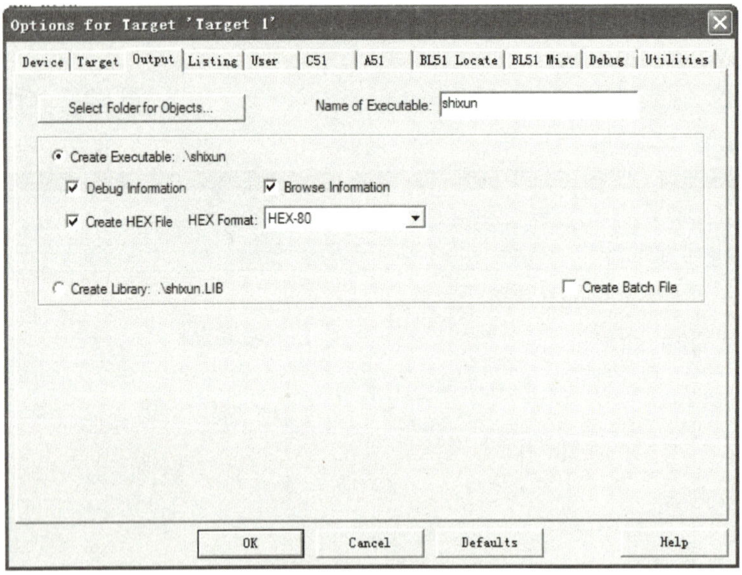

图1-34　输出设置

3）单击“Project”菜单，在下拉菜单中选中“Build target”命令，对项目进行编译并生成HEX文件，如图1-35所示。编译完成后，在屏幕下方的“Output Window”窗口中可以看到编译情况，如图1-36所示。若修改之后再编译，则选择“Rebuild all target files”命令进行编译。

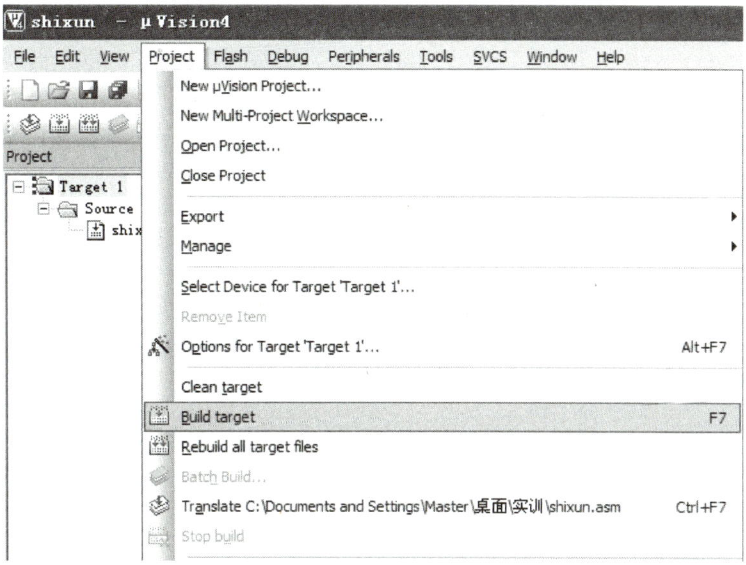

图 1-35　编译文件

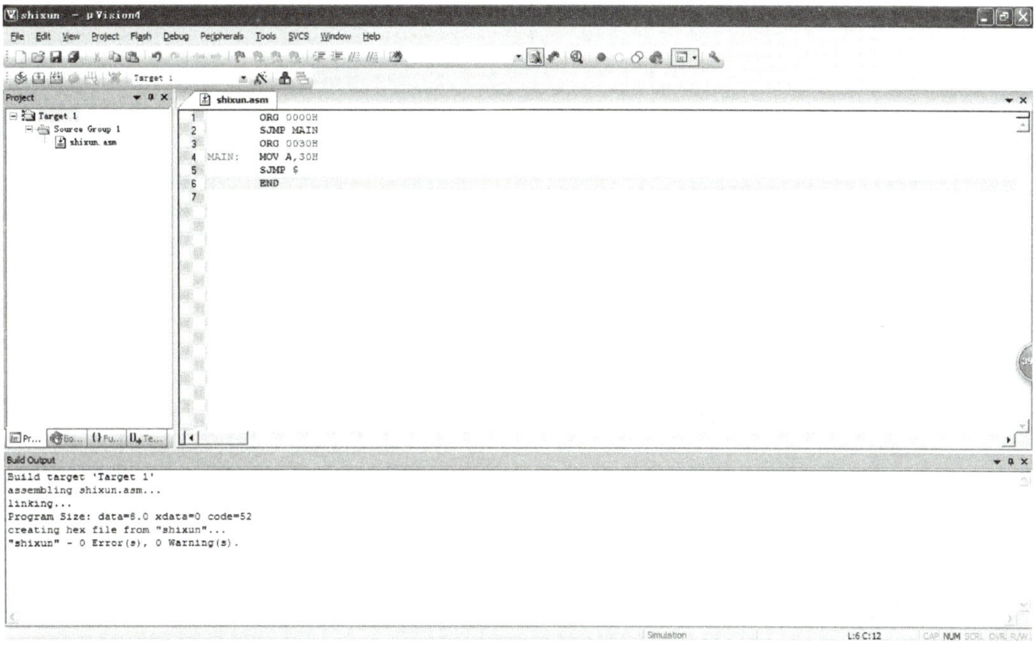

图 1-36　编译成功

4）编译成功后，单击“Debug”下拉菜单中“Start/Stop Debug Session”命令，如图 1-37 所示，或者单击按钮，进入程序调试界面，如图 1-38 所示，对程序进行调试。左侧栏为寄存器窗口，用来观察各寄存器的值。

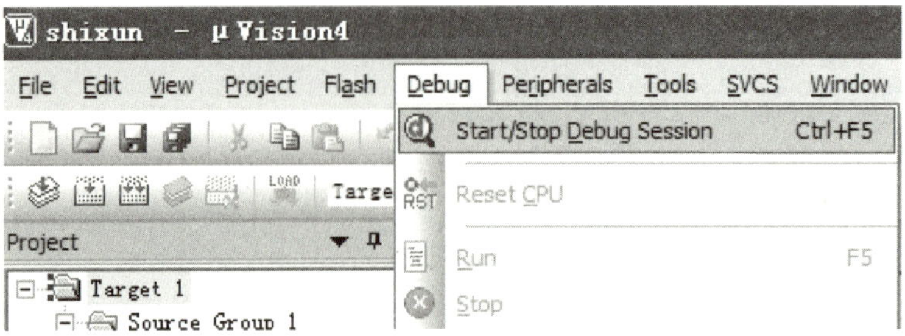

图 1-37 调试程序

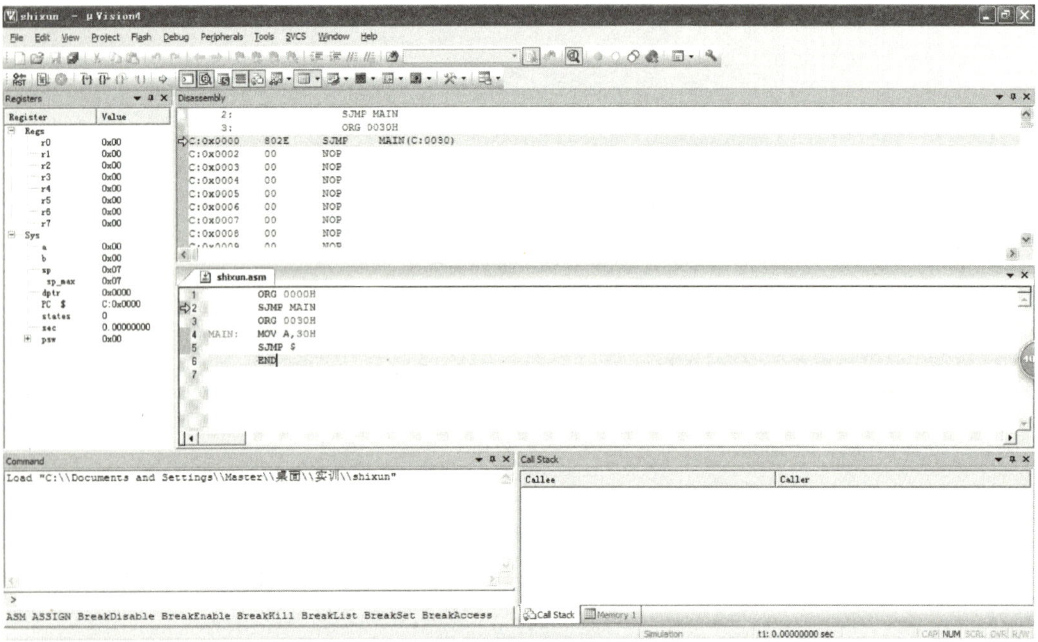

图 1-38 程序调试界面

5）单击按钮下拉菜单中的“Memory 1”命令，如图 1-39 所示，在屏幕右下方会打开存储器窗口，如图 1-40 所示。在“Address:”右侧的编辑框中输入“D: 30H”，按下回车键即可显示 30H 单元开始的存储区。双击红色框内的“00”（00H），（即 30H 单元内的数据），即可修改该存储单元中的数据，在此我们将数据修改为“22”（22H）。

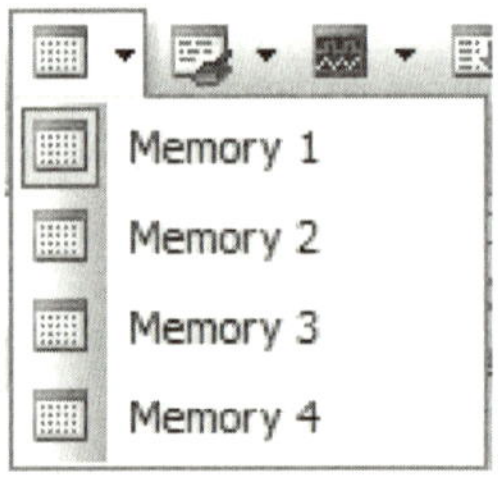

图 1-39 Memory 按钮

a)

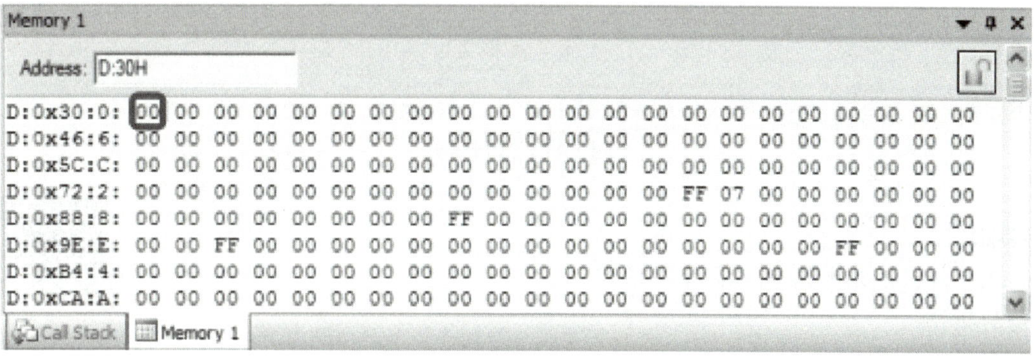

b)

图 1-40　Memory 窗口

a）打开存储器窗口　b）存储器窗口显示存储区数据

6）使用调试工具（图 1-41 所示的“单步运行”按钮），对程序进行调试，程序运行完，左侧寄存器栏的 a 的值变成 0x22，如图 1-42 所示。

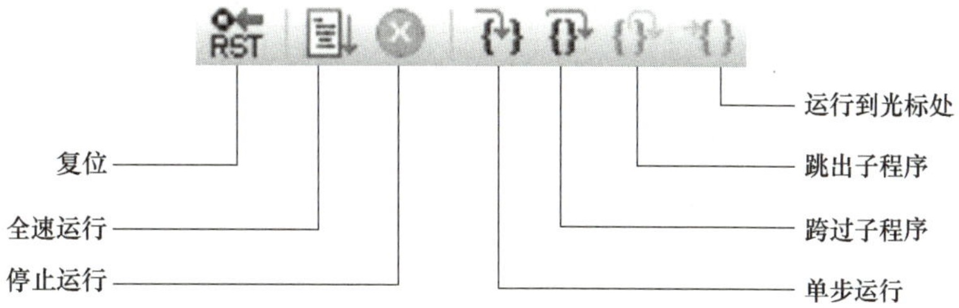

图 1-41　调试工具

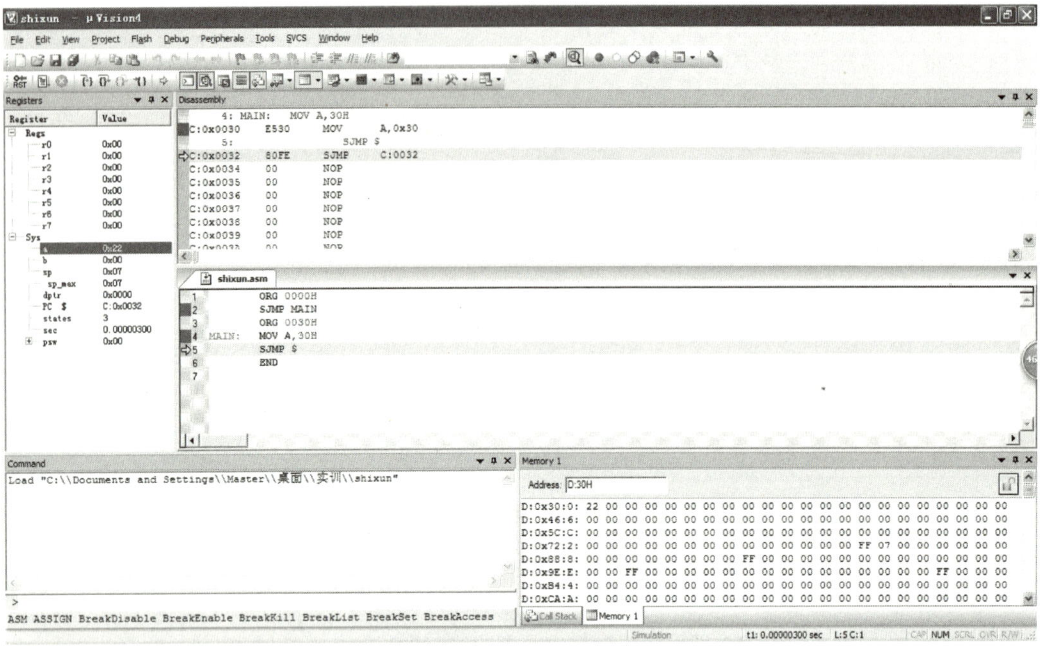

图 1-42　运行结果

初步训练

用单片机控制 LED 模拟汽车的照明灯。

任务分析：

假设单片机 P0.0 引脚接 LED，P1.0 引脚接开关。用开关控制 LED 的亮灭来模拟汽车照明灯。LED 阳极通过限流电阻接电源，阴极接 P0.0 引脚。

根据以上分析，画出电路图，如图 1-43 所示，程序流程图如图 1-44 所示。

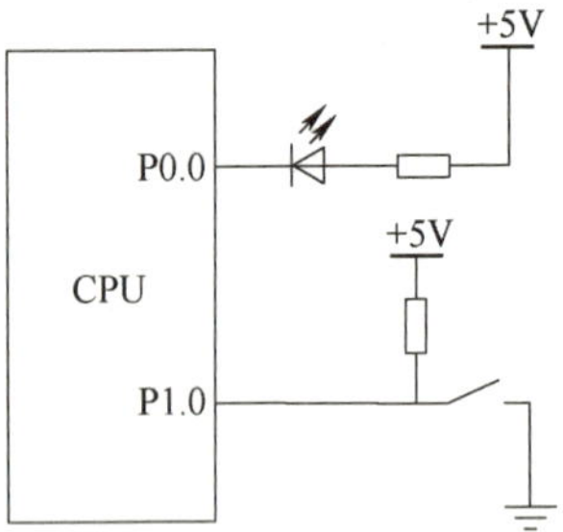

图 1-43　汽车照明灯模拟控制电路

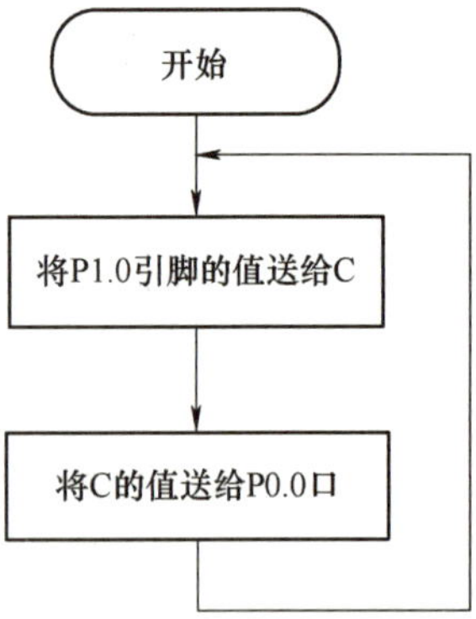

图 1-44　程序流程图

操作步骤：

1）单片机 V_{CC}接 +5V，GND 接地，$\overline{EA}$接 +5V。

2）单片机 P1.0 引脚接 LED，P1.1 引脚接开关，打开电源。

3）打开 Keil μVision4 软件，根据流程图进行编程，并调试通过，生成 HEX 文件。

4）将生成的 HEX 文件下载到单片机中。

5）给单片机上电，观察开关打开和关闭时，LED 的亮灭情况，并记录在任务工单中。

6）完成实训操作，关闭电源，拆除接线，整理归位。

7）完成任务工单中相关题目。

参考程序：

```
        ORG   0000H
        LJMP  MAIN
        ORG   0030H
MAIN：  MOV   C，P1.0
        MOV   P0.0，C
        SJMP  MAIN
        END
```

强化训练

用 8 个开关模拟控制 8 个汽车照明灯。

任务分析：

在初步训练的基础上，P0 口接 8 个 LED，P1 口接 8 个开关，用 8 个开关控制 8 个 LED，模拟汽车上 8 个照明灯的控制。

根据以上分析，画出电路图，如图 1-45 所示，程序流程图如图 1-46 所示。

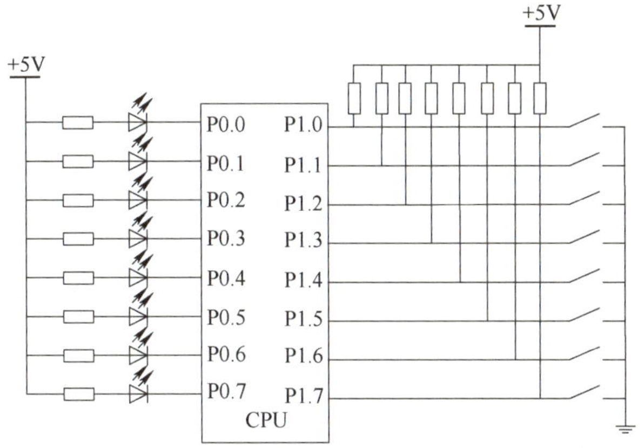

图 1-45　电路原理图

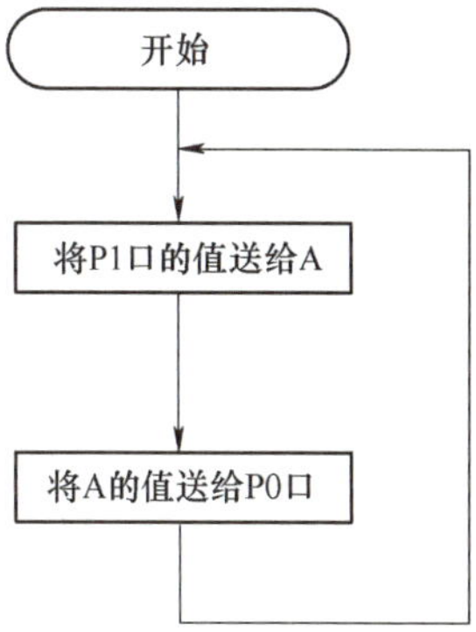

图 1-46　程序流程图

操作步骤：

1）单片机 V_{CC} 接 +5V，GND 接地，$\overline{EA}$接 +5V。

2）P0 口接 8 个 LED，P1 口接 8 个开关，打开电源。

3）打开 Keil μVision4 软件，根据流程图进行编程，并调试通过，生成 HEX 文件。

4）将生成的 HEX 文件下载到单片机中。

5）给单片机上电，观察开关打开和关闭时，LED 的亮灭情况，并记录在任务工单中。

6）完成实训操作，关闭电源，拆除接线，整理归位。

7）完成任务工单中相关题目。

参考程序：

```
        ORG   0000H
        LJMP  MAIN
        ORG   0030H
MAIN：  MOV   A，P1
        MOV   P0，A
        SJMP  MAIN
        END
```

习　题

1. 汽车照明系统中有哪些灯？

2. LED 的中文全称是________________，LED 具有单向导电性，其正极又称为______，负极又称为______，电流只能从______流向______，通过______左右电流即可发光，电流越大，其亮度越强，若电流过大，会烧毁 LED，一般电流控制在__________之间。

3. LED 串联一个限流电阻以限制电路中电流大小，当 LED 发光时，测得它两端的电压约为______，这个电压称为 LED 的__________。

4. 在 Keil μVision4 软件中，这些按钮的功能各是什么？

模块二　汽车信号系统控制

◇◇◇ 项目一　汽车喇叭模拟控制

◆ 任务一　汇编语言顺序程序结构认知

知识目标

1. 了解汇编语言。
2. 掌握传送类指令、运算类指令。
3. 掌握汇编语言的基本格式。
4. 掌握程序流程图的画法。
5. 掌握顺序程序结构。

能力目标

1. 会运用传送类指令和运算类指令编写程序。
2. 会画程序流程图。
3. 能根据程序流程图完成顺序程序结构的编写。
4. 能编写出双字节的加法程序和减法程序。

素养目标

树立纪律意识、效率意识。

任务相关知识

一般来说，单片机的寻址方式越多，指令集合越丰富。寻址方式和指令系统是衡量单片机的重要指标。MCS-51 系列单片机指令系统分为：单字节指令（49 条）、“双字节指令（46 条）和三字节指令（16 条）；还可按执行时间分为：单机器周期指令（64 条）、双机器周期指令（45 条）和四机器周期指令（2 条）。

MCS-51 系列单片机指令系统的指令按其功能可分为五类：数据传送类指令，算术运算类指令、逻辑运算类指令、控制转移类指令、位操作类指令。

下面介绍数据传送类指令和算术运算类指令。

1. 数据传送类指令（28 条）

数据传送类指令是单片机指令系统中最基本、最常用的指令，主要功能是完成寄存器、

累加器、片内 RAM 等的数据传送，而源操作数的数据是保持不变的。一般指令格式为

MOV <目的操作数>，<源操作数>

按照指令的目的操作数不同分为 9 类，分别介绍如下。

(1) 以累加器 A 为目的操作数的指令（4 条）

MOV A，Rn ；(Rn)→(A)，将寄存器 Rn 中的数据传送给累加器 A

MOV A，direct ；(direct)→(A)，将直接地址 direct 中的数据传送给累加器 A

MOV A，@Ri ；((Ri))→(A)，将寄存器 R0 或 R1 中的内容作为地址，该地址中的数据传送给累加器 A

MOV A，#data ；data→(A)，将立即数传送给累加器 A

例 2-1 若(R1)=20H，(20H)=55H，则执行指令"MOV A，@R1"后，(A)=55H。

(2)以寄存器 Rn 为目的操作数的指令(3 条)

MOV Rn，A ；(A)→(Rn)，将累加器 A 中的数据传送给寄存器 Rn

MOV Rn，direct ；(direct)→(Rn)，将直接地址 direct 中的数据传送给寄存器 Rn

MOV Rn，#data ；data→(Rn)，将立即数传送给寄存器 Rn

例 2-2 若(50H)=40H，则执行指令"MOV R6，50H"后，(R6)=40H。

(3)以直接地址 direct 为目的操作数的指令(5 条)

MOV direct，A ；(A)→(direct)，将累加器 A 中的数据传送给直接地址 direct

MOV direct，Rn ；(Rn)→(direct)，将寄存器 Rn 中的数据传送给直接地址 direct

MOV direct1，direct2 ；(direct2)→(direct1)，将直接地址 direct2 中的数据传送给直接地址 direct1

MOV direct，@Ri ；((Ri))→(direct)，将寄存器 R0 或 R1 中的内容作为地址，该地址中的数据传送给直接地址 direct

MOV direct，#data ；data→(direct)，将立即数传送给直接地址 direct

例 2-3 若(R1)=50H，(50H)=18H，则执行指令"MOV 40H，@R1"后，(40H)=18H。

(4)以间接地址为目的操作数的指令(3 条)

MOV @Ri，A ；(A)→(Ri)，将累加器 A 中的数据传送到寄存器 R0 或 R1 中的内容所对应的存储单元

MOV @Ri，direct ；(direct)→(Ri)，将直接地址 direct 中的数据传送给寄存器 R0 或 R1 中的内容所对应的存储单元

MOV @Ri，#data ；data→(Ri)，将立即数传送给寄存器 R0 或 R1 中的内容所对应的存储单元

例 2-4 若(R1)=30H，(A)=20H，则执行指令"MOV @R1，A"后，(30H)=20H。

(5)查表指令(2 条)

MOVC A，@A+DPTR ；((A)+(DPTR))→(A)，数据指针 DPTR 中的数据作为基地址，累加器 A 中的数据作为变地址，基地址与变地址的和作为新地址，将新地址存储单元中的数据传送给累加器 A

MOVC A，@A+PC ；((A)+(PC))→(A)，程序计数器 PC 中的数据作为基地

址，累加器 A 中的数据作为变地址，基地址与变地址的和作为新地址，将新地址存储单元中的数据传送给累加器 A

(6) 累加器 A 与片外 RAM 传送指令(4 条)

MOVX　A，@DPTR　　；((DPTR))→(A)，将数据指针 DPTR 中存的数据对应的片外 RAM 空间中的数据传送给累加器 A

MOVX　@DPTR，A　　；(A)→(DPTR)，将累加器 A 中的数据传送给数据指针 DPTR 中存的数据对应的片外 RAM 空间

MOVX　A，@Ri　　；((Ri))→(A)，将寄存器 R0 或 R1 中的内容所对应的片外 RAM 空间的数据传送给累加器 A

MOVX　@Ri，A　　；(A)→(Ri)，将累加器 A 中的数据传送给寄存器 R0 或 R1 中的内容所对应的片外 RAM 空间

(7) 堆栈操作指令(2 条)

PUSH　direct　　；(SP)+1→SP，(direct)→(SP)，入栈指令

POP　direct　　；(SP)→(direct)，(SP)-1→(SP)，出栈指令

这两条指令是堆栈操作指令，可以实现操作数入栈和出栈操作。前一条指令的功能是先将堆栈指针 SP 的内容加 1，然后将直接地址指出的操作数送入 SP 所指示的单元。后一条指令的功能是将 SP 所指示单元的内容送入直接地址指出的单元，然后堆栈指针 SP 的内容减 1。

(8) 交换指令(4 条)

XCH　A，Rn　　；(A)↔(Rn)，将累加器 A 中的数据和寄存器 Rn 中的数据互换

XCH　A，direct　　；(A)↔(direct)，将累加器 A 中的数据和直接地址 direct 中的数据互换

XCH　A，@Ri　　；(A)↔((Ri))，将累加器 A 中的数据和寄存器 R0 或 R1 中的内容所对应的存储单元的数据互换

XCHD　A，@Ri　　；(A)0~3↔(Ri)0~3，将累加器 A 中数据的低 4 位和寄存器 R0 或 R1 中的内容所对应的存储单元的数据的低 4 位互换

(9) 16 位数据传送指令(1 条)

MOV DPTR，#data16　　；dataH→(DPH)，dataL→(DPL)，将 16 位立即数 data16 的高 8 位传送给 DPH，低 8 位传送给 DPL

2. 算术运算类指令(24 条)

算术运算类指令可以完成加、减、乘、除、增 1 和减 1 运算操作。这类指令大多数都同时以 A 为源操作数之一及目的操作数。算术运算操作将影响程序状态字 PSW 中的溢出标志位 OV、进位(借位)标志位 C、辅助进位(辅助借位)标志位 AC 和奇偶标志位 P 等。

(1) 不带进位的加法(addition)指令(4 条)

ADD　A，#data　　；(A)+data→(A)，将累加器 A 中的数据与立即数 data 相加，将和存储在累加器 A 中

ADD　A，data　　；(A)+(data)→(A)，将累加器 A 中的数据与直接地址 data 中的数据相加，将和存储在累加器 A 中

ADD　A，@Ri　　；(A)+((Ri))→(A)，将累加器 A 中的数据与寄存器 R0 或 R1 中的内容所对应的存储单元的数据相加，将和存储在累

加器 A 中

ADD　A，Rn　　；(A)+(Rn)→(A)，将累加器 A 中的数据与寄存器 Rn 中的数据相加，将和存储在累加器 A 中

该类指令的执行影响 PSW 中 OV、C、AC 和 P 的情况如下：

进位标志位 C：和的 D7 位有进位时，C=1；否则，C=0。

辅助进位标志位 AC：和的 D3 位有进位时，AC=1；否则，AC=0。

溢出标志位 OV：当有符号数相加，和的 D7、D6 位只有一个进位时，OV=1，表示溢出，即运算结果超出了数值所允许的范围；和的 D7、D6 位同时有进位或同时无进位时，OV=0。例如，两个正数相加结果为负数或两个负数相加结果为正数时属于错误结果，此时 OV=1。

奇偶标志位 P：当 A 中的“1”的个数为奇数时，P=1；“1”的个数为偶数时，P=0。

例 2-5　已知(A)=0C3H；(R0)=0AAH，执行“ADD A，R0”后，求各标志位和累加器 A 中的值。

解：

```
  11000011
+ 10101010
----------
 101101101
```

1）若看成无符号数：运算后，C=1，OV=1（D7 位有进位，D6 位无进位），AC=0，P=1，(A)=6DH。

2）若看成有符号数：OV=1，表示溢出。

（2）带进位的加法指令（4 条）

ADDC　A，#data　　；(A)+data+(C)→(A)，将累加器 A 中的数据与立即数 data 相加，再加上进位标志位 C 的值，将和存储在累加器 A 中

ADDC　A，data　　；(A)+(data)+(C)→(A)，将累加器 A 中的数据与直接地址 data 中的数据相加，再加上进位标志位 C 的值，将和存储在累加器 A 中

ADDC　A，@Ri　　；(A)+((Ri))+(C)→(A)，将累加器 A 中的数据与寄存器 R0 或 R1 中的内容所对应的存储单元的数据相加，再加上进位标志位 C 的值，将和存储在累加器 A 中

ADDC　A，Rn　　；(A)+(Rn)+(C)→(A)，将累加器 A 中的数据与寄存器 Rn 中的数据相加，再加上进位标志位 C 的值，将和存储在累加器 A 中

该类指令的执行对 PSW 中 OV、C、AC 和 P 的影响情况同不带进位的加法指令。

例 2-6　(A)=0AEH，(R0)=81H，(C)=1，执行“ADDC A，R0”后，求各标志位和累加器 A 中的值。

解：

```
  10101110
  10000001
+        1
----------
1 00110000
```

执行完指令后：C=1，OV=1，AC=1，P=0，(A)=30H。

（3）带借位的减法指令（4条）

SUBB　A，#data　　；(A) - data - (C)→(A)，将累加器A中的数据减去立即数data，再减去借位标志位C的值，将差存储在累加器A中

SUBB　A，data　　；(A) - (data) - (C)→(A)，将累加器A中的数据减去直接地址data中的数据，再减去借位标志位C的值，将差存储在累加器A中

SUBB　A，@Ri　　；(A) - ((Ri)) - (C)→(A)，将累加器A中的数据减去寄存器R0或R1中的内容所对应的存储单元的数据，再减去借位标志位C的值，将差存储在累加器A中

SUBB　A，Rn　　；(A) - (Rn) - (C)→(A)，将累加器A中的数据减去寄存器Rn中的数据，再减去借位标志位C的值，将差存储在累加器A中

该类指令的执行对PSW中OV、C、AC和P的影响情况同加法指令。

例2-7　(A) = 0C9H，(R3) = 54H，(C) = 1，执行“SUBB A，R3”后，求各标志位和累加器A中的值。

$$
\begin{array}{rr}
 & A = 11001001 \\
- & R3 = 01010100 \\
- & C = \quad\quad\quad 1 \\
\hline
 & 01110100
\end{array}
$$

解：执行完指令后：C = 0，OV = 1，AC = 0，P = 0，(A) = 74H。

注意：若在进行单字节或多字节减法运算前，不知道借位标志位C的值时，则应在进行运算前将C清零。

（4）乘法指令（1条）

MUL　AB　；$(A)\times(B)\rightarrow\begin{cases}(B)_{15\text{-}8}\text{积的高8位}\\(A)_{7\text{-}0}\text{积的低8位}\end{cases}$

执行该条指令将影响标志位C、OV、P。

累加器A和寄存器B中的8位无符号整数相乘，积存放在A和B中，其中A中存放低8位，B中存放高8位。

注意：若乘积大于0FFH，则溢出标志位OV置1，否则清零，乘法运算中，进位标志位C一直为0。

例2-8　(A) = 4EH，(B) = 5DH，执行“MUL AB”后，求各标志位、累加器A及寄存器B中的值。

解：执行完该指令后，(B) = 1CH，(A) = 56H，OV = 1，P = 0。

（5）除法指令（1条）

DIV　AB　；$(A)/(B)\rightarrow\begin{cases}(A)\text{商}\\(B)\text{余数}\end{cases}$

该类指令的执行对PSW中OV、C、AC和P的影响情况同乘法指令。

该条指令执行时，累加器A和寄存器B中的8位无符号整数相除，A中存放商，B中存放余数。

注意：若除数为00H，则执行结果为不确定值，这时OV = 1，表示除法溢出，为不合理

操作。

例 2-9 （A）=87H，（B）=0CH，执行“DIV AB”后，求各标志位、累加器 A 及寄存器 B 中的值。

解： 执行完该指令后，（A）=0BH，（B）=03H，OV=0，P=1，C=0。

（6）加 1 指令（5 条）

该条指令执行时，把所指寄存器内容加 1，结果仍送回原寄存器中。

```
INC   A       ; (A) +1→(A)
INC   data    ; (data) +1→(data)
INC   @Ri     ; ((Ri)) +1→((Ri))
INC   Rn      ; (Rn) +1→(Rn)
INC   DPTR    ; (DPTR) +1→(DPTR)
```

注意：若原来寄存器或地址单元中的内容为 FFH，则加 1 后为 00H，其中只有第一条指令对奇偶标志位 P 产生影响。

比较：INC A 与 ADD A，#00H，两者都是对累加器 A 的内容加 1，但后者对进位标志位 C 有影响。

例 2-10 已知(A)=8FH，（R0）=55H，（56H）=0BBH，DPTR=2001H，依次执行下列程序后，求各自的内容。

解：
```
INC   A       ; (A) =90H
INC   R0      ; (R0) =56H
INC   56H     ; (56H) =0BBH
INC   @R0     ; ((R0)) =0BCH
INC   DPTR    ; (DPTR) =2002H
```

（7）减 1 指令（4 条）

该条指令执行时，把所指寄存器内容减 1，结果再放回到寄存器中。

```
DEC   A       ; (A) -1→(A)
DEC   data    ; (data) -1→(data)
DEC   @Ri     ; ((Ri)) -1→((Ri))
DEC   Rn      ; (Rn) -1→(Rn)
DEC   DPTR;     (DPTR) -1→(DPTR)
```

注意：若原来寄存器或地址单元中的内容为 00H，则减 1 后为 FFH，其中只有第一条指令对奇偶标志位 P 产生影响。

例 2-11 已知(A)=0DFH，（R1）=40H，（R7）=19H，（40H）=0FFH，依次执行下列程序后，求各自的内容。

解：
```
DEC   A       ; (A) =0DEH
DEC   R7      ; (R7) =18H
DEC   30H     ; (30H) =0FFH
DEC   @R1     ; ((R1)) =0FEH
```

（8）十进制调整指令（1 条）

```
DA   A
```

在进行 BCD 码运算时，放在 ADD、ADDC 指令后，将相加后存放在累加器 A 中的结果进行修正。

若(A)(0－3)>9 或 AC＝1，则(A)(0－3)+06H→(A)(0－3)

若(A)(4－7)>9 或 AC＝1，则(A)(4－7)+06H→(A)(4－7)，即(A)+60H→(A)。

若以上两条同时发生或高 4 位虽等于 9，但低 4 位修正后有进位，则应加 66H 修正。

3. 指令运用举例

（1）利用直接寻址方式，把立即数送到内部 RAM 的 20H 单元

解： MOV　20H，#data　；#data→(20H)

（2）利用寄存器间接寻址方式把立即数送入内部 RAM 的 20H 单元

解： 把 20H 立即数放到寄存器 R0 中　MOV　R0，#20H

利用寄存器间接寻址实现　MOV　@R0，#data

（3）利用直接寻址方式把 P1 口的内容送到 P3 口

解： MOV　P3，P1

（4）利用寄存器间接寻址方式把累加器 A 中的内容传送到外部数据存储器 4000H 单元

解：
```
MOV    DPTR, #4000H
MOVX   @DPTR, A
```

（5）已知外部 RAM 的 88H 单元中有一数 X，试编写一个能把 X 传送到外部 RAM 的 1818H 单元的程序

解： 外部 RAM 的 88H 单元中的数 X，是不能直接传送到外部 RAM 的 1818H 单元的，必须经过累加器 A 的传送，A 与外部 RAM 的传送指令有 4 条，外部 RAM 的 88H 单元作源操作数用“MOVX A，@R0”；外部 RAM 的 1818H 单元作目的操作数用“MOVX　@DPTR，A”。

```
       ORG    0000H
       SJMP   MAIN
       ORG    0030H
MAIN:  MOV    R0, #88H
       MOV    DPTR, #1818H
       MOVX   A, @R0
       MOVX   @DPTR, A
       SJMP   $
       END
```

（6）利用乘法指令编写 15H×33H 的程序，将乘积的高 8 位存入 31H 单元，低 8 位存入 30H 单元

解：

```
       ORG    0000H
       SJMP   MAIN
       ORG    0030H
MAIN:  MOV    A, #15H
       MOV    B, #33H
```

```
MUL     AB
MOV     30H, A
MOV     31H, B
SJMP    $
END
```

（7）试写出能完成 85H + 59H 的 BCD 加法程序段

解：
```
MOV   A, #85H
ADD   A, #59H
DA    A
```

初步训练

试写出把 30H 单元和 40H 单元内容进行交换的程序段。

任务分析：

解法一：30H 和 40H 单元中都存有数，要想把它们中的内容相交换，必须寻求第三个存储单元对其中的一个数进行缓存，作暂时的存储。选用累加器 A 作为第三个存储单元。

```
MOV   A, 30H
MOV   30H, 40H
MOV   40H, A
```

解法二：用交换指令。

```
MOV   A, 30H
XCH   A, 40H
MOV   30H, A
```

解法三：用堆栈操作指令。

```
PUSH  30H
PUSH  40H
POP   30H
POP   40H
```

强化训练

训练一：利用 ADDC 指令进行双字节的加法运算。具体要求：设双字节加法中，被加数放在 30H、31H 单元中，加数放在 40H、41H 单元中，和放在 50H、51H 单元中如图 2-1a 所示。

任务分析：

两个 16 位数相加可分为两步进行：

（1）低 8 位相加，低 8 位不需要考虑进位，所以用 ADD 指令，结果放在 50H 单元。

（2）高 8 位相加，考虑到第一步相加时可能产生进位，因此第二步必须用带进位的加法指令。结果存放在 51H 单元。

根据以上分析，程序流程图如图 2-1b 所示。

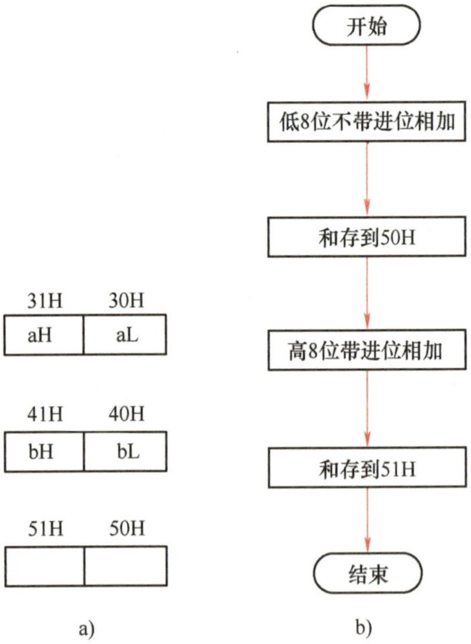

图 2-1　双字节加法

参考程序：

```
        ORG     0000H
        SJMP    MAIN
        ORG     0030H
MAIN：  MOV     A，30H
        ADD     A，40H
        MOV     50H，A
        MOV     A，31H
        ADDC    A，41H
        MOV     51H，A
        SJMP    $
        END
```

训练二：利用 SUBB 指令进行双字节的减法运算。具体要求：被减数放在 30H、31H 单元中，减数放在 40H、41H 单元中，差放在 50H、51H 单元中，如图 2-2a 所示。

任务分析：

进行 16 位数减法运算时，可分两步走：

（1）进行低 8 位不带借位的减法运算。

（2）进行高 8 位运算，若低 8 位运算产生借位，在进行高 8 位运算时，需将借位标志位一起减掉。根据以上分析，程序流程图如图 2-2b 所示。

参考程序：

```
        ORG     0000H
        SJMP    MAIN
        ORG     0030H
MAIN：  MOV     A，30H
        CLR     C
        SUBB    A，40H
        MOV     50H，A
        MOV     A，31H
        SUBB    A，41H
        MOV     51H，A
        SJMP    $
        END
```

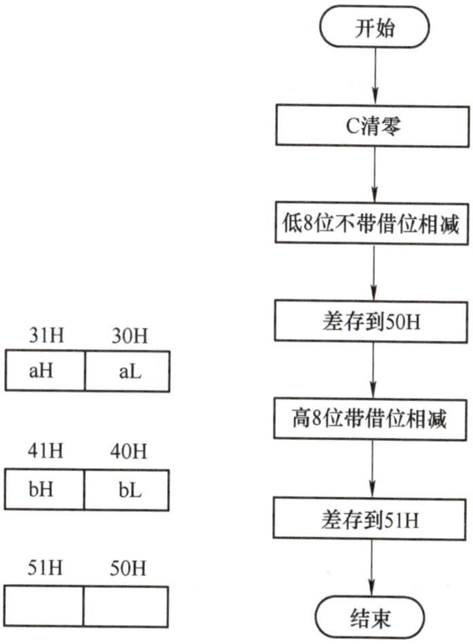

a)　　b)

图 2-2　双字节减法

操作步骤：

1）建立新工程，编辑完程序。

2）进入调试环境，单击图标，在屏幕右下方打开 Memory 窗口，如图 2-3 所示，在“Address：”右边的编辑框内输入“D：30H”，在 30H、31H 单元和 40H、41H 单元中输入两个加数（被减数和减数），单步运行程序，观察累加器 A、进位标志位 C，以及 50H、51H 两个单元的数据的变化。

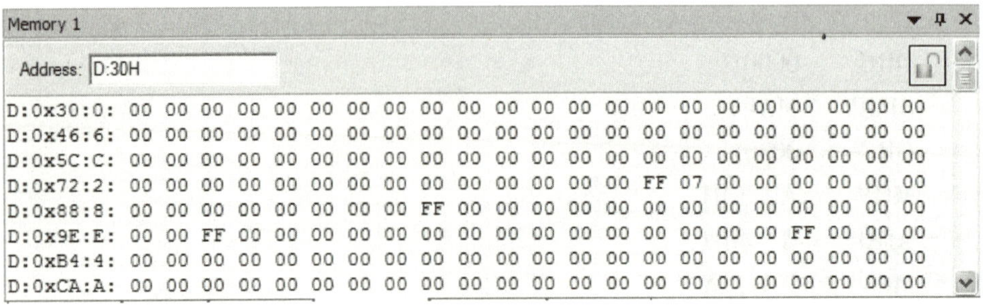

图 2-3 Memory 窗口

习 题

1. 若(R0)=80H，(A)=20H，执行指令“XCH A，R0”后，(A)=____，(R0)=____；若(R0)=86H，(A)=24H，执行指令“XCHD A，R0”后，(A)=____，(R0)=____。

2. 若(SP)=07H，(40)=88H，执行指令“PUSH 40H”后，(SP)=____，(08)=____；若(SP)=52H，(52H)=90H，执行指令“POP 70H”后，(70H)=____，(SP)=____。

3. 试编写计算 1234H+0FE7H 的程序，将和的高 8 位存入 41H，低 8 位存入 40H 单元。

4. 将题 3 中的加法改为减法，其他要求相同，试编写程序。

5. 试编写计算 17H×68H 的程序段，将乘积高 8 位放入 31H 中，低 8 位放入 30H 中。

任务二 汽车喇叭模拟控制设计

知识目标

1. 理解单片机并行端口电路结构。
2. 掌握 4 个 I/O 口的特点。
3. 掌握蜂鸣器的工作原理。

能力目标

1. 会对单片机 I/O 口进行赋值操作和读取操作。
2. 能进行蜂鸣器电路设计。
3. 能利用单片机对蜂鸣器进行控制。
4. 能用单片机设计汽车喇叭模拟控制电路和程序。

任务相关知识

1. 并行端口的结构

51 系列单片机有 4 个 8 位并行 I/O 接口 P0、P1、P2 和 P3，其中 P0～P2 为准双向口接口，各接口均由锁存器、输出驱动器、输入缓冲器组成。各接口编址于特殊功能寄存器中，既有字节地址又有位地址。单片机跟外部信息的交换都是通过 I/O 口进行的。4 个 I/O 口都可以用作输入/输出口，其中 P0、P2 口通常用于对外部存储器的访问：P0 口作为地址/数据复用口，分时输出外部存储器的低 8 位地址（A0～A7）和传送 8 位数据（D0～D7）；P2 口作为地址总线口使用，输出高 8 位地址（A8～A15）。

（1）P0 口的结构

P0 口的位结构图如图 2-4 所示。由图可见，P0 口由一个输出锁存器、一个转换开关（MUX）、两个三态输入缓冲器、输出驱动电路和一个与门及一个非门（反相器）组成。控制信号 C 的状态决定转化开关的位置。当 C = 0 时，开关处于图中所示位置，P0 口用作通用 I/O 口；当 C = 1 时，开关与反相器连接，P0 口用作地址/数据总线。

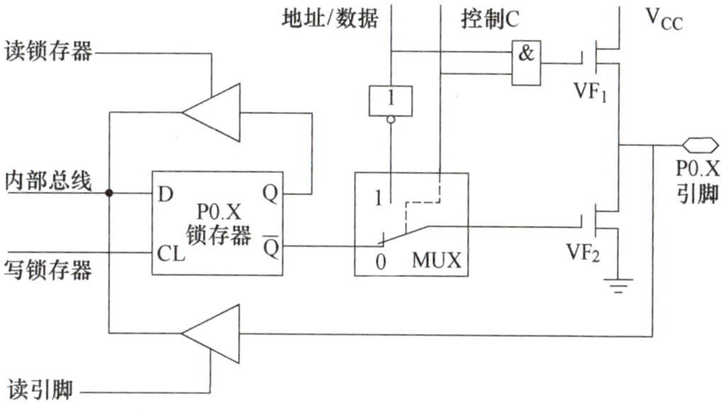

图 2-4　P0 口的位结构图

P0 口在应用的过程中，需要注意以下问题：

①P0 口为双功能口——地址/数据复用口和通用 I/O 口。

②P0 口作地址/数据复用口时，有高电平、低电平、高阻抗三个状态，是一个真正的双向端口，简称双向口，输出低 8 位地址和输出/输入 8 位数据。

③P0 口作通用 I/O 口时，需要在片外接上拉电阻，端口不存在高阻抗（悬浮）状态，是一个准双向口。

④P0 口作地址/数据复用口时，此时不能再作为通用 I/O 口使用。

⑤P0 口由原来的输出变为输入使用时，应先置锁存器的 Q 端为 1，方可保证引脚信息的正确读入。

（2）P1 口的结构

P1 口是唯一的单功能接口，仅能用作通用的数据输入/输出接口。由图 2-5 可见，P1 口由一个输出锁存器、两个三态输入缓冲器和输出驱动电路组成。

P1 口的每一位都可以分别定义为输入/输出口。由于内部有约 30Ω 的上拉电阻，引脚不用再接上拉电阻。当用作输入方式时，需将“1”写入 P1 口。

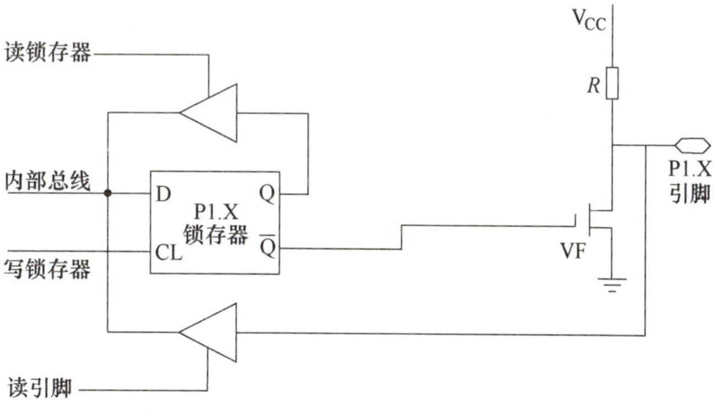

图 2-5　P1 口的位结构图

（3）P2 口的结构

如图 2-6 所示，P2 口由一个输出锁存器、一个转换开关（MUX）、两个三态输入缓冲器和输出驱动电路组成。控制信号 C 的状态决定转换开关的位置。当 C = 0 时，开关处于图中所示位置，P2 口用作通用 I/O 口，是一个准双向口；当 C = 1 时，开关与地址线相接，P2 口用作地址总线，输出高 8 位地址。

P2 口在应用过程中，需要注意以下问题：

1）作为地址输出线时，P2 口输出高 8 位地址，P0 口输出低 8 位地址，可寻址 64KB 地址空间（现在已很少用此功能）。

2）作为通用 I/O 口时，P2 口为准双向口，功能与 P1 口一样。

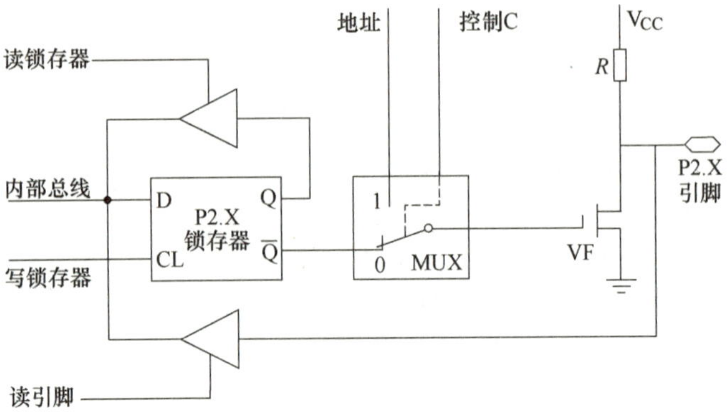

图 2-6　P2 口的位结构图

（4）P3 口的结构

P3 口是双功能口，除具有数据输入/输出功能外，每一接口还具有特殊的第二功能。如图 2-7 所示，P3 口由一个输出锁存器、三个输入缓冲器（其中两个为三态输入缓冲器）、输出驱动电路和两个与非门组成。

当 P3 口用作第一功能通用 I/O 口时，CPU 对 P3 口进行字节或者位寻址，单片机内部硬件自动将第二功能输出线的 W 置 1。作为输入时，也要先向锁存器写入 1，使引脚处于高阻输入状态。P3 口在作为通用 I/O 口时，也属于准双向口。

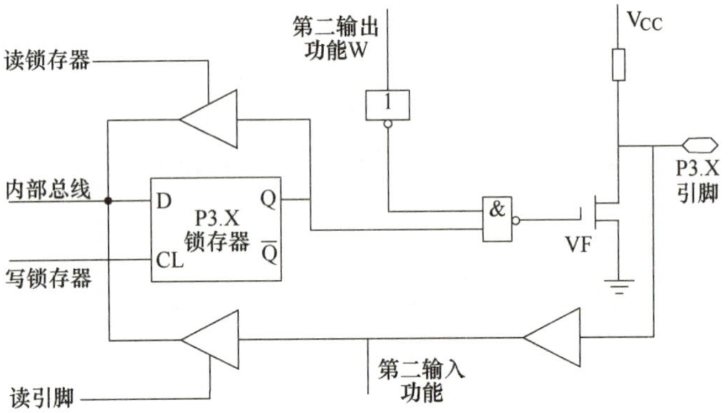

图 2-7　P3 口的位结构图

当 P3 口用作第二功能使用时，CPU 不对 P3 口进行字节或者位寻址，单片机内部硬件自动将锁存器的 Q 端置 1。这时，P3 口可以作为第二功能使用。P3 口第二功能定义如下：

1）P3.0、P3.1：串行通信输入、输出口。

2）P3.2、P3.3：外部中断 0、1 输入。

3）P3.4、P3.5：定时器 0、1 输入。

4）P3.6、P3.7：外部数据存储器“写”“读”选通控制输出。

P3 口的应用过程中，需要注意以下问题：P3 口内部有上拉电阻，无高阻抗输入态，因此 P3 口为准双向口。P3 口作为第二功能的输出/输入，或第一功能通用 I/O 口使用时，均需将相应位的锁存器置 1。实际应用中，由于复位后 P3 口锁存器自动置 1，满足第二功能所需的条件，所以不需要任何设置工作，就可以进入第二功能操作。

2. 蜂鸣器

（1）蜂鸣器简介

蜂鸣器是一种一体化结构的电子讯响器，采用直流电压供电，广泛应用于计算机、打印机、复印机、报警器、电子玩具、汽车电子设备、电话机、定时器等电子产品中作发声器件，如图 2-8 所示。蜂鸣器按其结构主要分为压电式蜂鸣器和电磁式蜂鸣器两种类型。

图 2-8　蜂鸣器实物

在单片机应用的设计上，很多方案都会用到蜂鸣器，大部分是使用蜂鸣器来作提示或报警，比如按键按下、开始工作、工作结束或是故障报警等。由于蜂鸣器的工作电流一般比较大，以致单片机的 I/O 口无法直接驱动，所以要放大电路来驱动，一般使用晶体管来放大电流就可以了。

单片机驱动蜂鸣器发声有两种方式：一种是 PWM 输出口直接驱动，另一种是利用 I/O 口定时翻转电平产生驱动波形对蜂鸣器进行驱动。

（2）蜂鸣器驱动原理

蜂鸣器发声原理：电流通过电磁线圈，使电磁线圈产生磁场来驱动振动膜发声。因此，需要一定的电流才能驱动蜂鸣器发声，单片机 I/O 引脚输出的电流较小，单片机输出的 TTL 电平基本上驱动不了蜂鸣器，因此需要增加一个电流放大电路。51 系列单片机通过一个晶体管来放大电流驱动蜂鸣器，电路如图 2-9 所示。

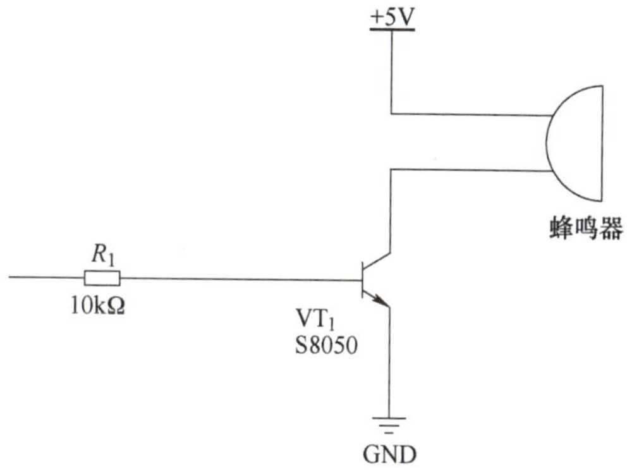

图 2-9　蜂鸣器驱动电路

图 2-9 中，蜂鸣器的正极接 V_{CC}（+5V 电源），蜂鸣器的负极接到晶体管的集电极 C，晶体管的基极 B 经过限流电阻 R_1 后由单片机引脚控制，当单片机引脚输出低电平时，晶体管 VT_1 截止，没有电流流过线圈，蜂鸣器不发声；当单片机引脚输出高电平时，晶体管导通，蜂鸣器的电流形成回路，发出声音。因此，可以通过程序控制单片机引脚的电平来控制蜂鸣器的发声与否。

通过程序改变单片机引脚输出波形的频率，就可以调整蜂鸣器音调，产生各种不同音调的声音。

初步训练

单片机控制蜂鸣器发声。具体要求：单片机上电，则蜂鸣器发声。

任务分析：

假设采用 I/O 口定时进行翻转电平产生驱动波形对 2500Hz 的蜂鸣器进行驱动，可以知道周期为 400μs。这样只需要驱动蜂鸣器的 I/O 口每 200μs 翻转一次电平就可以产生一个频率为 2500Hz、占空比为 1/2 的方波，再通过晶体管放大就可以驱动这个蜂鸣器了。

将蜂鸣器驱动电路接到单片机 P1.7 引脚上，用程序控制 P1.7 引脚上输出频率为

2500Hz、占空比为1/2的方波，即可驱动蜂鸣器发出声音。

根据以上分析，画出电路图，如图2-10所示。程序流程图如图2-11所示。

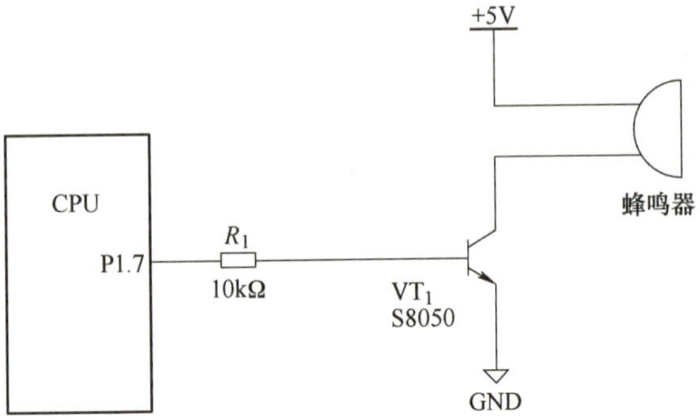

图2-10　蜂鸣器驱动电路与单片机连接

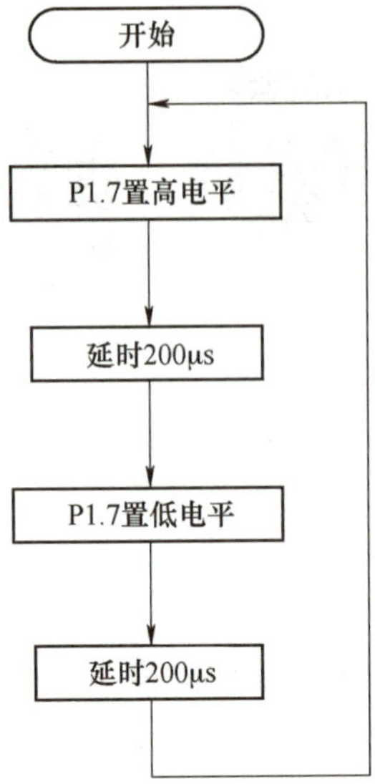

图2-11　程序流程图

操作步骤：

1）将单片机 V_{CC} 接+5V，GND接地，$\overline{EA}$ 接+5V。

2）将P1.7接蜂鸣器驱动电路。

3）打开Keil μVision4软件，根据流程图进行编程，并调试通过，生成HEX文件。

4）将生成的HEX文件下载到单片机中。

5）给单片机上电，观察蜂鸣器现象，并记录在任务工单中。

6）完成实训操作，关闭电源，拆除接线，整理归位。

7）完成任务工单中相关题目。

参考程序：

```
        ORG   0000H
        SJMP  START
        ORG   0030H
START:  SETB  P1.7
        MOV   R5, #100
DL1:    DJNZ  R5, DL1        ; 延时200μs
        CLR   P1.7
        MOV   R5, #100
DL2:    DJNZ  R5, DL2        ; 延时200μs
        SJMP  START
        END
```

强化训练

单片机模拟汽车喇叭控制。具体要求：用开关控制蜂鸣器发声，开关闭合蜂鸣器发声，开关打开蜂鸣器不发声。

任务分析：

在初步训练的基础上，P1.1 引脚接开关，当开关闭合时，P1.1 引脚为低电平，P1.7 引脚输出频率为 2500Hz、占空比为 1/2 的方波，即可驱动蜂鸣器发出声音；当开关打开时，蜂鸣器不发声。

根据以上分析，画出电路图，如图 2-12 所示。

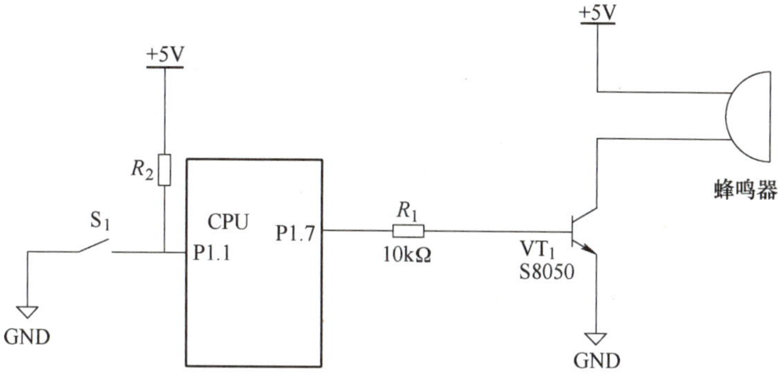

图 2-12　电路原理图

根据以上分析，程序流程图如图 2-13 所示。

操作步骤：

1）将单片机 V_{CC} 接 +5V，GND 接地，$\overline{EA}$ 接 +5V。

2）将 P1.7 引脚接蜂鸣器电路，P1.1 引脚接开关 S_1，打开电源。

3）打开 Keil μVision4 软件，根据流程图进行编程，并调试通过，生成 HEX 文件。

4）将生成的 HEX 文件下载到单片机中。

5）关闭开关，观察蜂鸣器现象，打开开关，再次观察蜂鸣器现象，并记录在任务工单中。

6）完成实训操作，关闭电源，拆除接线，整理归位。

7）完成任务工单中相关题目。

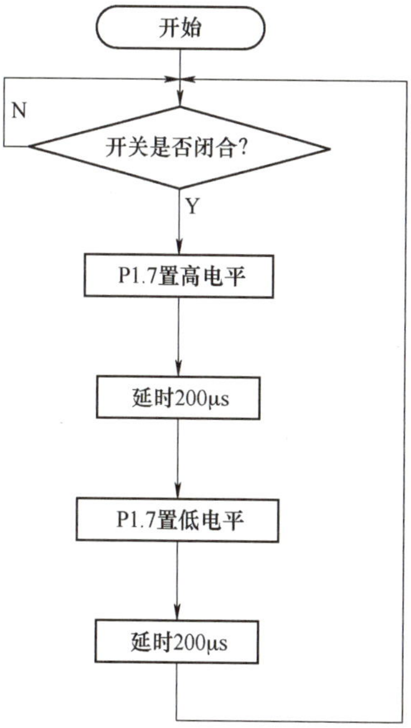

图 2-13　程序流程图

参考程序：

```
          ORG   0000H
          SJMP  START
          ORG   0030H
START：   JB    P1.1 MAIN
          SETB  P1.7
          MOV   R5，#100
DL1：     DJNZ  R5，DL1        ；延时 200μs
          CLR   P1.7
          MOV   R5，#100
```

```
DL2:    DJNZ  R5, DL2        ; 延时200μs
        SJMP  START
        END
```

习　题

1. 51 系列单片机有 4 个 I/O 口，分别是________、________、________和________。

2. P3 口端口第二功能定义如下：P3.0、P3.1 为串行通信输入、输出口；P3.2、P3.3 为________________输入；P3.4、P3.5 为________________输入；P3.6、P3.7 为外部数据存储器________、________选通控制输出。

3. P0 口和 P2 口内部（有，无）上拉电阻，作通用 I/O 口时，需要在片外接上拉电阻吗？P1 口和 P3 口内部（有，无）上拉电阻，作通用 I/O 口时，需要在片外接上拉电阻吗？

4. P0、P2 通常用于对外部存储器的访问，P0 口作为________________复用口，分时输出外部存储器的低 8 位________（A0～A7）和传送 8 位________（D0～D7）；P2 口作为地址总线口使用，输出____________（A8～A15）。

5. 蜂鸣器分为哪两种？

◇◇◇ 项目二　汽车紧急灯模拟控制

◆ 任务一　汇编语言循环程序结构认知

知识目标

1. 掌握逻辑操作类指令、控制转移类指令和位操作类指令。
2. 掌握循环程序结构。

能力目标

1. 会使用逻辑操作类指令、控制转移类指令和位操作类指令。
2. 会使用循环结构进行编程。

素养目标

学习工匠精神和养成严谨科学的工作态度。

任务相关知识

1. 逻辑操作类指令

(1) 循环移位指令

```
RL   A   ；累加器内容向左循环移1位，相当于×2（条件为ACC.7=0）
RR   A   ；累加器内容向右循环移1位，相当于÷2（条件为ACC.0=0）
RLC  A   ；累加器内容带进位位向左循环移1位，相当于×2（条件为C=0）
RRC  A   ；累加器内容带进位位向右循环移1位，相当于÷2（条件为C=0）
```

(2) 累加器半字节交换指令

```
SWAP  A  ；将A0~3与A4~7互换
```

(3) 求反指令

```
CPL  A   ；将累加器A中的数据按位取反
```

(4) 清零指令

```
CLR  A   ；将累加器A中的数据清零
```

(5) 逻辑与指令

逻辑与指令将源操作数和目的操作数内容按位执行逻辑与操作，将结果送回目的操作数中，源操作数中的内容保持不变。常用来屏蔽字节中的某些位，要保留的位与“1”相与，要清除的位与“0”相与。

```
ANL  A, #data          ；(A)∧data→(A)
ANL  data1, #data2     ；(data1)∧data2→(A)
ANL  A, Rn             ；(A)∧(Rn)→(A)
```

```
ANL   A, data        ; (A)∧(data)→(A)
ANL   data, A        ; (data)∧(A)→(data)
ANL   A, @Ri         ; (A)∧((Ri))→(A)
```

（6）逻辑或指令

逻辑或指令将源操作数和目的操作数内容按位执行逻辑或操作，将结果送回目的操作数中，源操作数中的内容保持不变。常用来对字节中的某些位置1，要保留的位用“0”相或，要置1的位用“1”相或。

```
ORL   A, #data         ; (A)∨data→(A)
ORL   data1, #data2    ; (data1)∨data2→(data1)
ORL   A, Rn            ; (A)∨(Rn)→(A)
ORL   A, data          ; (A)∨(data)→(A)
ORL   data, A          ; (data)∨(A)→(data)
ORL   A, @Ri           ; (A)∨((Ri))→(A)
```

（7）逻辑异或指令

逻辑异或指令将源操作数和目的操作数内容按位执行逻辑异或操作，将结果送回目的操作数中，源操作数中的内容保持不变。常用来对字节中的某些位取反，要保留的位用“0”相异或，要求反的位用“1”相异或。

```
XRL   A, #data         ; (A)⊕data→(A)
XRL   data1, #data2    ; (data1)⊕data2→(data1)
XRL   A, Rn            ; (A)⊕(Rn)→(A)
XRL   A, data          ; (A)⊕(data)→(A)
XRL   data, A          ; (data)⊕(A)→(data)
XRL   A, @Ri           ; (A)⊕((Ri))→(A)
```

2. 控制转移类指令

（1）无条件转移指令

LJMP addr16 ；长转移指令，addr16→PC

该指令把指令码中的addr16送入程序计数器PC中，使机器执行这条指令时，无条件转移到addr16处执行程序。由于addr16是一个16位二进制地址（即地址范围为0000H～FFFFH），所以LJMP指令是可以在64KB（即0000H～FFFFH）范围内转移的指令。

AJMP addr11 ；绝对转移指令，PC+2+addr11→PC

该指令是一条双字节、双周期指令，执行时分两步：第一步取指令操作码，PC中的值加1，再加1，即加2；第二步把addr11放到PC指针的16位寄存器的低11位，高5位保持不变。目标地址的寻址范围为从下一条指令开始的2KB空间（即00H～7FH）。

SJMP rel ；相对转移指令

该指令中的rel是一个带符号的相对偏移量，范围为－128～127。

JMP @A+DPTR ；散转移指令

该指令把A中的8位无符号数与作为基地址寄存器的DPTR中的16位数相加，送入PC中。

（2）条件转移类指令

JZ rel ；$\begin{cases}A=0\text{ 时，则转移，}PC+2+rel\rightarrow PC\\ A\neq 0\text{ 时，则顺次执行}\end{cases}$

JNZ rel ；A=0 时，则顺次执行；A≠0 时，则转移，PC+2+rel→PC

CJNE A，data，rel
CJNE A，#data，rel
CJNE Rn，#data，rel
CJNE @Ri，data，rel
通过比较两个操作数的大小是否相等，决定是否转移，

相等则顺次执行，且 C=0

不相等则转移，PC+3+rel→PC，若操作数 1 > 操作数 2，则 C=0；若操作数 1 < 操作数 2，则 C=1

DJNE Rn，rel
DJNE data，rel
通过判断目的操作数中的值减 1 之后是否为零，决定是否转移，

不为零，则转移，PC+3+rel→PC

为零，则顺次执行

(3) 调用子程序及返回指令

LCALL addr16 ；(PC+3)→(PC)；(SP+1)→(SP)
；($PC_{7\sim0}$)→SP；(SP+1)→(SP)
；($PC_{15\sim8}$)→SP；(PC)←addr16

长调用指令，后面跟的是 16 位地址，这样它的寻址范围为 64KB，即可调用 64KB 范围内的子程序。

ACALL addr11 ；(PC+2)→(PC)；(SP+1)→(SP)
；($PC_{7\sim0}$)→SP；(SP+1)→(SP)
；($PC_{15\sim8}$)→SP；($PC_{10\sim0}$)←addr16

绝对调用指令，后面跟的是 11 位地址，即寻址范围为 2KB，可以调用 2KB 范围内的子程序。

RET ；(SP)→($PC_{15\sim8}$)；(SP-1)→(SP)
；(SP)→($PC_{7\sim0}$)；(SP-1)→(SP)

子程序返回指令，只能用在子程序末尾。

RETI ；中断返回指令

中断返回指令，只能用在中断服务程序末尾，机器执行 RETI 指令后，除返回源程序断点处执行外，还将清除相应总优先级状态位，以允许单片机响应低优先级的中断请求。

(4) 空操作指令

NOP ；空操作指令

空操作指令，除了 PC 加 1 外，CPU 不进行任何操作，而转向下一条指令去执行，常用来产生一个机器周期的延时。

3. 位操作类指令

位操作又称为布尔操作，它是以位为单位进行的各种操作。51 系列单片机内部有个布尔处理器，对位地址空间具有丰富的位操作指令。进行位操作时，以进位标志作为位累加器。位操作指令中的位地址有 4 种表示形式：直接地址方式（如 0D5H）、点操作符方式（如 0D0H.5、PSW.5）、位名称方式（如 F0）和伪指令定义方式（如 MYFLAG BIT F0）。

(1) 位数据传送指令

MOV C，bit ；(bit)→C

MOV bit，C ；C→(bit)

(2)位状态控制指令

CLR C ；C 清零

CLR bit ；(bit)清零

CPL C ；C 取反

CPL bit ；(bit)取反

SETB C ；C 置 1

SETB bit ；(bit)置 1

(3)位逻辑运算指令

ANL C，bit ；$C \wedge (bit) \rightarrow C$

ANL C，/bit ；$C \wedge (\overline{bit}) \rightarrow C$

ORL C，bit ；$C \vee (bit) \rightarrow C$

ORL C，/bit ；$C \vee (\overline{bit}) \rightarrow C$

(4)位条件转移指令

JC rel ；$\begin{cases} C \neq 0\text{，则转移，} PC+2+rel \rightarrow PC \\ C=0\text{，则顺次执行} \end{cases}$

JNC rel ；$\begin{cases} C \neq 0\text{，则顺次执行} \\ C=0\text{，则转移，} PC+2+rel \rightarrow PC \end{cases}$

JB bit，rel ；$\begin{cases} (bit) \neq 0\text{，则转移，} PC+3+rel \rightarrow PC \\ (bit)=0\text{，则顺次执行} \end{cases}$

JNB bit，rel ；$\begin{cases} (bit) \neq 0\text{，则顺次执行} \\ (bit)=0\text{，则转移，} PC+3+rel \rightarrow PC \end{cases}$

JBC bit，rel ；$\begin{cases} (bit) \neq 0\text{，} 0 \rightarrow bit\text{，则转移，} PC+3+rel \rightarrow PC \\ (bit)=0\text{，则顺次执行} \end{cases}$

4. 循环程序基础知识

循环程序的特点是程序中含有可以重复执行的程序段，该程序段通常称为循环体，例如，求 100 个数的累加和，无须连续安排 100 条加法指令，而只用一条，使之循环执行 100 次。由此可见，循环程序设计不仅可以缩短程序的长度，还可以减少程序所占内存空间，同时还可使程序结构紧凑，可读性变好。

(1) 循环程序的组成

1) 循环初始值。初始化程序位于循环程序的开头，用来设置循环过程中工作单元的初始值，例如，设置循环次数计数器初值、地址指针初值、存放结果的单元初值等。

2) 循环体。循环体是重复执行的程序段部分，要求编写得尽可能简练，以提高程序的执行速度。

3) 循环修改。一般用一个工作寄存器 Rn 作为计数器，给这个计数器赋初值（即为循环次数），每循环一次，对其进行一次修改，也就是说它一般由循环计数修改和条件转移语句组成，用来控制循环的次数。

4）循环控制。判断控制变量是否满足条件，不满足就重复执行，满足则退出循环。

（2）两种编程方法

1）循环体先循环处理后循环控制，即先处理后判断，如图 2-14a 所示。

2）循环体先循环控制后循环处理，即先判断后处理，如图 2-14b 所示。

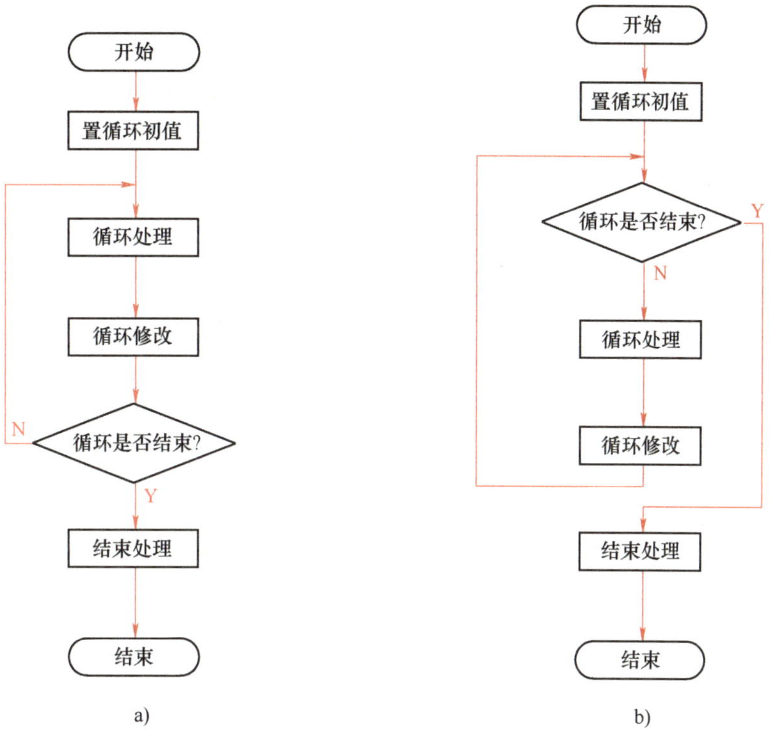

图 2-14 循环程序结构

a）先处理后判断 b）先判断后处理

初步训练

Xi 均为单字节数据，并按 i(i = 1，2，…，n) 顺序存放在从 50H 开始的内部 RAM 单元中。若 n = 10，现在要求编程求出它们的和（双字节），并放在 30H、31H 中。

任务分析：

本实验要求 10 个数的和，使用循环程序只需要写一遍加法程序段，然后使其重复 10 次即可。程序开始时先设初值，设置循环次数计数器初值、地址指针初值、存放结果的单元初值；然后进入循环体，取数相加，存和，再地址修改，循环判断，判断是否需要继续求和，如需继续，转回到循环体开始，否则结束程序。根据以上分析，流程图如图 2-15 所示。

参考程序：

```
            ORG     0000H
            SJMP    MAIN
            ORG     0030H
MAIN：
ADD1：      MOV     30H，#00H        ；设置存放结果的单元初值
            MOV     31H，#00H
            MOV     R2，#10          ；设置循环次数计数器初值
            MOV     R0，#50H         ；设置地址指针初值
LOOP：      MOV     A，31H
            ADD     A，@R0
            MOV     31H，A           ；和的低字节存放在31H
            INC     R0               ；地址指针修改
            CLR     A
            ADDC    A，30H
            MOV     30H，A           ；和的高字节存放在30H
            DJNZ    R2，LOOP         ；循环判断是否结束
            SJMP    $
            END
```

操作步骤：

1）建立新工程，编辑完程序。

2）进入调试环境，单击图标，在屏幕右下方打开 Memory 窗口，在“Address：”右边的编辑框内输入“D：50H”，从50H开始的存储单元内输入00H～09H；完成赋值后再在“Address：”右边的编辑框内输入“D：30H”，单步运行程序，观察累加器A、R0、R2、30H单元的数据的变化。

强化训练

无符号数排序。具体要求：在片内RAM中，起始地址为30H的8个单元中存放有8个无符号数。试对这些无符号数进行升序排序。

任务分析：

数据排序常用的方法是冒泡排序法。这种方法的过程类似水中气泡上浮，故称冒泡法。执行时从前向后进行相邻数的比较，如数据的大小次序与要求的顺序不符就将这两个数互换，否则不互换。对于升序排序，通过这种相邻数的互换，使小数向前移动，大数向后移动。从前向后进行一次冒泡（相邻数的互换），就会把最大的数换到最后；再进行一次冒泡，就会把次大的数排在倒数第二的位置；依此类推。

设R7为比较次数计数器，初始值为07H，位地址00H为数据互换标志位。根据分析，画出程序流程图，如图2-16所示。

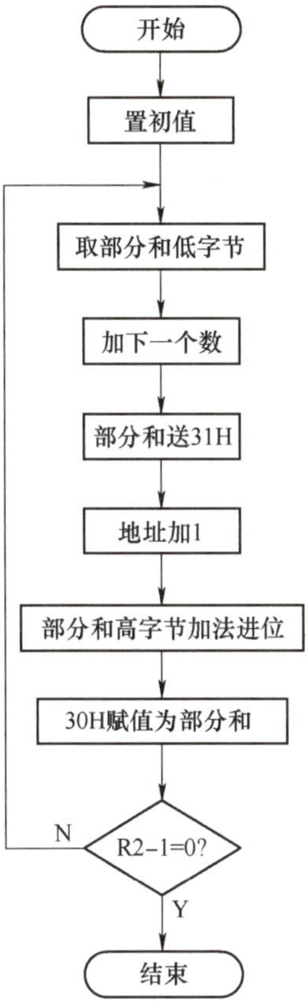

图 2-15　循环程序流程图

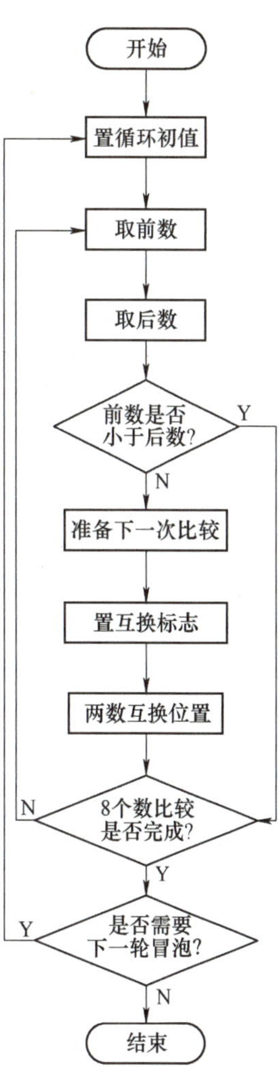

图 2-16　冒泡法程序流程图

参考程序：

```
        ORG     0000H
        SJMP    START
        ORG     0030H
START:  CLR     00H             ；互换标志位清0
        MOV     R7，#07H        ；各次冒泡比较次数
        MOV     R0，#30H        ；数据区首址
LOOP:   MOV     A，@R0          ；取前数
        MOV     2BH，A          ；暂存
        INC     R0
        MOV     2AH，@R0        ；取后数
        CLR     C
        SUBB    A，@R0          ；前数减后数
        JC      NEXT            ；前数小于后数，不互换
```

```
        MOV     @R0, 2BH
        DEC     R0
        MOV     @R0, 2AH          ; 两数交换
        INC     R0                ; 准备下一次比较
        SETB    00H               ; 置互换标志位
NEXT:   DJNZ    R7, LOOP          ; 进行下一次比较
        JB      00H, START        ; 进行下一轮冒泡
        SJMP    $
        END
```

习　题

1. 若(A)=C3H，(R0)=AAH，执行指令“ANL A，R0”后，(A)=____；执行指令“ORL A，R0”后，(A)=____；执行指令“XRL A，R0”后，(A)=____。

2. 若(A)=C5H，执行指令“RL A”后，(A)=____；执行指令“RR A”后，(A)=____。

3. 若(A)=C5H，(CY)=1，执行指令“RLC A”后，(A)=____，(CY)=____；执行指令“RRC A”后，(A)=____，(CY)=____。

4. 位操作指令中的位地址有哪4种表示形式？

5. 试编写程序，将R1中的低4位数与R2中的高4位数合并成一个8位数，并将其存放在R1中。

6. 若80S51的晶振频率为6MHz，试计算延时子程序的延时时间。

```
DELAY: MOV   R7, #0F6H
LP:    MOV   R6, #0FAH
       DJNZ  R6, $
       DJNZ  R7, LP
       RET
```

7. 已知以BLOCK1和BLOCK2为起始地址的存储区中分别有5个字节无符号被减数和减数（低位在前，高位在后），请编写程序令它们相减并把差放入以BLOCK1为起始地址的存储单元中（其中，BLOCK1代表30H，BLOCK2代表40H）。

任务二　汽车紧急灯模拟控制设计

知识目标

1. 掌握汽车紧急灯的基本知识。
2. 掌握循环结构。
3. 掌握紧急灯工作原理。

能力目标

1. 会对单片机I/O口进行赋值操作和读取操作。

2. 能对接在单片机上的 LED 进行控制。
3. 能用循环结构编程实现 1s 延时。
4. 能用单片机设计汽车紧急灯模拟控制电路和程序。

任务相关知识

【汽车紧急灯知识】

双闪灯全名叫“危险报警闪光灯”，它是汽车上的一个信号灯，主要作用是提醒其他车辆与行人注意本车发生了特殊情况，及时避让。

作为一个信号灯，双闪灯的使用范围是有严格规定，一句话概括，就是开车过程中，如果需要其他车辆减速甚至停车来避让，则通常情况下就需要开启双闪灯。根据《道路交通安全法》和《道路交通安全法实施条例》的规定，具体有以下几种情况：

（1）临时停车时

临时停车是驾驶人最常做的事，也是最容易忽视安全的地方。不开双闪灯很难让其他车辆第一时间发现驾驶人，当来车发现驾驶人时往往已经没有时间进行制动了。所以，临时停车一定要记住及时开启双闪灯。

（2）车辆发生故障或交通事故时

车辆一旦发生故障或交通事故，车辆此时或是停在道路中间，或是在缓慢地移动。如果不及时开启双闪灯，后面到来的车辆就无法判断前方车辆情况，尤其是道路车辆比较拥挤的情况下，容易引发连环交通事故。另外，发生这种情况时，车主除了要亮起双闪灯外，还要在来车方向设置三角警示牌，对后面来车做出警示，避免追尾事故的发生。

（3）牵引故障机动车时

牵引车辆车速较慢，如果后方的车辆不能看出前方车辆是在牵引，误以为是在正常行驶，可能会长时间跟在后面而不知前方道路其实很畅通，会造成交通拥堵，甚至可能追尾。

（4）组成交警部门允许组成的车队时

必须是经过向交警部门申报并允许的车队才可以在行驶中使用双闪灯，而没有进行申报批准的车队（婚礼车队、自驾游车队等）在行驶中使用双闪灯的行为，是不被法律允许的。

另外，《中华人民共和国道路交通安全法实施条例》第八十一条机动车在高速公路上行驶，遇有雾、雨、雪、沙尘、冰雹等低能见度气象条件时，应当遵守下列规定：（一）能见度小于 200m 时，开启雾灯、近光灯、示廓灯和前后位灯，车速不得超过 60km/h，与同车道前车保持 100m 以上的距离；（二）能见度小于 100m 时，开启雾灯、近光灯、示廓灯、前后位灯和危险报警闪光灯，车速不得超过 40km/h，与同车道前车保持 50m 以上的距离；（三）能见度小于 50m 时，开启雾灯、近光灯、示廓灯、前后位灯和危险报警闪光灯，车速不得超过 20km/h，并从最近的出口尽快驶离高速公路。

与其他灯光开关集成在一起不同，双闪灯开关比较特别一点，它是独立存在的，而且双闪开关标识特别明显，是一个红色的三角。常见的双闪灯开关都位于方向盘右边的中控台上，不过也有个别车型的双闪灯开关是位于中控台的下方。当汽车熄火后，双闪灯仍处于供电状态，只要没有故障，双闪灯都能正常开启。

初步训练

用 LED 模拟汽车紧急灯控制。

任务分析：

假设用 LED 模拟双闪灯，用开关模拟双闪灯开关。用单片机 P0.0 引脚接 LED，P1.0 引脚接开关。LED 阳极通过限流电阻接电源，阴极接 P0.0 引脚。编程实现用开关控制 LED 亮灭，当开关闭合时，LED 闪烁；当开关打开时，LED 不再闪烁。以此来模拟汽车紧急灯。根据以上分析，画出电路图，如图 2-17 所示。程序流程图如图 2-18 所示。

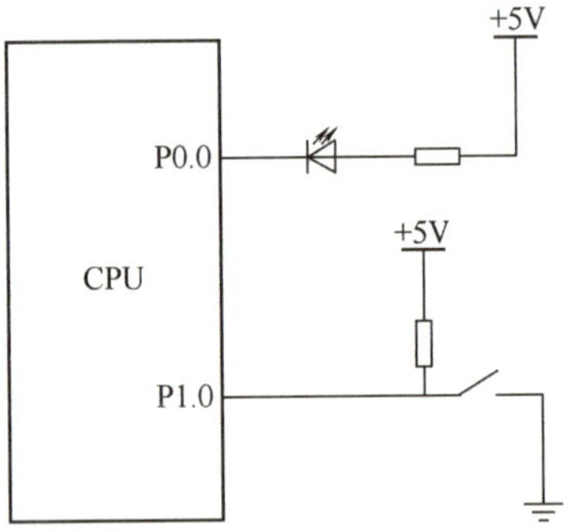

图 2-17　汽车紧急灯模拟控制电路

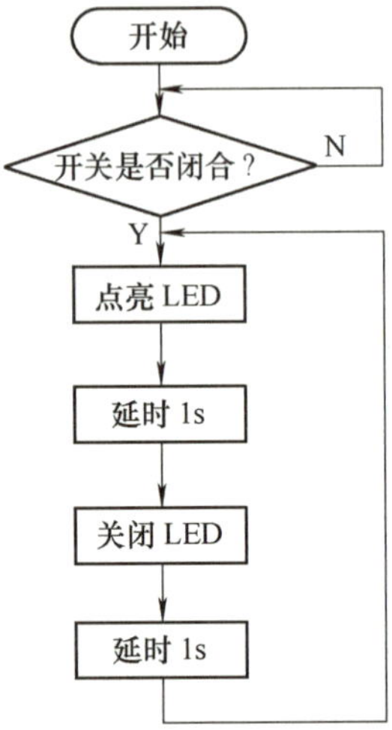

图 2-18　程序流程

操作步骤：

1）将单片机 V_{CC}接 +5V，GND 接地，$\overline{EA}$接 +5V。
2）将单片机 P0.0 引脚接 LED，P1.0 引脚接开关，打开电源。
3）打开 Keil μVision4 软件，根据流程图进行编程，并调试通过，生成 HEX 文件。
4）将生成的 HEX 文件下载到单片机中。
5）给单片机上电，观察开关打开和关闭时，LED 的亮灭情况，并记录在任务工单中。
6）完成实训操作，关闭电源，拆除接线，整理归位。
7）完成任务工单中相关题目。

参考程序：

```
        ORG     0000H
        LJMP    START
        ORG     0030H
START:  JBC     P0.0   START
        CLR     P0.0
        ACALL   DEL
        SETB    P0.0
        ACALL   DEL
        SJMP    START
DEL:    MOV     R5, #20          ; 延时 1s
DELL:   MOV     R7, #200
```

```
DEL1:   MOV     R6, #123
        NOP
DEL2:   DJNZ    R6, DEL2
        DJNZ    R7, DEL1
        DJNZ    R5, DELL
        RET
        END
```

强化训练

用双闪灯开关模拟控制两个汽车双闪灯。

任务分析：

假设用 LED 模拟双闪灯，用开关模拟双闪灯开关。用单片机 P0.0、P0.1 引脚接 LED，P1.0 引脚接开关。LED 阳极通过限流电阻接电源，阴极接 P0.0、P0.1 引脚。编程实现用开关控制 LED 亮、灭，以此来模拟汽车双闪灯。根据以上分析，画出电路图，如图 2-19 所示。程序流程图如图 2-20 所示。

操作步骤：

1）将单片机 V_{CC}接 +5V，GND 接地，$\overline{EA}$接 +5V。

2）将单片机 P0.0 和 P0.1 引脚接 LED，P1.0 引脚接开关，打开电源。

3）打开 Keil μVision4 软件，根据流程图进行编程，并调试通过，生成 HEX 文件。

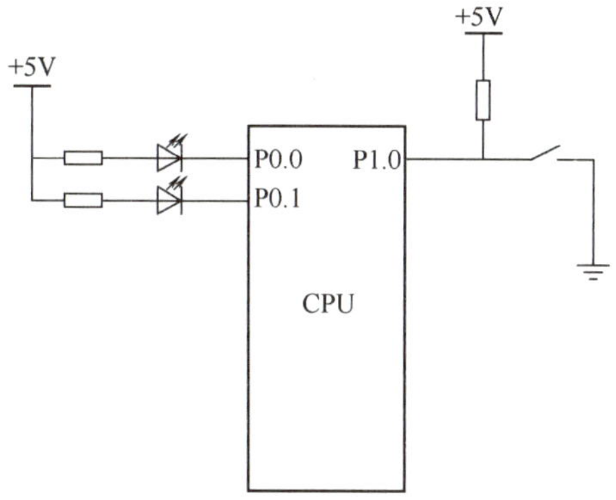

图 2-19　电路原理图

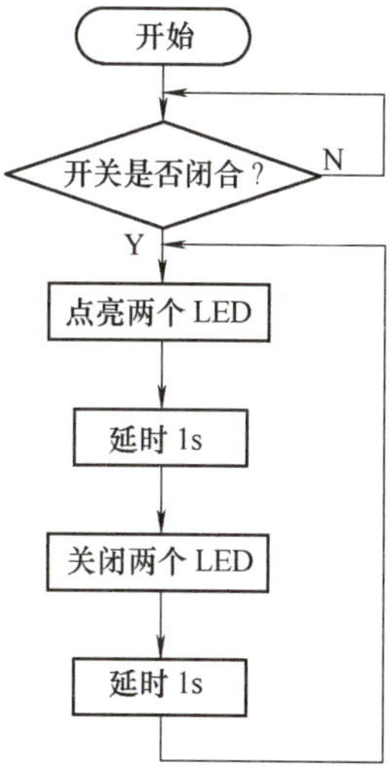

图 2-20　程序流程图

4）将生成的 HEX 文件下载到单片机中。

5）给单片机上电，观察开关打开和关闭时，LED 的亮灭情况，并记录在任务工单中。

6）完成实训操作，关闭电源，拆除接线，整理归位。

7）完成任务工单中相关题目。

参考程序：

```
        ORG     0000H
        LJMP    START
```

```
        ORG     0030H
START:  JBC     P1.0  START
        CLR     P0.0
        CLR     P0.1
        ACALL   DEL
        SETB    P0.0
        SETB    P0.1
        ACALL   DEL
        SJMP    START
DEL:    MOV     R5, #20            ; 延时1s
DELL:   MOV     R7, #200
DEL1:   MOV     R6, #123
        NOP
DEL2:   DJNZ    R6, DEL2
        DJNZ    R7, DEL1
        DJNZ    R5, DELL
        RET
        END
```

习 题

1. 汽车信号装置主要有__________、__________、__________及各种警告装置等。
2. 汽车信号灯有哪些?
3. 汽车上常用闪光器有__________、__________和__________。
4. 汽车警告装置有__________、__________、__________、__________和__________等。
5. 双闪灯全名叫______________，也是我们常说的______________。
6. 双闪灯开关标识特别明显，是一个红色的______________。当汽车熄火后，双闪灯仍处于供电状态，只要没有故障，双闪灯都能正常开启。

◇◇◇ 项目三　汽车转向灯模拟控制

◆ 任务一　汇编语言查表程序结构认知

知识目标

1. 掌握二进制、十六进制的表示方法。
2. 掌握二进制、十六进制与十进制之间的转换。
3. 掌握汇编语言两条查表指令。
4. 理解查表指令执行的原理。

能力目标

1. 会进行二进制、十六进制与十进制之间的转换。
2. 会使用查表指令。
3. 能编程实现数值转换成二进制 ASCII 码的方法。

素养目标

树立团队合作意识及职业规范意识。

任务相关知识

1. 数制

（1）二进制数

二进制数的表示：由 0、1 两个数码构成，基数为 2，第 i 位的权为 2^i。运算时遵循“逢二进一”的原则。书写时在尾部加注 B 或下标 2，如 1011B 或 $(1011)_2$。

二进制数的数值：二进制数 $a_n a_{n-1} \cdots a_0 \cdot b_{-1} b_{-2} \cdots b_{-m}$ 的值为

$$a_n \times 2^n + a_{n-1} \times 2^{n-1} + \cdots + a_0 + b_{-1} \times 2^{-1} + b_{-2} \times 2^{-2} + \cdots + b_{-m} \times 2^{-m}$$

说明：a_i 和 b_i 为 0、1 两个数码中的一个。

例如：

$101011B = 1 \times 2^5 + 0 \times 2^4 + 1 \times 2^3 + 0 \times 2^2 + 1 \times 2^1 + 1 \times 2^0 = 43D$㊀

$100000000B = 1 \times 2^8 = 256D$

（2）十六进制数

十六进制数的表示：由 0、1、2、3、4、5、6、7、8、9、A、B、C、D、E、F 十六个数码构成，其中数码 A、B、C、D、E、F 对应于十进制数 10、11、12、13、14、15；基数为 16，第 i 位的权为 16^i。运算时遵循“逢十六进一”的原则。书写时在尾部加注 H 或下标

㊀ D 表示十进制数。

16，如 1FH 或 $(1F)_{16}$。描述以字母开头的十六进制数前面应加一数码 0，如 0AFH。

十六进制数的数值：十六进制数为 $a_n a_{n-1} \cdots a_0 \cdot b_{-1} b_{-2} \cdots b_{-m}$ 的值为

$$a_n \times 16^n + a_{n-1} \times 16^{n-1} + \cdots + a_0 + b_{-1} \times 16^{-1} + b_{-2} \times 16^{-2} + \cdots + b_{-m} \times 16^{-m}$$

说明：a_i 和 b_i 为 0、1、2、3、4、5、6、7、8、9、A、B、C、D、E、F 十六个数码中的一个。

例如：

$1011H = 1 \times 16^3 + 0 \times 16^2 + 1 \times 16^1 + 1 \times 16^0 = 4113D$

$14AFH = 1 \times 16^3 + 4 \times 16^2 + 10 \times 16^1 + 15 \times 16^0 = 5295D$

（3）八进制数

八进制数的表示：由 0、1、2、3、4、5、6、7 八个数码构成，基数为 8，第 i 位的权为 8^i。运算时遵循“逢八进一”的原则。书写时在尾部加注 Q 或下标 8，如 76Q 或 $(76)_8$。

八进制数的数值：设八进制数为 $a_n a_{n-1} \cdots a_0 . b_{-1} b_{-2} \cdots b_{-m}$ 的值为

$$a_n \times 8^n + a_{n-1} \times 8^{n-1} + \cdots + a_0 + b_{-1} \times 8^{-1} + b_{-2} \times 8^{-2} + \cdots + b_{-m} \times 8^{-m}$$

说明：a_i 和 b_i 为 0、1、2、3、4、5、6、7 八个数码中的一个。

例如：

$4056Q = 4 \times 8^3 + 0 \times 8^2 + 5 \times 8^1 + 6 \times 8^0 = 2094D$

$1001H = 1 \times 8^3 + 0 \times 8^2 + 1 \times 8^1 + 1 \times 8^0 = 513D$

（4）数制之间的转换

1）十进制到非十进制之间的转换。

整数部分：采用除基数取余法，直到商为 0，也称为长除法。先得到的余数放在低位，后得到的余数放在高位。

小数部分：采用乘基数取整法，直到乘积为整数。先得到的整数放在高位，后得到的整数放在低位。

例如：

17D = 10001B　57D = 71Q　57D = 39H　0. 625D = 0. 101B　0. 625D = 0. 5Q　0. 625D = 0. AH

2）二、十六、八进制数之间的转换。数制之间的转换可采用两种方法：一是把二、十六、八进制数转换成十进制数，再将对应的十进制数转化成为要求的进制；二是分组法，这是一种快速转换法，具体转换方法如下：

①二进制→八进制：只需要把二进制数按 3 位一组来分组，然后每组转换成对应的八进制数。

②二进制→十六进制：只需要把二进制数按 4 位一组来分组，然后每组转换成对应的十六进制数。

③八进制→二进制：只需要把八进制数的每一位都对应转换成对应的 3 位二进制数。

④十六进制→二进制：只需要把十六进制数的每一位都对应转换成对应的 4 位二进制数。

注意：位数不够时，整数部分在最左边补零，小数部分在最右边补零。

例如：

1100100. 11010B = 001 100 100. 110 100 = 144. 64Q

1100100. 11010B = 0110 0100. 1101 0000 = 64. D0H

144. 64Q = 001 100 100. 110 100B

64. D0H = 0110 0100. 1101. 0000B

2. 编码

计算机只能识别“0”和“1”这两种状态，所以在计算机中数以及数以外的其他信息（字母、数字、专用字符以及一些控制字符）要用二进制代码来表示。这些二进制形式的代码称为二进制编码。

（1）字符的二进制编码

字符的编码经常采用的是美国信息交换标准代码 ASCII（American Standard Code Information Interchange）。

ASCII 码使用指定的 7 位或 8 位二进制数组合来表示 128 种或 256 种可能的字符。标准 ASCII 码也叫基础 ASCII 码，使用 7 位二进制数来表示所有的大写和小写字母、数字 0 ~ 9、标点符号，以及在美式英语中使用的特殊控制字符。常用字符的 ASCII 码表见表 2-1。

注意：字符的 ASCII 码与其数值是不同的概念，如字符“9”的 ASCII 码是 00111001B（即 39H），而其数值是 00001001B（即 09H）。

表 2-1　常用字符的 ASCII 码表

十进制	十六进制	字符	十进制	十六进制	字符	十进制	十六进制	字符
32	20	空格	64	40	@	96	60	`
33	21	!	65	41	A	97	61	a
34	22	"	66	42	B	98	62	b
35	23	#	67	43	C	99	63	c
36	24	$	68	44	D	100	64	d
37	25	%	69	45	E	101	65	e
38	26	&	70	46	F	102	66	f
39	27	'	71	47	G	103	67	g
40	28	(	72	48	H	104	68	h
41	29	)	73	49	I	105	69	i
42	2A	*	74	4A	J	106	6A	j
43	2B	+	75	4B	K	107	6B	k
44	2C	,	76	4C	L	108	6C	l
45	2D	-	77	4D	M	109	6D	m
46	2E	.	78	4E	N	110	6E	n
47	2F	/	79	4F	O	111	6F	o
48	30	0	80	50	P	112	70	p
49	31	1	81	51	Q	113	71	q
50	32	2	82	52	R	114	72	r
51	33	3	83	53	S	115	73	s
52	34	4	84	54	T	116	74	t
53	35	5	85	55	U	117	75	u
54	36	6	86	56	V	118	76	v
55	37	7	87	57	W	119	77	w
56	38	8	88	58	X	120	78	x
57	39	9	89	59	Y	121	79	y
58	3A	:	90	5A	Z	122	7A	z
59	3B	;	91	5B	[	123	7B	{
60	3C	<	92	5C	\	124	7C	|
61	3D	=	93	5D	]	125	7D	}
62	3E	>	94	5E	^	126	7E	~
63	3F	?	95	5F	_			

(2) BCD码

BCD码用4位二进制数表示1位十进制数，常称为二进制编码的十进制数。常用BCD码有8421码（见表2-2）、2421码、余3码等。

表2-2 8421BCD码表

十进制数	BCD码	十进制数	BCD码
0	0000B	5	0101B
1	0001B	6	0110B
2	0010B	7	0111B
3	0011B	8	1000B
4	0100B	9	1001B

BCD码有压缩BCD码和非压缩BCD码两种存储方式。压缩BCD码用1个字节存放2位十进制数，高4位存放一个数，低4位存放一个数。非压缩BCD码用1个字节存放1位十进制数，如1329D用非压缩BCD码存放，需用2个字节；用压缩BCD码存放，只需用1个字节。

3. 机器数

在计算机中，二进制数的数值要用“0”和“1”来表示，对于带符号二进制数的正、负号也要用“0”和“1”的编码来表示，方法是用数的最高位作为符号位。

1）将数用中括号括起来，在尾部加注“原”“反”“补”来表明码制。

2）机器数把数的符号也数字化，一般用最高位表示数的符号：“0”表示正数，“1”表示负数。

3）存储方式是以1个字节作为一个基本单元，超过8位的二进制数需要用2个字节，甚至更多。

例如：

+1010B的机器数为00001010B

-100000001B的机器数为1000000100000001B

原码是一种比较直观的机器数的表示方法，符号数字化的二进制数即为原码，表示范围为$[-(2^{n-1}-1),\ +2^{n-1}-1]$。

例如：$X=+1011B$，$[X]_{原}=00001011$。

正数的反码与原码相同，负数的反码等于原码(除符号位以外)按位取反，即对应的正数的原码(含符号位)按位取反，表示范围与原码相同。

例如：$X=+1011B$，$[X]_{反}=00001011$

$Y=-1011B$，$[Y]_{反}=11110100$

补码表示能让符号位一同参与数的运算，正数的补码与原码相同，负数的补码等于原码(除符号位以外)按位取反，末位加1，对应的正数(含符号位)按位取反，末位加1，即反码末位加1，表示范围为$[-2^{n-1},\ 2^{n-1}-1]$。

补码的运算规则：$[X]_{补}+[Y]_{补}=[X+Y]_{补}$

$[X-Y]_{补}=[X]_{补}+[-Y]_{补}$

$[[X]_{补}]_{补}=[X]_{原}$

例如：X = +1011B，$[X]_{补}$ =00001011

　　　Y = -1011B，$[Y]_{补}$ =11110101

4. 查表指令

在许多情况下，本来通过计算机才能解决的问题，也可以通过查表方法解决，而且要简便得多，因此在实际单片机应用中，常常需要编制查表程序来缩短程序长度并提高程序执行效率。

查表是根据存放在存储器中的数据表格的项数来查找和它对应的表中值。例如：查 $y=x^2$（设 $x=0\sim9$）的二次方方表时，可以预先计算出 x 为 0 ~9 时的 y 值作为数据表格，存放在起始地址为 DTAB 的存储器中，并使 x 的值和数据表格的项数（即所查数据的实际地址对 DTAB 的偏移量）一一对应，就可以根据 DTAB + x 来找到和 x 对应的 y 值。

51 系列单片机有以下两条专门的查表指令：

1）MOVC　A，@A + DPTR

2）MOVC　A，@A + PC

采用第一条指令时，用 DPTR 存放数据表格的起始地址。查表过程比较简单，查表前需要把数据表格起始地址存入 DPTR，然后把所查表的项数送入累加器 A，最后使用“MOVC　A，@A + DPTR”完成查表。

采用第二条指令查表时，分三步：第一步，使用传送指令把所查数据表格的项数送入累加器 A；第二步，使用“ADD　A，#data”指令对累加器 A 进行修正，data 的值由公式（PC + data = 数据起始地址 DTAB）求得，其中 PC 是查表指令“MOVC　A，@A + PC”的下一条指令码的起始地址，即 data = 查表指令和数据表格之间的字节数；第三步，采用查表指令“MOVC　A，@A + PC”完成。

初步训练

已知 R0 低 4 位有一个十六进制数（0 ~ F），请编程求出其 ASCII 码并送入 30H 单元。

任务分析：

由 ASCII 码表可知常用 ASCII 码 0 ~9 的 ASCII 码为 30H ~39H，A ~ F 的 ASCII 码为 41H ~46H，将 ASCII 码做成表，即可采用查表方式查到对应的 ASCII 码。查表程序流程图如图 2-21 所示。

参考程序：

```
        ORG     0000H
        SJMP    MAIN
        ORG     0030H
MAIN:
        MOV     R0, #16H
        MOV     A, R0
        ANL     A, #0FH
        MOV     DPTR, #ASCTAB
        MOVC    A, @A + DPTR
        MOV     30H, A
        SJMP    $
```

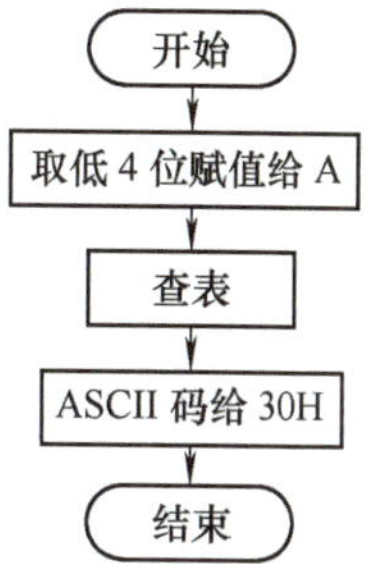

图 2-21　程序流程图

```
ASCTAB:
        DB      '1', '2', '3', '4',
        DB      '5', '6', '7', '8', '9'
        DB      'A', 'B', 'C', 'D', 'E', 'F'
        END
```

操作步骤：

1）建立新工程，编辑完程序。

2）进入调试环境，单击图标，在屏幕右下方打开 Memory 窗口，在“Address:”右边的编辑框内输入“D: 30H,”单步运行程序，观察累加器 A、30H 单元中数据的变化。

强化训练

试用其他方法完成初步训练任务。

任务分析：

由常用 ASCII 码可知，0 ~ 9 的 ASCII 码为 30H ~ 39H，即十进制与 ASCII 码两者相差 30H；A ~ F 的 ASCII 码为 41H ~ 46H，即十六进制与 ASCII 码两者相差 37H。所以本实验中，若 R0≤9，则 R0 内容只需加 30H；若 R0 > 9，则 R0 内容需加 37H。根据以上分析，程序流程图如图 2-22 所示。

参考程序：

```
        ORG     0000H
        SJMP    MAIN
        ORG     0030H
MAIN:
        CLR     C
        MOV     A, R0
        ANL     A, #0FH
        CJNE    A, #10, NEXT1
NEXT1:  JNC     NEXT2
        ADD     A, #30H
        SJMP    DONE
NEXT2:  ADD     A, #37H
DONE:   MOV     R0, A
        SJMP    $
        END
```

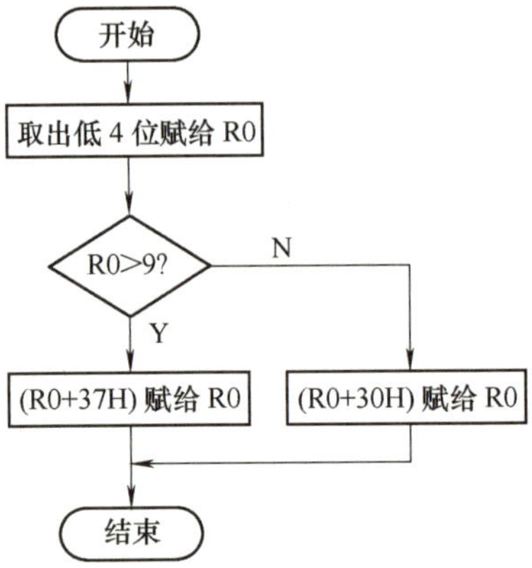

图 2-22 程序流程图

习 题

1. 101011B 转换成十进制数是______，转换成十六进制数是______。
2. 4112D 转换成二进制数是______，转换成十六进制数是______。
3. -1011B 的原码是______，反码是______，补码是______。
4. 补码的运算规则有哪些？
5. 查表指令是指哪两条？

6. 采用“MOVC　A，@A+DPTR”指令进行查表时，用DPTR存放________________，用累加器A存放________________，最后使用“MOVC　A，@A+DPTR”完成查表。

任务二　汇编语言子程序结构认知

知识目标

1. 理解子程序结构。
2. 掌握调用指令的使用方法。
3. 掌握保护现场和恢复现场的方法。
4. 掌握主程序和子程序之间进行参数传递的方法。

能力目标

1. 能选择合适的调用指令进行编程。
2. 能用子程序结构进行编程。
3. 会编写求二次方子程序。
4. 巩固查表程序的设计方法。

任务相关知识

1. 程序概念

在实际应用中，经常会有一些通用性的问题（如数值转换、数值计算等），在一个程序中可能要使用多次，这时可以将其设计成通用的子程序以供随时调用。

所谓子程序，是指完成确定任务并能被其他程序反复调用的程序段，调用子程序的程序叫作主程序或调用程序。在主程序中只安排程序的主要线索，在需要调用某个子程序时，采用调用指令从主程序转入相应子程序执行，CPU执行到子程序末尾的返回指令“RET”，返回到主程序断点处继续执行。

子程序常常可以构成子程序库，集中放在某一存储空间中，任凭主程序随时调用。这样采用子程序便能使整个程序结构简单，既缩短了程序设计时间，又减少了对存储空间的占用。

2. 子程序的结构

子程序的结构与一般的程序并无太大区别，它的主要特点是在执行过程中需要由其他程序来调用，执行完后又需要把执行流程返回到调用该子程序的主程序。所以，子程序调用需要具有两项功能：保护和恢复现场、完成主程序与子程序的参数传递。

子程序要完成某一专用任务，在结构上应具有通用性和独立性。在编写子程序时，应注意以下五点：

1）子程序的第一条指令地址称为子程序起始地址或入口地址，该指令前必须有标号，标号习惯以子程序任务命名，以便一目了然，例如延时程序常以DELAY作为标号。

2）主程序对子程序的调用由主程序中的调用指令实现，子程序返回主程序则由子程序末尾的返回指令“RET”实现。

3）调用子程序和返回主程序，计算机均能自动保护和恢复主程序的断点地址。但对于各工作寄存器、特殊功能寄存器和内存单元中内容，如需保护和恢复，需在子程序开头和末尾安排一些能够保护和恢复的指令。

在子程序执行过程中常常要用到单片机的一些通用单元，如工作寄存器 R0 ~ R7、累加器 A、数据指针 DPTR 以及有关标志和状态等。而这些单元中的内容在调用结束后的主程序中仍有用，所以需要进行保护，称为保护现场。在执行完子程序返回继续执行主程序前恢复其原内容，称为恢复现场。保护和恢复现场的方法有以下两种：

①在主程序中完成保护和恢复现场，结构较为灵活。例如：

```
        PUSH    PSW          ；保护现场
        PUSH    ACC
        PUSH    B
        MOV     PSW，#10H    ；换当前工作寄存器组
        LCALL   addr16       ；子程序调用
        POP     B            ；恢复现场
        POP     ACC
        POP     PSW
        …
```

②在子程序中完成保护和恢复现场，程序较为规范、清晰。例如：

```
SUB1：  PUSH    PSW          ；保护现场
        PUSH    ACC
        PUSH    B
        …
        MOV     PSW，#10H    ；换当前工作寄存器组
        …
        POP     B            ；恢复现场
        POP     ACC
        POP     PSW
        RET
```

无论采用哪种方法，保护现场与恢复现场的顺序都要对应，否则程序将会发生错误。

4）为使所编子程序可以放在 64KB 内存的任何位置，并能为主程序调用，子程序内部必须使用相对转移指令，而不能使用其他转移指令。

5）子程序参数分为入口参数和出口参数两类。

由于子程序是主程序的一部分，所以程序执行时必然要发生数据上的联系。在调用子程序时，主程序应通过某种方式把有关参数传给子程序，当子程序执行完毕后，又需要通过某种方式把有关参数传给主程序。这里的有关参数就是入口参数和出口参数。

入口参数是指子程序需要的原始参数，由调用它的主程序通过约定的工作寄存器 R0 ~ R7、特殊功能寄存器 SFR、内存单元或堆栈等预先传送给子程序使用。

出口参数是指由子程序根据入口参数执行程序后获得的结果参数，由子程序通过约定的工作寄存器 R0 ~ R7、特殊功能寄存器 SFR、内存单元或堆栈等预先传送给主程序使用。

传送子程序参数的方法通常有以下几种：

1）利用累加器或者寄存器传送子程序参数。在这种方式中，要把预传递的参数存放在累加器 A 或工作寄存器 R0 ~ R7 中，即在主程序调用子程序时，应事先把子程序需要的数据送入累加器 A 或指定的工作寄存器中，当子程序执行时，可以从指定的单元中取得数据，执行运算；反之，子程序可以用同样的方法把结果送给主程序。

2）利用存储器传送子程序参数地址。当传送的数据量较大时，可以利用存储器实现参数的传递。在这种方式中，要事先建一个参数表，用指针指示参数表所在的位置。当参数表建立在内部 RAM 中时，用 R0 或 R1 作为参数表的指针；当参数表建立在外部 RAM 中时，用 DPTR 作参数表的指针。

3）利用堆栈传送子程序参数。利用堆栈传递参数是子程序嵌套中常采用的一种方法。在调用子程序前，用 PUSH 指令将子程序中所需数据压入堆栈；执行子程序时，再用 POP 指令从堆栈中弹出数据。

初步训练

设 MDA 和 MDB 内有两数 a 和 b，请编出求 $c = a^2 + b^2$ 并把 c 送入 MDC 的程序，其中 a 和 b 皆为小于 10 的整数，MDA 为 20H 单元，MDB 为 21H 单元，MDC 为 22H 单元。

任务分析：

题中需要进行两次求二次方的计算，可以将求二次方写成独立的子程序，调用两次即可。程序由两部分组成：主程序——通过累加器 A 传送子程序的入口参数 a 和 b；子程序——通过累加器 A 传送出口参数 a^2 和 b^2 给主程序。子程序为求二次方的通用子程序，可以采用查表程序的结构完成求二次方功能。根据以上分析画出程序流程图，如图 2-23 所示。

参考程序：

```
          ORG     0000H
          SJMP    MAIN
          ORG     0030H
          MDA     DATA   20H
          MDB     DATA   21H
          MDC     DATA   22H
MIAN:     MOV     A, MDA
          ACALL   SQR              ；调用求二次方子程序
          MOV     R1, A
          MOV     A, MDB
          ACALL   SQR              ；调用求二次方子程序
          ADD     A, R1
          MOV     MDC, A
          SJMP    $
SQR:      ADD     A, #01H          ；求二次方子程序
          MOVC    A, @A+PC
          RET
SQRTAB:
```

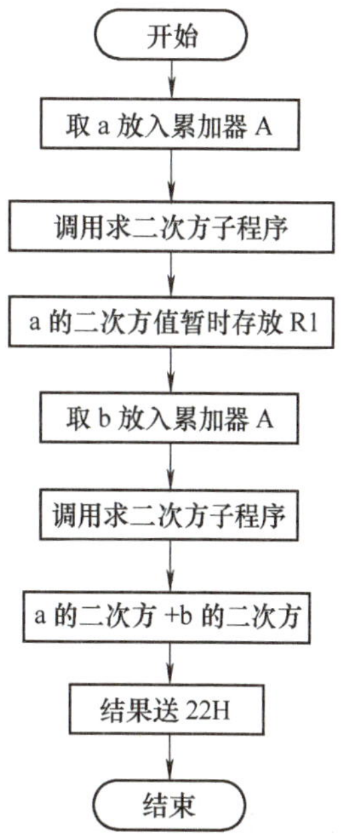

图 2-23　程序流程图

```
        DB      0, 1, 4, 9, 16
        DB      25, 36, 49, 64, 81
        END
```

操作步骤：

1）建立新工程，编辑完程序。

2）进入调试环境，单击图标，在屏幕右下方打开 Memory 窗口，在“Address:”右边的编辑框内输入“D：20H”，分别在 20H 和 21H 单元输入 0 ~ 9 之间的数，单步运行程序，观察累加器 A、R1、20H、21H、22H 单元的数据变化。

3）改变 a 和 b 的值，重新单步运行程序，观察累加器 A、R1、20H、21H、22H 单元的数据变化。

强化训练

在编写程序的时候，经常需要编写延时程序，试用循环程序结构编写延时 50ms 的子程序（晶振频率为 12MHz）。

任务分析：

晶振频率为 12MHz，可算得 1 个机器周期为 1μs。执行一条 DJNZ 指令需要 2 个机器周期，即 2μs。采用循环计数法实现延时，循环次数可以通过计算获得，并选择先执行后判断的循环结构。

参考程序：

```
DEL:    MOV   R7, #200     ; 1μs
DEL1:   MOV   R6, #123     ; 1μs
        NOP                ; 1μs
DEL2:   DJNZ  R6, DEL2     ; 2μs, 共(2*123)μs, 即 246μs
        DJNZ  R7, DEL1     ; 2μs, 共[(2*123+2+2)*200+1]μs, 即 50.001ms
        RET
```

习　题

1. 什么是子程序？什么是主程序？
2. 子程序调用需要具有两项功能：__________和__________。
3. 主程序对子程序的调用由主程序中的______实现，子程序返回主程序则由子程序末尾的______实现。
4. 保护和恢复现场的方法有哪两种？
5. 传送子程序参数的方法通常有哪几种？
6. 利用堆栈传送子程序参数时，在调用子程序前，用______将子程序中所需数据压入堆栈；执行子程序时，再用__________从堆栈中弹出数据。

任务三　汽车简易防盗报警系统认知

知识目标

1. 理解中断的相关概念和中断处理过程。

2. 掌握5个中断源的自然优先级和入口地址。
3. 掌握中断系统的初始化方法、TCON、SCON、IE、IP寄存器的设置方法。

能力目标

1. 会判断中断源的优先级。
2. 能利用TCON、SCON、IE、IP寄存器实现对5个中断源的控制。
3. 能对单片机中断系统进行初始化。
4. 能用单片机中断系统完成汽车简易防盗报警系统的设计。
5. 能用单片机中断系统完成汽车配件流水线监视器的设计。

任务相关知识

1. 中断概述

中断是单片机不断地与外部输入/输出设备交换信息的一种方式。51系列单片机系统有5个中断源、2个优先级。

（1）中断的概念

早期的计算机没有中断功能，主机和外设只能采用程序控制传送方式（即查询方式）交换信息。这样，当交换信息时CPU不能再做别的事情，因而大部分时间处于等待状态，这也是快速的CPU和慢速的外设之间的矛盾，为了解决这个矛盾，引入了中断的概念。当CPU正在按顺序处理某件事情A时，如果这时突发紧急事件B，请求CPU暂时停止当前正在执行的程序而马上处理紧急事件B。于是，CPU暂时中止当前的工作，转去处理突发紧急事件B，中断服务处理完事件B以后，再回到原事件A被中止的地方，继续处理原事件A，这样的过程称为中断，如图2-24所示。

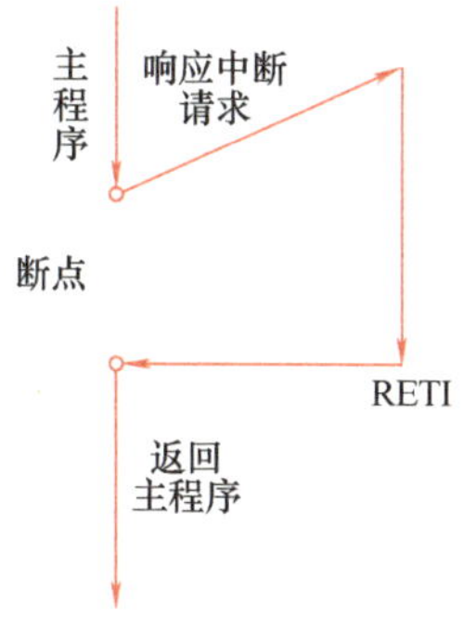

图2-24　中断过程示意图

主程序：原来正常运行的程序。

断点：主程序被断开的位置或者地址。

中断源：引起CPU中断的根源，或者发出中断请求的来源。

中断请求：中断源向CPU提出的处理要求，又称中断申请。

中断响应过程：CPU暂时中止当前事务，转去执行所发生的事件。

中断服务：CPU被中断后所执行的相应的处理程序，又称中断处理。

中断返回：处理完毕后，再回到原来被中断的位置。

（2）中断系统的功能

1）实现中断并返回。当有中断源发出中断请求时，CPU要决定是否响应，若响应，则CPU必须在现行指令执行完后，保护现场和断点，然后转到中断服务子程序入口执行中断服务程序。当中断处理完后，再恢复现场和断点，使CPU返回主程序。

2）能实现优先权排队。一个系统通常有多个中断源，当两个或两个以上的中断源同时提出中断请求时，CPU应能找到优先级别高的中断源，并响应这个中断请求。处理完优先级最高的中断后，再处理优先级低的中断。

3）高级中断源能中断低级的中断处理。如图 2-25 所示，当 CPU 在响应低级中断请求时，若有更高级中断请求，则响应更高级中断；若有更低级中断请求，则不响应，而是处理完现在的程序，再去响应。

（3）中断的特点

1）分时操作。CPU 可以分时为多个外设服务，大大提高了 CPU 的效率。

2）实时响应。CPU 能随时响应外界变量根据要求向 CPU 发出的中断申请，并进行响应处理，从而实现实时处理。

3）稳定性高。CPU 能通过响应的故障处理程序，处理难以预料的突发事件或者故障。

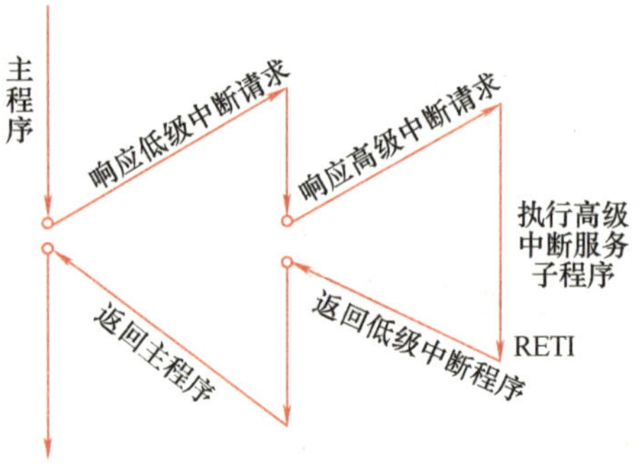

图 2-25　中断嵌套示意图

（4）中断系统结构和中断源

51 系列单片机中断系统的结构框图如图 2-26 所示。

中断系统有 4 个与中断相关的寄存器，分别是定时/计数器控制寄存器 TCON、串行口控制寄存器 SCON、中断允许控制寄存器 IE、中断优先级控制寄存器 IP。

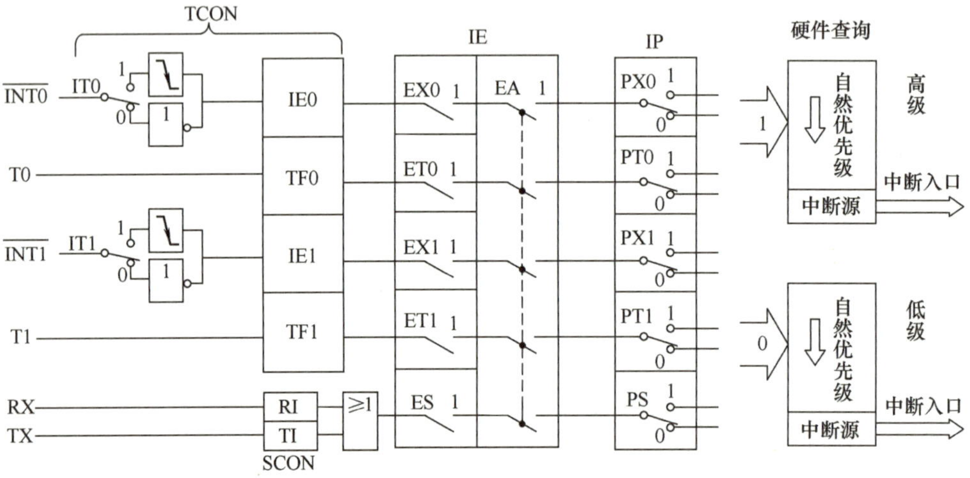

图 2-26　51 系列单片机中断系统的结构框图

中断源是指在计算机系统中向 CPU 发出中断请求的来源，可以人为设定，也可将突发性随机事件设置为中断源。51 系列单片机有 5 个中断源：

1）$\overline{INT0}$（P3.2）：外部中断 0 请求信号输入端。当 CPU 检测到有效的中断信号时，向 CPU 申请中断。

2）$\overline{INT1}$（P3.3）：外部中断 1 请求信号输入端。

3）TF0（TCON.5）：定时/计数器 0 溢出中断请求。当定时/计数器 T0 产生溢出时，中断请求标志位 TF0 置位，并向 CPU 申请中断。

4）TF1（TCON.7）：定时/计数器 1 溢出中断请求。当定时/计数器 T1 产生溢出时，中断请求标志位 TF1 置位，并向 CPU 申请中断。

5）RI（SCON.0）或 TI（SCON.1）：串行中断请求标志位。当串行口接收完或者发送完一帧数据时，中断请求标志位 RI 或 TI 置位，并向 CPU 申请中断。

2. 中断系统的控制

中断源的控制是通过设置特殊功能寄存器 TCON、SCON 等实现的，TCON 为定时/计数器控制寄存器（6 位），SCON 为串行口控制寄存器（2 位），IE 为中断允许控制寄存器，IP 为中断优先级控制寄存器。下面对这 4 个寄存器分别进行介绍：

（1）TCON（88H）——定时/计数器控制寄存器

TCON 是定时/计数器 T0 和 T1 的控制寄存器，同时也锁存 T0 和 T1 的溢出中断标志及外部中断 INT0 和 INT1 的中断标志，与中断相关的各位定义如下：

8FH	8EH	8DH	8CH	8BH	8AH	89H	88H
TF1	—	TF0	—	IE1	IT1	IE0	IT0

TF1：T1 溢出中断标志位。启动 T1 计数后，从初值开始做加 1 计数，当计满溢出后，由硬件使 TF1 置 1，向 CPU 申请中断；CPU 响应中断后，由硬件使 TF1 清零。

TF0：T0 溢出中断标志位。启动 T0 计数后，从初值开始做加 1 计数，当计满溢出后，由硬件使 TF0 置 1，向 CPU 申请中断；CPU 响应中断后，由硬件使 TF0 清零。

IE1：外部中断 1 请求标志位。当 INT1 引脚上有中断请求时，使 IE1 =1，向 CPU 申请中断；CPU 响应中断后，由硬件使 IE1 清零。

IT1：外部中断 1 触发方式选择位。

当 IT1 =0 时，外部中断 1 为电平触发方式。此时，CPU 的每个机器周期都对 INT1 引脚进行采样：若为低电平，则置位 IE1 标志位；若为高电平，则认为没有中断申请。在电平触发方式中，CPU 响应中断后不能由硬件自动清除 IE1 标志，也不能由软件清除 IE1 标志，所以在中断返回之前必须撤销 INT1 引脚上的低电平，否则将再次申请中断，导致错误，即电平触发方式，

$$\begin{cases} \overline{INT1}=0 \text{ 时，使 } IE1=1 \\ \overline{INT1}=1 \text{ 时，无中断申请} \end{cases}$$

当 IT1 =1 时，外部中断 1 为边沿触发方式。当 INT1 引脚出现一个下降沿时，使 IE1 =1，向 CPU 申请中断；CPU 响应中断后，由硬件自动清除 IE1。

IE0：外部中断 1 请求标志位。其操作功能同 IE1。

IT0：外部中断 1 触发方式选择位。其操作功能同 IT1。

（2）SCON（98H）——串行口控制寄存器

SCON 是串行口控制寄存器，与中断有关的只有低两位 RI 和 TI。与中断相关各位定义如下：

9FH	9EH	9DH	9CH	9BH	9AH	99H	98H
—	—	—	—	—	—	TI	RI

TI：串行口发送中断请求标志位。当 CPU 将一个发送数据写入串行口发送缓冲器时启动发送，发送完一帧数据后由硬件置位 TI。CPU 响应中断时，不能自动清除 TI，TI 必须由软件清除。

RI：串行接口接收中断请求标志。当串行口允许接收数据时，每接收完一帧数据后由硬件置位 RI。RI 也必须由软件清除。

CPU 复位后，TCON 和 SCON 各位清 0。

(3) IE (0A8H)——中断允许控制寄存器

IE 对中断的开放和关闭实现两级控制，所谓两级控制，就是有一个总的开关中断控制位 EA：当 EA=0 时，屏蔽所有中断申请，即任何中断申请都不接受；当 EA=1 时，CPU 开放中断。二级控制为 IE 的低 5 位，分别对 5 个中断源进行中断允许控制。与中断相关的控制位如下：

0AFH	0AEH	0ADH	0ACH	0ABH	0AAH	0A9H	0A8H
EA	—	—	ES	ET1	EX1	ET0	EX0

EA：中断允许总控制位，$\begin{cases}\text{EA}=0\text{，屏蔽所有中断申请}\\ \text{EA}=1\text{，CPU 开放中断}\end{cases}$

ES：串行口中断允许位，$\begin{cases}\text{ES}=0\text{，禁止串行口中断}\\ \text{ES}=1\text{，允许串行口中断}\end{cases}$

ET1：定时/计数器 T1 的溢出中断允许位，$\begin{cases}\text{ET1}=0\text{，禁止 T1 溢出中断}\\ \text{ET1}=1\text{，允许 T1 溢出中断}\end{cases}$

EX1：外部中断 INT1 中断允许位，$\begin{cases}\text{EX1}=0\text{，禁止外部中断 1 中断}\\ \text{EX1}=1\text{，允许外部中断 1 中断}\end{cases}$

ET0：同 ET1。

EX0：同 EX1。

例 2-12 假设允许定时/计数器 T0 和外部中断 INT1 中断，禁止其他中断。应如何设置 IE 的值？

解：可以采用位操作指令和字节操作指令两种方式实现。

位操作指令方式如下：

```
SETB   ET0   ; T0 中断允许
SETB   EX1   ; INT1 中断允许
SETB   EA    ; CPU 开中断
```

字节操作指令方式如下：

```
MOV   IE, #86H
```

(4) IP (0B8H)——中断优先级控制寄存器

51 系列单片机有两个中断优先级，每一个中断源都可以编程设置成为高优先级或低优先级。与中断相关的控制位如下：

0BFH	0BEH	0BDH	0BCH	0BBH	0BAH	0B9H	0B8H
—	—	—	PS	PT1	PX1	PT0	PX0

PS：串行口中断优先级控制位，$\begin{cases}\text{PS}=0\text{ 时，低优先级}\\ \text{PS}=1\text{ 时，高优先级}\end{cases}$

PT1：定时/计数器 T1 中断优先级控制位，$\begin{cases}\text{PT1}=0\text{ 时，低优先级}\\ \text{PT1}=1\text{ 时，高优先级}\end{cases}$

PX1：外部中断 INT1 优先级控制位，$\begin{cases}\text{PX1}=0\text{ 时，低优先级}\\ \text{PX1}=1\text{ 时，高优先级}\end{cases}$

PT0：同 PT1。

PX0：同 PX1。

当 CPU 同时收到几个同一优先级的中断请求时，CPU 先响应哪一个中断源，则取决于内部硬件查询顺序，中断优先级顺序表见表 2-3。

中断优先权判断原则：

1）CPU 同时接收到几个中断时，首先响应优先级别最高的中断请求。

2）正在进行的中断过程不能被新的同级或低优先级的中断请求所中断。

3）正在进行的低优先级中断服务程序，能被高优先级中断请求所中断。

表 2-3 中断优先级顺序表

中断源	同级自然优先级
外部中断 0	高
T0 溢出中断	↓
外部中断 1	↓
T1 溢出中断	↓
串行口中断	低

例 2-13 假设将外部中断 INT0 和 INT1 设置为高优先级，其他中断源设置为低优先级，如何设置 IP 的值？

解：可以采用位操作指令和字节操作指令两种方式实现。

位操作指令方式如下：

```
SETB   PX0    ；INT0 设为高优先级
SETB   PX1    ；INT1 设为高优先级
CLR    PS     ；串行口设为低优先级
CLR    PT1    ；T1 设为低优先级
CLR    PT0    ；T0 设为低优先级
```

字节操作指令方式如下：

```
MOV   IP，#05H
```

3. 中断处理

中断处理过程分为 3 个阶段：中断响应、中断服务和中断返回。中断请求需满足条件，CPU 才会响应。CPU 响应中断的条件：有中断源发出的中断请求、CPU 开中断、申请中断的中断源没有关闭、无同级或更高级中断正在被服务、当前指令周期已结束。

以外设提出接收数据请求为例来看中断处理过程：当 CPU 执行主程序到第 K 条指令时，外设向 CPU 发出一信号，告知自己的数据寄存器已空，提出接收数据的请求（即中断请求），CPU 接到中断请求信号，在本条指令执行完后，中断主程序的执行，并保存断点地址，转去准备向外设输出数据（即中断响应）；CPU 向外设输出数据（中断服务）；数据输出完毕，执行中断子程序返回指令 RETI，CPU 返回到主程序的第 $K+1$ 条指令接着执行主程序（即中断返回）。在中断响应时，首先应在堆栈中保护主程序的断点地址，以便中断返回时，执行 RETI 指令，能把断点地址从堆栈中弹出。中断处理过程示意图如图 2-27 所示。

单片机一旦响应中断，首先置位响应的中断优先级生效触发器，然后由硬件执行一条调用指令，把当前断点地址压入堆栈，以保护断点，再将响应的中断服务程序的入口地址送入 PC，CPU 接着从中断服务程序的入口处开始执行。各中断源对应的入口地址见表 2-4。

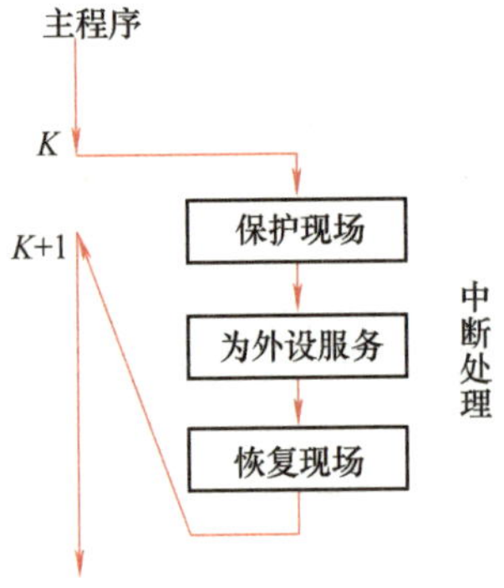

图 2-27 中断处理过程示意图

表 2-4 各中断源对应的入口地址

中断源	入口地址
外部中断 0	0003H
T0 溢出中断	000BH
外部中断 1	0013H
T1 溢出中断	001BH
串行口中断	0023H

初步训练

设计一款简易的汽车防盗报警系统。具体要求：当设置为报警状态时，车门被打开会进行蜂鸣器发声报警，否则不报警。

任务分析：

设 S1 是安装在车门内的开关，车门关闭时接高电平，车门打开时接低电平；S2 是报警的选择开关，接 P1.7 引脚，高电平报警，否则不报警；P1.1 引脚接蜂鸣器，需报警时，启动蜂鸣器，否则关闭。

当 S2 设置在报警工作状态时，有人打开车门则 S1 接低电平触发 $\overline{\text{INT0}}$ 中断，P1.1 引脚输出低电平，使蜂鸣器发声报警。

根据以上分析画出电路图，如图 2-28 所示。

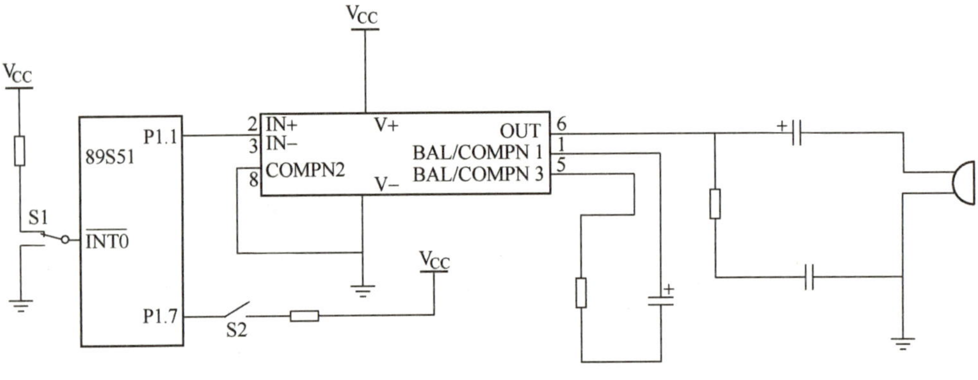

图 2-28 汽车简易防盗报警系统电路图

程序流程图如图 2-29 所示。

操作步骤：

1）将单片机 V_{CC} 接 +5V，GND 接地，$\overline{\text{EA}}$ 接 +5V。

2）将 P1.1 引脚接蜂鸣器电路，P1.7 引脚接开关 S2，$\overline{\text{INT0}}$ 引脚接开关 S1，打开电源。

3）打开 Keil μVision4 软件，根据流程图进行编程，并调试通过，生成 HEX 文件。

4）将生成的 HEX 文件下载到单片机中。

5）打开 S2，将系统设置为不报警状态，拨动 S1，观察蜂鸣器现象；闭合 S2，将系统设置为报警状态，拨动 S1，观察蜂鸣器现象，并记录在任务工单中。

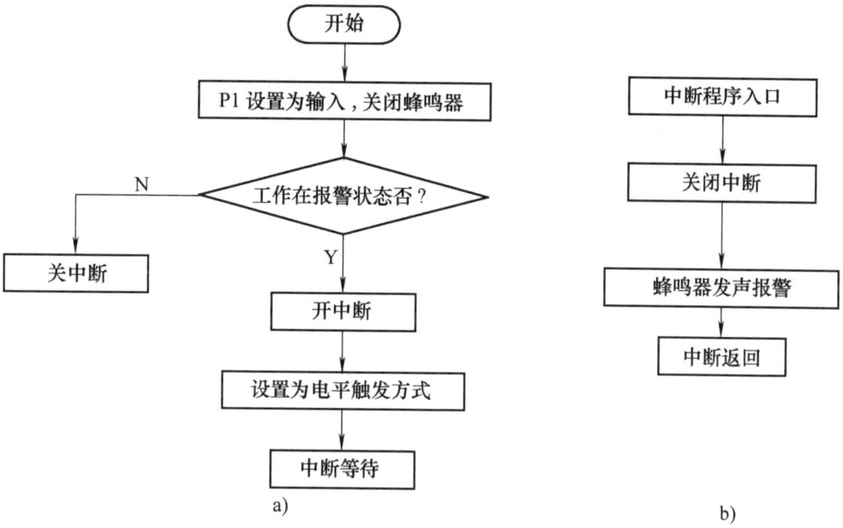

图 2-29　程序流程图

a）主程序　b）中断服务子程序

6）完成实训操作，关闭电源，拆除接线，整理归位。

7）完成任务工单中相关题目。

参考程序：

```
        ORG     0000H
        LJMP    MAIN
        ORG     0003H               ；中断入口地址
        LJMP    LL
        ORG     0030H
MAIN：  MOV     P1，#0FFH           ；P1 设为输入
        MOV     A，P1               ；读 P1 口状态
        SETB    P1.1                ；关闭蜂鸣器
        JB      ACC.7，TT           ；P1.7 =1 允许报警
        CLR     EA                  ；P1.7 =0 不允许报警
        CLR     EX0
        LJMP    KK
TT：    SETB    EX0                 ；INT0 允许中断
        SETB    EA
        CLR     IT0                 ；电平触发方式
KK：    AJMP    $                   ；中断等待
LL：    CLR     EA                  ；关闭中断
        CLR     P1.1                ；蜂鸣器报警
        AJMP    $                   ；无外界干扰，一直报警
        RETI
        END
```

强化训练

设计汽车配件流水线监视器。具体要求：用 T0 监视一汽车配件生产流水线，每生产 100 个工件，发出 1 个包装命令，即给接包装机开关的 P1.0 引脚高电平，包装成一箱，并记录其箱数，包装一箱用时 1s。电路如图 2-30 所示，图中 VL1 为红外发光二极管，VD1 为红外光电二极管，当 VD1 接收到 VL1 发出的红外光时导通，T0 输入端产生一个负脉冲作为计数脉冲。

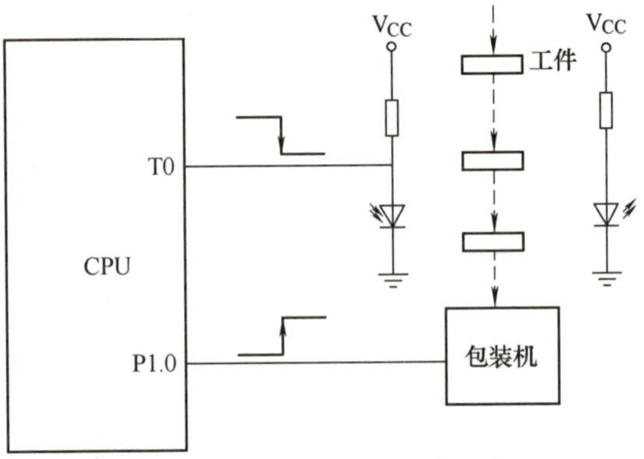

图 2-30　汽车配件流水线电路

任务分析：

图 2-30 中 T0 用作计数器，T0 每计数 100 个，计满溢出，申请中断。CPU 响应中断，向 P1.0 发出高电平（1s），控制包装机打包。打包完成后，再给 P1.0 低电平。

T0 的 4 种工作方式均可满足计数要求，最大计数值都超过 100，而工作方式 2 具有自动重装载功能，因此选用 T0 工作方式 2 进行计数，并确定 TMOD 的值和计数初值：

工作方式控制器 TMOD = 00000110B = 06H

计数初值 $N = 2^8 - 100 = 9CH$

假设用 30H（低位）和 31H（高位）单元记录箱数，根据以上分析，程序流程图如图 2-31 所示。

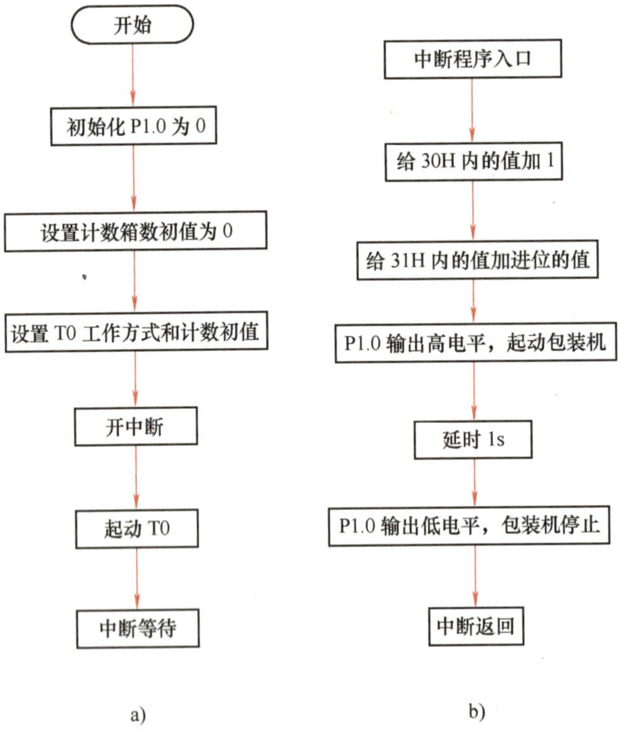

图 2-31　程序流程图

a）主程序　b）中断服务子程序

参考程序：

```
        ORG    0000H
        LJMP   MAIN
        ORG    000BH          ；中断入口地址
        LJMP   DD1
        ORG    0030H
MAIN：  MOV    P1，#00H       ；P1.0 无信号输出
        MOV    30H，#00H      ；箱数计数器低位清零
        MOV    31H，#00H      ；箱数计数器高位清零
        MOV    TMOD #06H      ；设置 TMOD
        MOV    TH0，#9CH      ；设置计数初值
        MOV    TL0，#9CH      ；设置计数初值
        MOV    IE，#82H       ；开中断
        SETB   TR0            ；启动 T0
        AJMP   $              ；中断等待
DD1：   MOV    A，30H
        ADD    A，#01H        ；计数器加 1
        MOV    30H，A         ；保存低位
        MOV    A，#00H
        ADDC   A，#00H        ；若有进位，加进位
        MOV    31H，A
        SETB   P1.0           ；起动包装机
        ACALL  DL1S           ；延时 1s
        CLR    P1.0           ；包装机停止
        RETI                  ；中断返回
DL1S：  MOV    R5，#20        ；延时 1s 子程序
DELL：  MOV    R7，#200
DEL1：  MOV    R6，#123
        NOP
DEL2：  DJNZ   R6，DEL2
        DJNZ   R7，DEL1
        DJNZ   R5，DELL
        RET
        END
```

习　题

1. 51 系列单片机有________、________、________、________、________共 5 个中断源。

2. 题 1 中 5 个中断源对应的入口地址分别是________、________、________、________、________。

3. 5 个中断源都可以设置成高优先级或低优先级，它们的自然优先级顺序由高到低是________、________、________、________、________。

4. TCON 各位的含义是什么？

5. IE 各位的含义是什么？

6. IP 各位的含义是什么？

任务四　流水灯设计

知识目标

1. 理解单片机定时/计数器的内部结构和工作原理。

2. 掌握定时/计数器工作方式寄存器 TMOD 和控制寄存器 TCON 的结构、控制作用和设置方法。

3. 理解定时/计数器的 4 种工作方式，重点掌握工作方式 1 和工作方式 2 的应用。

能力目标

1. 能根据需要选择定时/计数器的工作方式。

2. 能计算定时/计数器的初值。

3. 能对单片机定时/计数器进行初始化。

4. 能用单片机定时/计数器进行流水灯的设计。

5. 能用单片机定时/计数器进行脉冲宽度的测量。

任务相关知识

在单片机应用系统中，常常会有定时控制需求，或对外部事件进行计数。51 系列单片机内部集成有两个可编程的 16 位二进制的定时/计数器 T0 和 T1。它们既可以工作于定时模式，也可以工作于外部事件计数模式，T1 还可以作为串行接口的波特率发生器。

1. 51 系列单片机定时/计数器的结构和工作原理

（1）定时/计数器的结构

51 系列单片机定时/计数器的结构框图如图 2-32 所示。定时/计数器由定时/计数器工作方式寄存器 TMOD、定时/计数器控制寄存器 TCON、定时/计数器 T0 和定时/计数器 T1 组成。T0 和 T1 都有定时和计数两种功能，都可以由软件设置成定时工作方式或计数工作方式，都是一个 16 位的加 1 计数器。16 位的加 1 计数器由两个 8 位的特殊功能寄存器构成，用于存放定时或计数的初值。

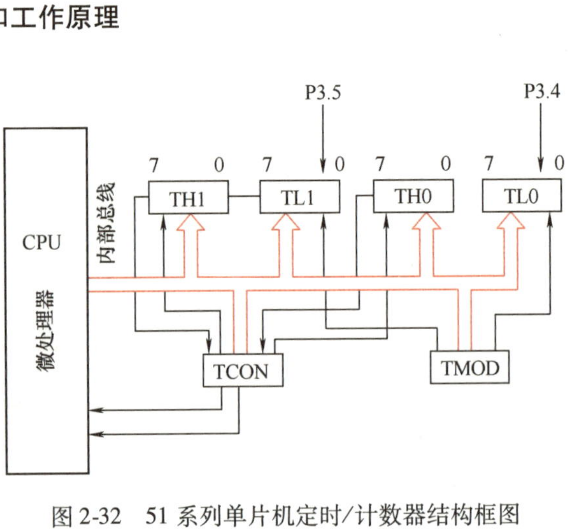

图 2-32　51 系列单片机定时/计数器结构框图

（2）定时/计数器的工作原理

1）定时工作方式：定时器对片内振荡器输出的脉冲经 12 分频后的新信号进行计数，即每个机器周期都使定时器的数值加 1，直至计满溢出。

2）计数工作方式：通过 T0（P3.4）和 T1（P3.5）两个引脚对外部脉冲信号进行计数。

当输入脉冲信号产生一个由 1→0 的下降沿时，计数器值加 1，即前一个周期采样值为 1，下一个机器周期采样值为 0，则计数器加 1。

2. 定时/计数器工作方式寄存器和控制寄存器

定时/计数器除了可以选择定时或计数工作方式外，每个定时/计数器还有 4 种工作方式（工作方式 0～3），这 4 种工作方式的选择和控制是由工作方式寄存器 TMOD 和控制寄存器 TCON 两个寄存器决定的。

（1）工作方式寄存器 TMOD

TMOD 不能位寻址，只能用整字节写入来设置工作方式，复位时都清零，各位的含义如下：

	←定时器 T1→				←定时器 T0→			
	D7	D6	D5	D4	D3	D2	D1	D0
TMOD（89H）	GATE	$C/\overline{T}$	M1	M0	GATE	$C/\overline{T}$	M1	M0

1）M1、M0（工作方式控制位）：M0、M1 的 4 种工作方式见表 2-5。

表 2-5　M0、M1 的 4 种工作方式

M1 M0	工作方式	功能描述	M1 M0	工作方式	功能描述
0　0	0	13 位计数器	1　0	2	自动重装载 8 位计数器
0　1	1	16 位计数器	1　1	3	T0：分成两个 8 位计数器 T1：不工作

2）$C/\overline{T}$（计数/定时器工作方式选择位）：

$C/\overline{T}=0$：设置为定时工作方式，定时器对片内脉冲进行计数，即对机器周期进行计数。

$C/\overline{T}=1$：设置为计数工作方式，对 T0（P3.4）或 T1（P3.5）引脚对引入的外部脉冲进行计数。

3）GATE（门控位）：

GATE＝0：只要软件使 TR0（或 TR1）置 1，就可以启动定时器，无论$\overline{INT0}$（或$\overline{INT1}$）的电平是高还是低。

GATE＝1：只有$\overline{INT0}$（或$\overline{INT1}$）引脚为高电平，且软件把 TR0（或 TR1）置 1 时，才能启动定时器。

（2）控制寄存器 TCON

TCON 可位寻址，也可字节寻址，复位时都清零，各位的含义如下：

1）TF0：T0 的溢出标志位，当 T0 溢出时，由硬件自动中断计数，触发器使 TF0 置 1，并向 CPU 申请中断，当 CPU 响应中断进入中断服务程序后，TF0 又被硬件自动清零，TF0 也可以用软件清零。TF1：T1 的溢出标志位，功能和操作与 TF0 相同。

2）TR0：T0 运行控制位。TR1：T1 运行控制位。

3）IE0：外部中断 0 请求标志。IE1：外部中断 1 请求标志。

4）IT0：外部中断 0 触发方式选择位。IT1：外部中断 1 触发方式选择位。

3. 四种工作方式

（1）工作方式 0

当 TMOD 的 M1M0 为 00 时，定时/计数器工作于工作方式 0，为 13 位的定时/计数器，由 TL0 的低 5 位（高 3 位未用）和 TH0 的 8 位组成。逻辑结构框图如图 2-33 所示。

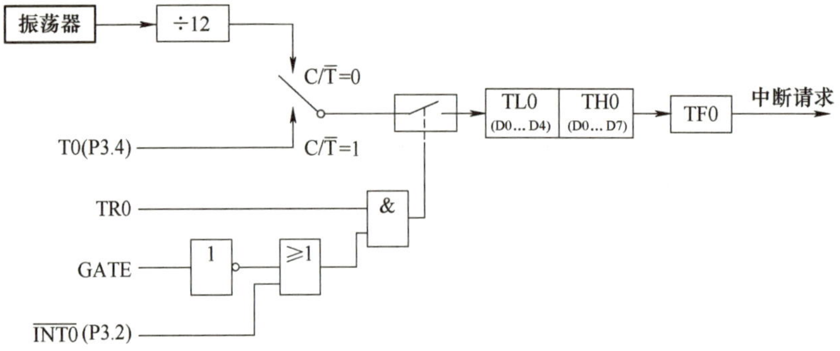

图 2-33　定时/计数器工作方式 0 的逻辑结构框图

1）TH0、TL0：在该工作方式下，T0、T1 工作方式是一样的，以 T0 为例，定时器的高 8 位 TH0 和低 5 位 TL0 组成一个 13 位定时/计数器，即 16 位的寄存器只用了 13 位，其中 TL0 的高 3 位未用，低 5 位作 13 位中的低 5 位，TH0 的高 8 位占用 13 位中的高 8 位。当 TL0 的低 5 位溢出时，向 TH0 进位；当 TH0 溢出时，向中断标志位 TF0 进位，并向 CPU 发出中断请求。T0 是否溢出，可查询 TF0 是否被置 1（以产生 T0 中断）。

2)：C/$\overline{T}$

C/$\overline{T}$ = 0，设置为定时工作方式，定时器对片内脉冲进行计数，即对机器周期进行计数。定时时间为

$$t = (2^{13} - \text{T0 初值}) \times \text{机器周期}$$

C/$\overline{T}$ = 1，设置为计数工作方式，对 T0（P3.4）或 T1（P3.5）引脚引入的外部脉冲进行计数。当外部发生由 1→0 跳变时，计数器加 1。

3）GATE：

GATE = 0 时，$\overline{INT0}$引脚不起作用，T0 的开启和关闭只受到 TR0 的影响。

GATE = 1 时，只有当$\overline{INT0}$和 TR0 引脚都为 1 时，才能开启定时器 T0。这一特性，可以用来测量引脚上出现的正脉冲宽度。

（2）工作方式 1

当 TMOD 的 M1M0 为 01 时，定时/计数器工作于工作方式 1，为 16 位的定时/计数器，逻辑结构框图如图 2-34 所示。

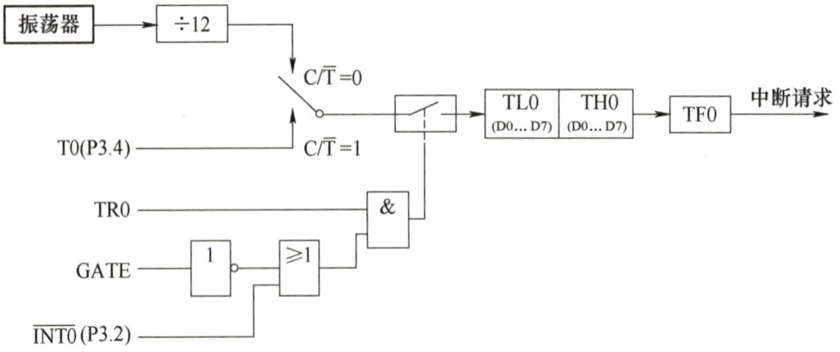

图 2-34　定时/计数器工作方式 1 的逻辑结构框图

(3) 工作方式2

当TMOD的M1M0为10时，定时/计数器工作于工作方式2，为自动重装初值的定时/计数器，逻辑结构框图如图2-35所示。

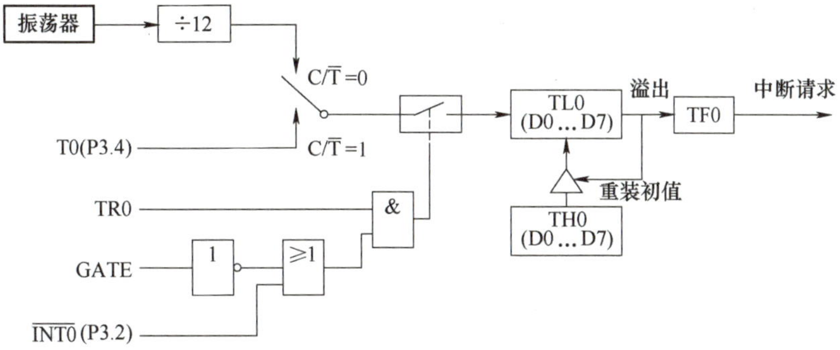

图2-35 定时/计数器工作方式2的逻辑结构框图

在这种工作方式下，T0、T1工作方式是一样的，以T0为例，把16位计数器拆成两个TL0和TH0，TL0用作8位计数器，TH0用以保存初值。在程序初始化时，TL0和TH0由软件赋予相同的初值，若TL0计数溢出，便置位TF0，并将TH0里的初值自动装入到TL0中。工作方式2用作定时器时，定时时间为

$$t=(2^8-\text{T0 初值})\times \text{机器周期}$$

工作方式2用作计数器时，最大计数长度为$2^8=256$，计数个数$N=2^8-X$（X为初值）。

(4) 工作方式3

当TMOD的M1M0为11时，定时/计数器工作于方式3，逻辑结构框图如图2-36所示。工作方式3是为了增加一个附加的8位定时/计数器而设置的，从而使51系列单片机具有3个定时/计数器。

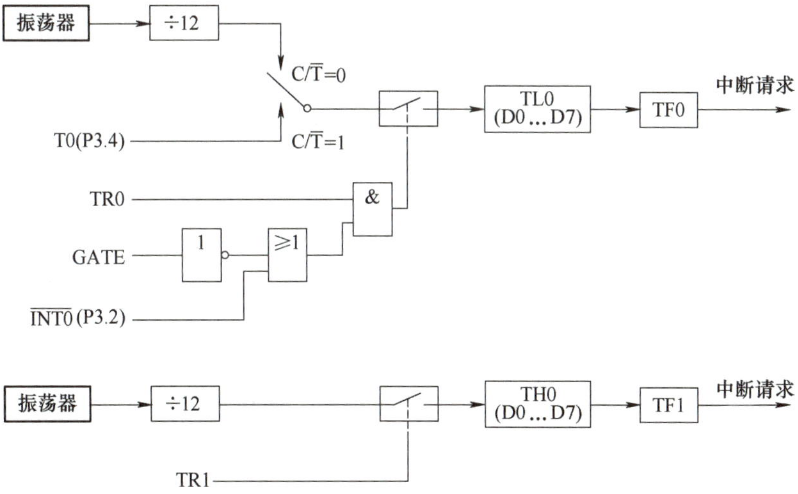

图2-36 定时/计数器工作方式3的逻辑结构框图

该工作方式只适用于T0（T1不工作）。T0被拆成两个相互独立的8位计数器，其中TL0使用原T0的各控制位，TL0除了是8位计数器外，其余跟工作方式0、1完全一样；而TH0只能用作定时器，它占用了T1的TR1和TF1两位，即占用了T1的中断标志位和运行

控制位，它的开启和关闭，只受 TR1 和 TF1 两位的影响。

4. 定时/计数器的初始化

（1）定时/计数器工作方式的选择

因为在不同工作方式下计数器位数不同，所以最大计数值也不同。

现假设最大计数值为 M，那么各工作方式下的最大值 M 值如下：

工作方式 0：$M = 213 = 8192$

工作方式 1：$M = 216 = 65536$

工作方式 2：$M = 28 = 256$

工作方式 3：T0 分成两个 8 位计数器，所以两个 M 均为 256。

（2）定时/计数器的初值计算

1）计数器初值的计算。因为定时/计数器中的计数器是在计数初值基础上做“加 1”计数的，并能在计数器从全“1”变为全“0”时，自动产生定时溢出中断请求。所以把计数器计满为零所需要的计数值设为 C，初值 X 可以这样计算：

$$X = M - C$$

式中，M 为计数器最大计数值，与计数器工作方式有关；C 为所需的计数值。

2）定时器初值的计算。在定时器模式下，计数器由单片机主脉冲经 12 分频后计数。因此，定时器定时时间 T 为

$$T = (T - TC)T_{计数}$$

式中，T 为定时所需要的时间；TC 为定时初值，$T_{计数}$ 为计数脉冲周期。

其中：

$$T_{计数} = 12/f_s = t_{cp}$$

式中，f_s 为晶振频率；t_{cp} 为晶振周期。

则定时初值为

$$TC = M - T/T_{计数}$$

当 $TC = 0$ 时，则定时器定时时间为最大。由于 M 的值和定时器工作方式有关，所以不同工作方式下定时器的最大定时时间也不一样。

假设单片机主脉冲频率为 12MHz，则最大定时时间如下：

工作方式 0：$T_{max} = 2^{13} \times 1\mu s = 8.192ms$

工作方式 1：$T_{max} = 2^{16} \times 1\mu s = 65.536ms$

工作方式 2、3：$T_{max} = 2^{8} \times 1\mu s = 0.256ms$

（3）定时/计数器的初始化步骤

由于定时/计数器的功能是由软件编程确定的，所以一般在使用定时/计数器前都要对其进行初始化，使其按设定的功能工作。初始化的步骤一般如下：

1）确定工作方式，即对 TMOD 赋值。

2）预置定时或计数的初值，直接将初值写入 TH0、TL0 或 TH1、TL1。

3）根据需要开放定时/计数器的中断，直接对 IE 位赋值。

4）启动定时/计数器，将 TR0 或 TR1 置“1”。若已规定由外中断引脚电平启动，则需给外引脚步加启动电平。当实现了启动要求后，定时/计数器即按规定的工作方式和初值开始计数或定时。

初步训练

设计一款流水灯。具体要求：P1 口上接 8 个 LED（$VL_1 \sim VL_8$），如图 2-37 所示，利用单片机定时器控制 LED 顺次闪亮 1s，并一直循环闪亮，晶振 $f_{osc} = 12MHz$。

任务分析：

要实现 1s 的定时，这个值显然已超过定时器的最大定时时间。为此，只有采用定时器定时和软件技术相结合的方法才能解决。程序流程图如图 2-38 所示。

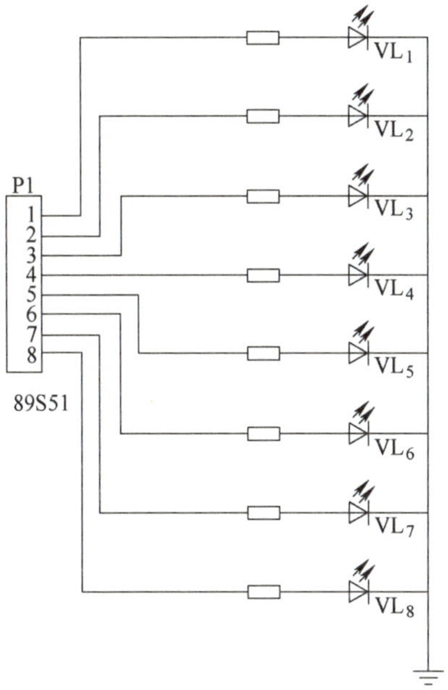

图 2-37　流水灯电路原理图

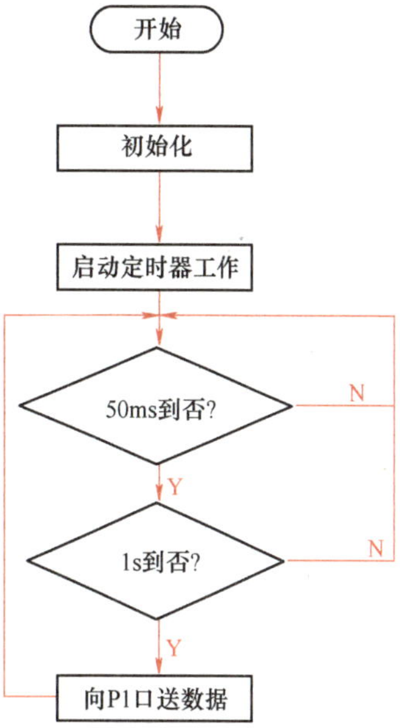

图 2-38　程序流程图

一种方法是采用定时器中断方式，采用定时器 T0 定时 50ms，用 R3 作为软件计数器（R3 = 20）。每当 T0 定时 50ms 时 CPU 就相应溢出中断请求，进入中断服务程序。在中断服务程序中，CPU 先使软件计数器 R3 数值减 1，然后判断它是否为零：若 R3 为零，则表示 1s 已到，恢复软件初值（即 R3 = 20）和修改 P1 口的数值，然后返回主程序；若不为零，则表示 1s 未到，也返回主程序。

另一种方法式采用查询方式，跟上面的方法很相似，不同之处是不需要中断和中断服务程序。查询的对象是定时器 T0 的溢出标志 TF0，在定时器计数过程中，TF0 为 0，当 T0 定时时间 50ms 时，计数器溢出使 TF0 置 1，同时软件计数器 R3 数值减 1，当 R3 = 0 时，表示 1s 已到。由于未采用中断，TF0 置 1 后不会自动复位为 0，故需用指令使 TF0 复位为 0。两种方式都需要在主程序中对定时器 T0 进行初始化。

定时器 T0 初始化步骤如下：

（1）设置 TMOD

定时器 T0 工作在工作方式 1，应使 TMOD 的 M0 M1 = 01、$C/\overline{T} = 0$（为定时器工作模式）；设置 GATE = 0，使 T0 的开启和关闭仅由 TR0 来控制。定时器 T1 不使用，各相关位均设为 0。所以，TMOD 初始化设置为 0x01。

（2）计算定时器 T0 的定时初值

设定时时间为 50ms，则 T0 的定时初值为

$$TC = M - T/T_{计数} = 2^{16} - 50ms/1\mu s = 15536 = 3CB0H$$

其中，0x3C 装入 TH0，0xB0 装入 TL0。

（3）设置 IE 寄存器

采用 T0 中断，IE 寄存器中的 EA、ET0 位置 1。

（4）启动和停止定时器 T0

定时器控制寄存器 TCON 中的 TR0 为 1，则启动定时器 T0；TR0 为 0，则停止定时器 T0。

操作步骤：

1）将单片机 V_{CC}接 +5V，GND 接地，$\overline{EA}$接 +5V。

2）将 P1 口依次接 8 个 LED，打开电源。

3）打开 Keil μVision4 软件，根据流程图进行编程，并调试通过，生成 HEX 文件。

4）将生成的 HEX 文件下载到单片机中。

5）观察 LED 现象，并记录在任务工单中。

6）完成实训操作，关闭电源，拆除接线，整理归位。

7）完成任务工单中相关题目。

参考程序：

（1）定时器中断方式

```
        ORG     0000H
        AJMP    MAIN
        ORG     000BH
        AJMP    INTS                ；T0 中断入口地址
        ORG     0100H
MAIN：  MOV     SP，#60H
        MOV     R1，#20
        MOV     R0，#00
        MOV     TMOD，#01H          ；置 T0 为工作方式 1
        MOV     TL0，#0B0H          ；装入定时初值
        MOV     TH0，#3CH
        SETB    TR0                 ；启动定时器 T0
        SETB    ET0                 ；开定时器中断
        SETB    EA                  ；开总中断
HERE：  SJMP    HERE                ；循环等待
INTS：                              ；T0 中断服务程序
        PUSH    ACC                 ；保护现场
        PUSH    PSW
        PUSH    DPL
        PUSH    DPH
        CLR     TR0                 ；关中断
```

```
        MOV     TL0, #0B0H          ; 重新装入定时初值
        MOV     TH0, #3CH
        SETB    TR0                 ; 开中断
        DJNZ    R1, EXIT            ; 判断 1s 是否来到
        MOV     R1, #20
        MOV     DPTR, #TABLE        ; 设置常数表基址
        MOV     A, R0               ; 设置常数表偏移量
        MOVC    A, @A+DPTR          ; 读表
        MOV     P1, A               ; 给 P1 口赋值
        INC     R0
        CJNE    R0, #08H, EXIT
        MOV     R0, #00H
EXIT:   POP     DPH                 ; 恢复现场
        POP     DPL
        POP     PSW
        POP     ACC
        RETI                        ; 中断返回
TABLE:  DB      01H, 02H, 04H, 08H, 10H, 20H, 40H, 80H
        END
```

（2）定时器查询方式：

```
        ORG     0000H
        MOV     P1, #0
        MOV     R0, #0
        MOV     R1, #20
        MOV     TMOD, #01H
        MOV     TL0, #0B0H
        MOV     TH0, #3CH
        SETB    TR0
LOOP:   JBC     TF0, NEXT1          ; 等待 TF1 =0
        SJMP    LOOP
NEXT1:  CLR     TF0                 ; 清除 TF0, 使 TF0 =0
        DJNZ    R1, NEXT2           ; 判断 1s 是否到
        CLR     TR0                 ; 关中断
        MOV     R1, #20
        MOV     DPTR, #TABLE        ; 设置常数表基址
        MOV     A, R0               ; 设置常数表偏移量
        MOVC    A, @A+DPTR          ; 读表
        MOV     P1, A
        INC     R0
```

```
        CJNE    R0, #08H, NEXT2
        MOV     R0, #00H
        SJMP    NEXT2
NEXT2:  MOV     TL0, #0B0H          ; 重新赋初值
        MOV     TH0, #3CH
        SETB    TR0                 ; 开中断
        SJMP    LOOP
TABLE:  DB      01H, 02H, 04H, 08H, 10H, 20H, 40H, 80H
        END
```

强化训练

设计脉冲宽度测量系统。具体要求：利用 T0 门控位 GATE，测量$\overline{\text{INT0}}$（P3.2）引脚上正脉冲的宽度（设晶振频率为 12MHz，正脉冲宽度小于 65ms），测量结果存放在 40H、41H 单元中。被测脉冲波形图如图 2-39 所示。

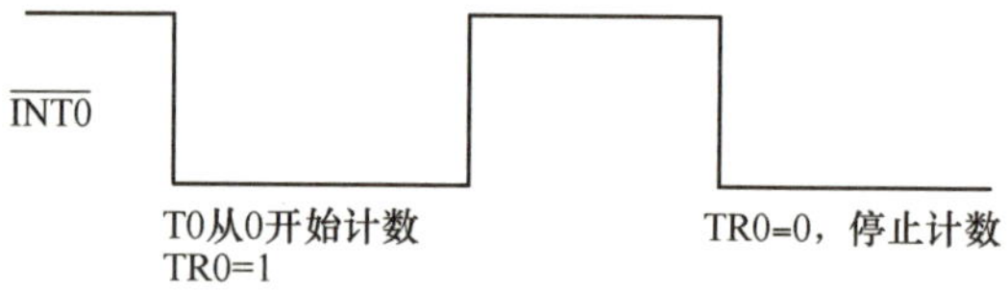

图 2-39 脉冲波形图

任务分析：

根据要求设置 T0 为工作方式 1，GATE 置 1，计数开始由$\overline{\text{INT0}}$控制，置位 TR0 启动计数，一旦$\overline{\text{INT0}}$（P3.2）引脚出现高电平即开始计数，直至出现低电平，停止计数。然后读取 T0 计数寄存器 TL0 和 TH0 的值并存入 41H 和 40H 单元中，即为正脉冲的宽度。

程序流程图如图 2-40 所示。

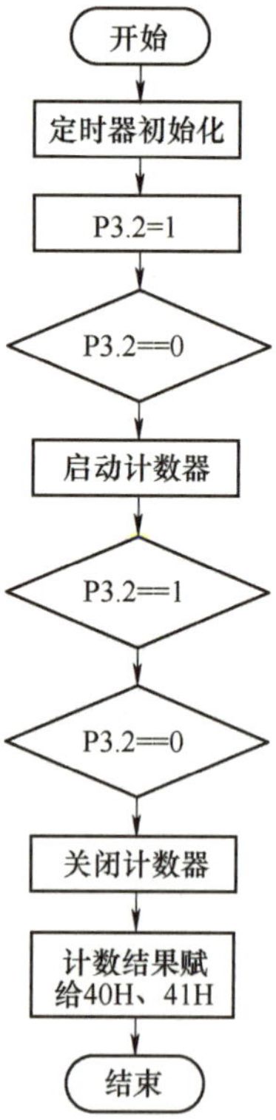

图 2-40 程序流程图

参考程序：

```
        ORG     0000H
        JMP     MAIN
        ORG     0030H
MAIN:
        MOV     TMOD, #09H          ; 设置T0为工作方式1，为高电平时启动定时器
        MOV     TL0, #00H           ; T0从0开始计数
        MOV     TH0, #00H
        SETB    P3.2                ; 置P3.2为输入
        JB      P3.2, $             ; 等待处于低电平
        SETB    TR0                 ; T0开始计数
        JNB     P3.2, $             ; 等待变为高电平
        JB      P3.2, $             ; 等待变为低电平
        CLR     TR0                 ; 停止计数
        MOV     41H, TH0            ; 结果高8位存入41H
        MOV     40H, TL0            ; 结果低8位存入40H
        SJMP    $
        END
```

注意：由于工作方式1的16位计数长度有限，被测脉冲高电平宽度只能小于65536个机器周期。

习　题

1）89S51定时/计数器在什么情况下是定时器？在什么情况下是计数器？

2）89S51中有几个定时/计数器？是加1计数，还是减1计数？

3）定时/计数器有几种工作模式？每种工作模式有几种工作方式？它们之间有何区别？

4）定时/计数器的定时频率和计数频率如何确定？对外部计数频率有何限制？

5）叙述TCON中有关定时/计数器操作的控制位的名称、含义和功能。

6）写出TMOD的结构、各位名称和作用。

7）已知单片机时钟频率$f_{osc}=6MHz$，当要求定时时间为2ms或5ms且定时器分别工作在工作方式0、1和2时，定时器的定时初值各是多少？

任务五　电子音乐设计

知识目标

1. 回顾蜂鸣器驱动的工作原理。
2. 了解产生音乐声音的原理。
3. 掌握音符频率初值*TC*的计算。

能力目标

1. 能根据需要选择定时/计数器的工作方式、计算定时/计数器的初值。
2. 能用单片机定时/计数器实现倒车警示音设计。
3. 能用单片机实现电子音乐设计。

任务相关知识

利用51系列单片机I/O口输出一定频率的方波脉冲，驱动蜂鸣器，发出不同的声调，可以实现电子音乐的演奏。但首先要清楚音乐的音调和节拍这两个概念。

1. 音调的产生

音调表示一个音符的频率，即“音高”。要产生音频脉冲，只要知道音符的频率，即可利用单片机的定时/计数器产生脉冲频率信号驱动蜂鸣器来实现。

例如，要产生频率为587Hz的音频脉冲，其脉冲周期为

$$T = 1/f = 1/587\text{s} \approx 1704\mu\text{s}$$

其半周期为852μs，因此可以利用单片机每定时852μs后将I/O反相实现。

若单片机晶振频率为f_{osc}，采用单片机定时器工作方式1，产生周期为T的方波脉冲，则定时器的定时初值为

$$TC = 2^{16} - T \times 0.5/\text{机器周期} = 2^{16} - Tf_{osc}/24$$

表2-6为C调音符频率与单片机定时器定时初值（*TC*值）对应表。

表2-6　C调音符频率与单片机定时器定时初值（*TC*值）对应表

音符	频率/Hz	*TC*值	音符	频率/Hz	*TC*值	音符	频率/Hz	*TC*值
低1DO	262	63628	中1DO	523	64580	高1DO	1046	65095
低2RE	294	63835	中2RE	587	64684	高2RE	1175	65110
低3ME	330	64021	中3ME	659	64777	高3ME	1319	65157
低4FA	349	64103	中4FA	698	64820	高4FA	1397	65160
低5SO	392	64260	中5SO	784	64898	高5SO	1568	65127
低6LA	440	64400	中6LA	880	64968	高6LA	1760	65252
低7SI	494	64524	中7SI	988	65030	高7SI	1967	65282

2. 节拍的产生

节拍为一个音符持续的时间。每个音符使用一个字节，字节的高4位代表音符的频率，低4位代表音符的节拍，表2-7为节拍与节拍码对照表。

表2-7　节拍与节拍码对照表

节拍码	节　拍	节拍码	节　拍
1	1/4拍	1	1/8拍
2	2/4拍	2	2/8拍
3	3/4拍	3	3/8拍
4	4/4拍	4	4/8拍
5	5/4拍	5	5/8拍
6	6/4拍	6	6/8拍
8	8/4拍	8	8/8拍
A	9/4拍	A	9/8拍
C	12/4拍	C	12/8拍
F	15/4拍		

以 1 拍的时长为 400ms 为例，则当以四分音符为节拍时，四分音符的时长就为 400ms，八分音符的时长为 200ms，十六分音符的时长就为 100ms，可以采用单片机循环延时的方法来实现。假设 1/4 拍为 1DELAY，2/4 拍为 2DELAY，1 拍应为 4DELAY，以此类推。所以只要求得 1/4 拍的 DELAY 时间，其余的节拍是它的倍数。表 2-8 为 1/4 和 1/8 节拍的时间设定。

表 2-8　1/4 和 1/8 节拍的时间设定

1/4 节拍的时间		1/8 节拍的时间	
曲调值	DELAY	曲调值	DELAY
调 4/4	125ms	调 4/4	62ms
调 3/4	187ms	调 3/4	94ms
调 2/4	250ms	调 2/4	125ms

3. 实现方法

通过上面介绍音符音调和节拍的相关知识，以及它们在单片机系统中的确定方法，就可以利用单片机实现音乐演奏。具体的实现方法如下：

1）将乐谱中的每个音符的音调和节拍转换成相应的音调参数和节拍参数。

2）将它们做成数据表格，存放在单片机 ROM 存储器中。

3）通过程序取出音调和节拍的相关参数，播放乐曲。

另外，对于乐曲中的休止符，一般其音调参数设置为 FFH 或 00H，乐曲结束用节拍参数 00H 来表示。

初步训练

设计一款倒车警示音系统。具体要求：利用定时器 T1 的中断控制 P1.0 引脚输出频率为 500Hz 的方波音频信号，驱动蜂鸣器发出警示音，晶振 $f_{osc}=12\text{MHz}$。

任务分析：

设计电路图如图 2-41 所示，方波音频信号的周期为 2ms，因此 T1 的定时中断时间为 1ms，进入中断服务程序后，对 P1.0 求反。使用定时器 T1 工作方式 1，则定时器定时初值为

$$TC = M - T/T_{计数} = 2^{16} - 1\text{ms}/1\mu\text{s} = 64536 = \text{FC18H}$$

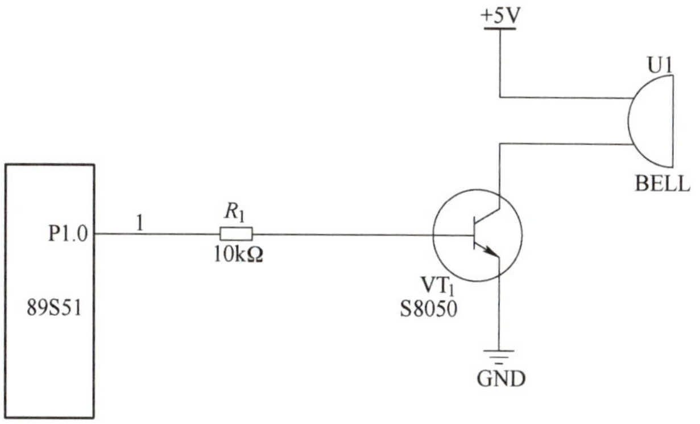

图 2-41　倒车警示音系统电路

程序流程图如图 2-42 所示。

操作步骤：

1）将单片机 V_{CC}接 +5V，GND 接地，$\overline{EA}$接 +5V。

2）将 P1.0 引脚接到蜂鸣器，打开电源。

3）打开 Keil μVision4 软件，根据流程图进行编程，并调试通过，生成 HEX 文件。

4）将生成的 HEX 文件下载到单片机中。

5）观察蜂鸣器现象，并记录在任务工单中。

6）完成实训操作，关闭电源，拆除接线，整理归位。

7）完成任务工单中相关题目。

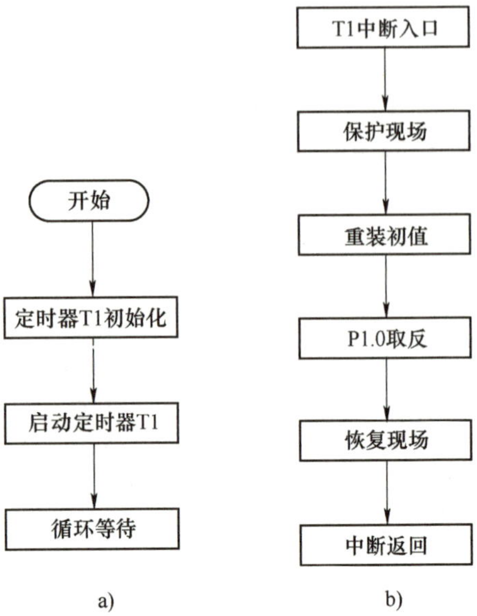

图 2-42 程序流程图

a）主程序 b）中断服务子程序

参考程序：

```
        ORG     0000H
        AJMP    MAIN
        ORG     001BH
        AJMP    INTS            ；T1 中断入口地址
        ORG     0100H
MAIN：  MOV     SP，#60H
        MOV     TMOD，#10H      ；置 T0 为工作方式 1
        MOV     TL0，#0FCH      ；装入定时初值
        MOV     TH0，#18H
        SETB    TR1             ；启动定时器 T0
        SETB    ET1             ；开定时器中断
        SETB    EA              ；开总中断
HERE：  SJMP    HERE            ；循环等待
INTS：                          ；T0 中断服务程序
        PUSH    ACC             ；保护现场
        PUSH    PSW
        PUSH    DPL
        PUSH    DPH
        CLR     TR1             ；关中断
        CPL     P1.0            ；P1.0 输出求反
        MOV     TL0，#0FCH      ；重新装入定时初值
        MOV     TH0，#18H
        SETB    TR1             ；开中断
        POP     DPH             ；恢复现场
        POP     DPL
```

```
        POP     PSW
        POP     ACC
        RETI                        ; 中断返回
        END
```

强化训练

利用单片机、蜂鸣器演奏《兰花草》。

C 调 4/4 拍：

| 6 3 3 3 3·2 |1 2 1 7 6 – |6 6 6 6 6·5 |3 5 5 4 3 – |3 6 6 5 3·2 | 1 2 1 7 6·3|3 1 1 7 6·3 | 2 1 7 5 6 – |

任务分析：

首先确定简谱对应的简谱码、*TC* 值，然后确定各音符的节拍数相对应基准定时单位的倍数。画出程序流程。

程序流程图如图 2-43 所示。

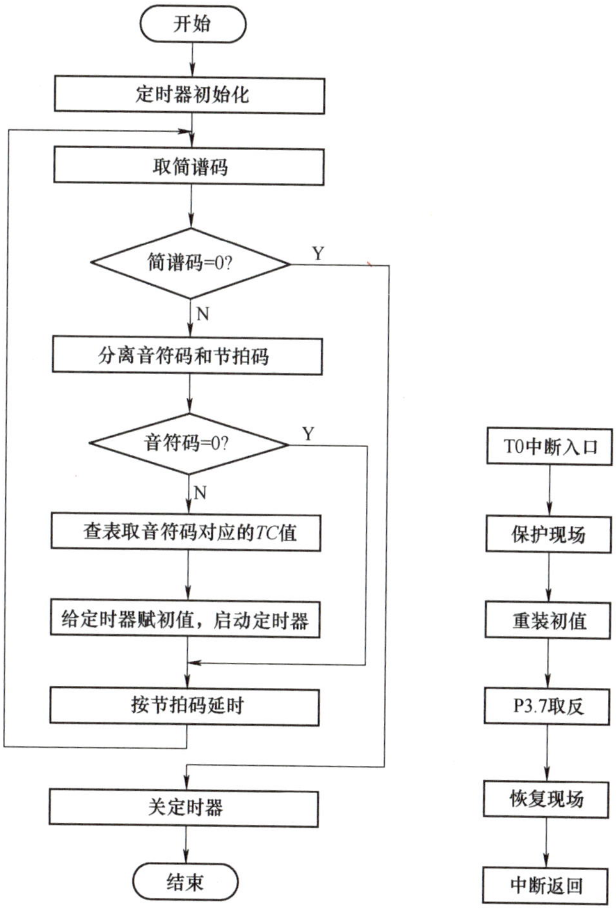

a)　　　　　　b)

图 2-43　程序流程图

a）主程序　b）中断服务子程序

参考程序：

扫二维码获取。

习　题

1. 蜂鸣器按其结构主要分为__________和__________两种类型；蜂鸣器按其是否带有信号源又分为__________和__________两种类型。

2. 单片机晶振频率为6MHz，采用单片机定时器工作方式1产生频率为1KHz的方波脉冲，则定时器的初值为__________。

3. 要产生音频脉冲，只要知道音频的频率，即可利用单片机的__________来产生方波频率信号驱动蜂鸣器来实现。

4. 要产生频率为262Hz的音频脉冲，其脉冲周期为__________，其半周期为__________μs，因此可以利用单片机每定时半周期，将I/O反相实现。

5. 节拍为一个音符持续的时间。若一拍的时长为400ms，则当以四分音符为节拍时，四分音符的时长就为__________，八分音符的时长为__________，十六分音符的时长就为__________。

6. 对于乐曲中的休止符，一般将其音调参数设置为__________，乐曲结束用节拍参数__________来表示。

任务六　汽车转向灯模拟控制设计

知识目标

1. 了解汽车转向灯的工作原理。
2. 掌握利用单片机模拟控制汽车转向灯的方法。

能力目标

1. 能用单片机设计汽车转向灯模拟控制系统。
2. 能利用单片机定时器设计汽车转向灯模拟控制系统。

任务相关知识

汽车转向灯控制系统在汽车电气控制系统中占有相当大的比重。在汽车起步、转弯、变更车道或路边停车时，需要打开转向信号灯以表示汽车的趋向，提醒周围车辆和行人注意，已达到安全行驶的目的。

转向灯分为主转向灯、侧转向灯和仪表板指示灯。主转向灯一般安装在汽车车头和车尾的左右两侧，用来指示车辆行驶趋向。汽车车侧装有侧转向灯，用于在转弯时警示旁边车辆。仪表板指示灯安装在车内，提示驾驶人转向。转向时，相应方向的灯光呈闪烁状；在紧急遇险需其他车辆注意避让时，全部转向灯可通过危险报警灯开关接通同时闪烁，请求其他车辆避让。闪烁频率为 50～110 次/min，一般控制在 60～95 次/min 之间。

初步训练

利用单片机设计一个简单的汽车转向灯模拟控制系统。

任务分析：

采用两个 LED 来模拟汽车左、右转向灯，两个开关来模拟左、右转向控制器。用单片机 P1.0 和 P1.1 引脚控制 LED 的亮灭状态，单片机 P3.2 和 P3.3 引脚接控制开关。左转向开关 S1 闭合，左转向灯 LED1 闪烁；右转向开关 S2 闭合，右转向灯 LED2 闪烁。LED 闪烁利用 1s 延时程序实现。控制电路如图 2-44 所示。

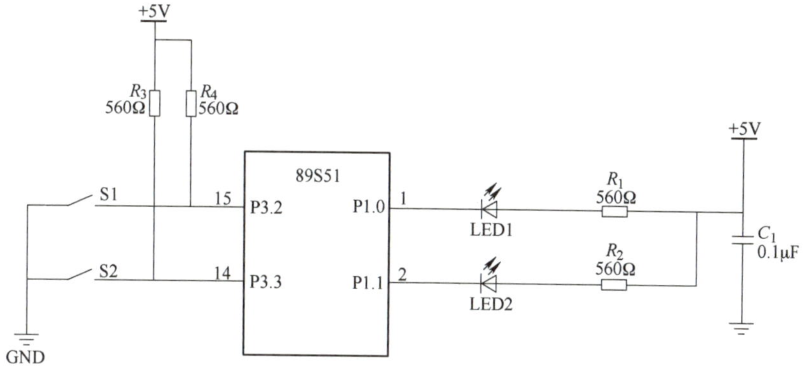

图 2-44　汽车转向灯控制电路

程序流程图如图 2-45 所示。

操作步骤：

1）将单片机 V_{CC}接 +5V，GND 接地，$\overline{EA}$接 +5V。

2）将 P1.0 接 LED1，P1.1 接 LED2，P3.2 接开关 S1，P3.3 接开关 S2，打开电源。

3）打开 Keil μVision4 软件，根据流程图进行编程，并调试通过，生成 HEX 文件。

4）将生成的 HEX 文件下载到单片机中。

5）闭合开关 S1 和 S2，观察 LED 情况，并记录在任务工单中。

6）完成实训操作，关闭电源，拆除接线，整理归位。

7）完成任务工单中相关题目。

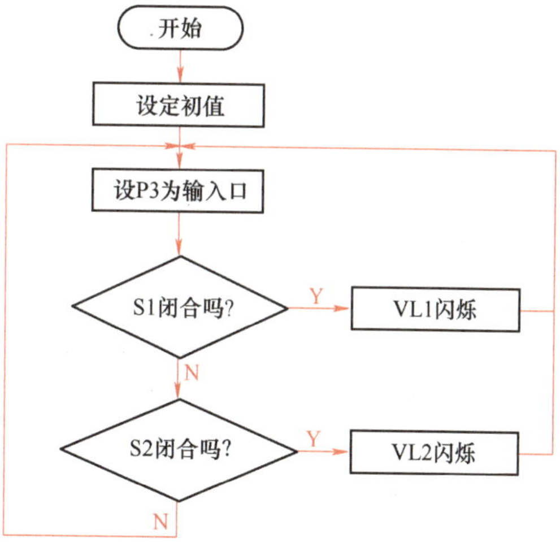

图 2-45　程序流程图

参考程序：

```
ORG     0000H
AJMP    MAIN
ORG     0030H
```

```
MAIN:   MOV    P1, #0FFH
        MOV    P3, #0FFH
TEST:   JB     P3.2, CASE1      ; 判断 S1 是否按下
        JB     P3.3, CASE2      ; 判断 S2 是否按下
CASE1:  SETB   P1.0             ; 左转向灯 LED1 闪烁
        LCALL  DELAY
        CLR    P1.0
        LCALL  DELAY
        AJMP   TEST
CASE2:  SETB   P1.1             ; 右转向灯 LED2 闪烁
        LCALL  DELAY
        CLR    P1.1
        LCALL  DELAY
        AJMP   TEST
DELAY:  MOV    R5, #10          ; 延时 1s 子程序
DL0:    MOV    R6, #250
DL1:    MOV    R7, #200
DL2:    DJNZ   R7, DL2
        DJNZ   R6, DL1
        DJNZ   R5, DL0
        RET                     ; 子程序返回
        END                     ; 结束
```

强化训练

设计一款具有左转、右转、制动、紧急和停靠功能的汽车转向灯模拟控制系统。具体要求如下：

1）车辆转向时，相应一侧的前转向灯、后转向灯及仪表板指示灯闪烁。

2）紧急开关闭合时要求 6 个信号灯全部闪烁。

3）制动时，2 个后转向灯亮。

4）汽车停靠时，前转向灯、后转向灯高频闪烁。

5）一般闪烁频率为 1Hz，高频闪烁频率为 10Hz。

驾驶操作时信号灯的对应情况见表 2-9，控制电路如图 2-46 所示。

表 2-9 驾驶操作时信号灯的对应情况

驾驶操作	信号灯					
	仪表板左转向灯	仪表板右转向灯	左前转向灯	右前转向灯	左后转向灯	右后转向灯
左转弯开关	闪烁	灭	闪烁	灭	闪烁	灭
右转弯开关	灭	闪烁	灭	闪烁	灭	闪烁
紧急开关	闪烁	闪烁	闪烁	闪烁	闪烁	闪烁
制动开关	灭	灭	灭	灭	亮	亮
停靠	灭	灭	高频闪烁	高频闪烁	高频闪烁	高频闪烁

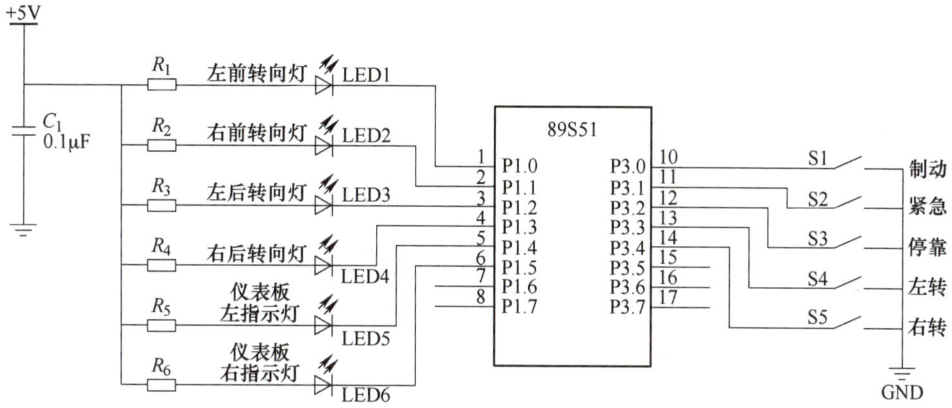

图 2-46　汽车转向灯控制电路

任务分析：

以上功能通过 6 个 LED（LED1 ~ LED6）模拟两个前转向灯、两个后转向灯和两个仪表板指示灯。利用 5 个开关 S1 ~ S5 模拟左转、右转、制动、应急和停靠的五个状态。通过单片机定时/计数器 T0 控制转向灯的闪烁频率。电路设计图如图 2-55 所示。

利用定时器 T0 工作方式 1，则 TMOD = 0x01。定时时间为 50ms，晶振频率为 12MHz，T0 的定时初值为

$$TC = M - T/T_{计数} = 2^{16} - 50\text{ms}/1\mu\text{s} = 15536 = 3\text{CB0H}$$

其中 0x3C 装入 TH0，0xB0 装入 TL0。

根据以上分析，程序流程图如图 2-47 所示。

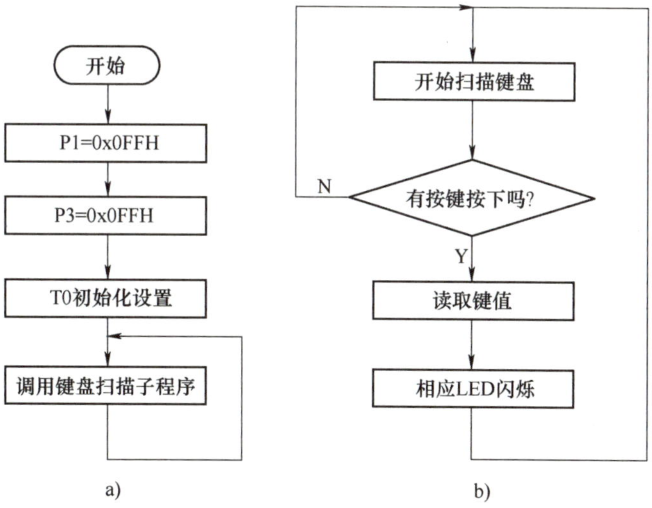

图 2-47　程序流程图

a）主程序　b）扫描键盘子程序

参考程序：

扫二维码获取。

习　题

1. 转向灯分为__________、__________和__________。

2. 主转向灯一般安装在__________，用来指示车辆行驶趋向。汽车车侧中间装有__________，用于在转弯时，警示旁边车辆。仪表板指示灯安装在__________，提示驾驶人转向。

3. 汽车转向时，相应方向的灯光呈__________；在紧急遇险需其他车辆注意避让时，全部转向灯__________，请求其他车辆避让。

4. 汽车转向灯闪烁频率为__________次/min，一般控制在__________次/min 之间。

◇◇◇ 项目四　交通信号灯模拟控制

◆ 任务　交通信号灯设计

知识目标

1. 了解交通信号灯的工作原理。
2. 掌握利用单片机模拟交通信号灯控制的方法。
3. 掌握单片机 I/O 端口的控制和使用方法。
4. 掌握单片机定时/计数器的使用。

能力目标

1. 能利用软件程序实现延时控制。
2. 能利用定时/计数器进行定时控制。
3. 能利用单片机进行红黄蓝灯控制系统的设计。
4. 能利用单片机进行交通信号灯控制系统的设计。

素养目标

树立法律规矩意识、团队合作意识。

任务相关知识

今天，交通信号灯安装在各个道口，已经成为疏导车辆最常见和最有效的手段。1858 年，在英国伦敦主要街头安装了以燃煤气为光源的红、蓝两色的机械扳手式信号灯，用以指挥马车通行，这是世界上最早的交通信号灯。在随后的一百多年，交通信号灯改变了交通路况，在人们日常生活中占据了重要地位。随着经济的发展，汽车数量增加，城市道路日渐拥挤，交通信号灯更加重要，对疏导交通、提高道路导通功能、减少交通事故起到重要作用。

在实际生活中，交通信号灯一般设在十字路口，使用计算机控制红、绿、黄三种颜色的指示灯，控制方式各异，用单片机也可以实现。

初步训练

利用单片机实现红黄蓝灯控制系统设计。具体要求：利用 3 个 LED 指示灯，模拟交通信号灯，红灯亮 5s，黄灯亮 1s，绿灯亮 5s，如此循环。

任务分析：

利用单片机的 P1.0、P1.1 和 P1.2 控制三个 LED 指示灯，单片机 I/O 口输出低电平时，LED 亮；输出高电平，LED 灯灭。时间控制采用延时程序实现。

根据以上分析，电路图如图 2-48 所示，程序流程图如图 2-49 所示。

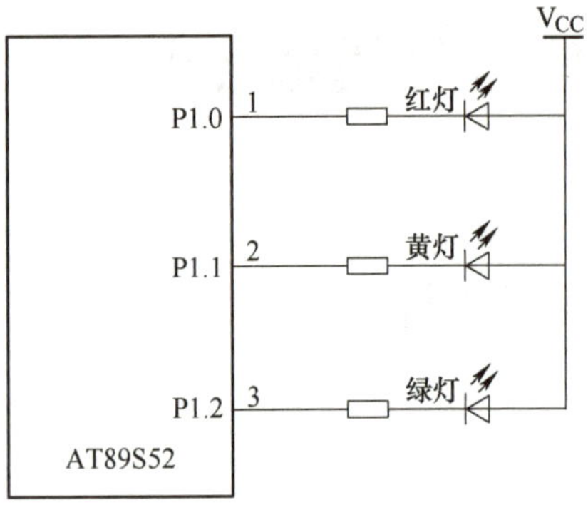

图 2-48　红黄蓝灯控制电路图

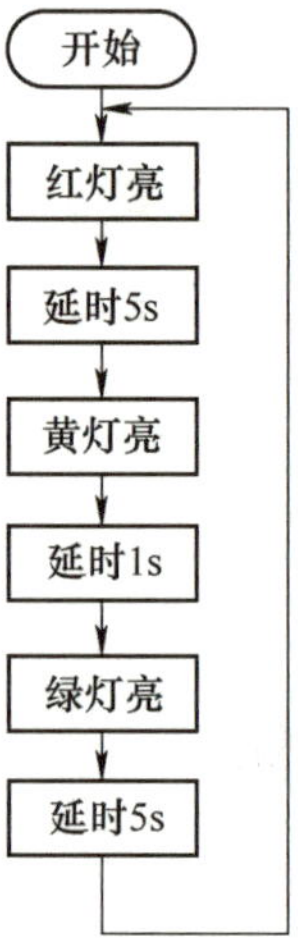

图 2-49　程序流程图

操作步骤：

1）将单片机 V_{CC}接 +5V，GND 接地，$\overline{EA}$接 +5V。

2）将 P1.0、P1.1 和 P1.2 分别接 3 个 LED，打开电源。

3）打开 Keil μVision4 软件，根据流程图进行编程，并调试通过，生成 HEX 文件。

4）将生成的 HEX 文件下载到单片机中。

5）观察 LED 亮灭现象，并记录在任务工单中。

6）完成实训操作，关闭电源，拆除接线，整理归位。

7）完成任务工单中相关题目。

参考程序：

```
           ORG     0000H
           AJMP    MAIN
           ORG     0030H
MAIN：     MOV     P1，#0FEH         ；红灯亮 5s
           ACALL   DELAY5S
           MOV     P1，#0FDH         ；黄灯亮 1s
           ACALL   DELAY1S
           MOV     P1，#0FBH         ；绿灯亮 5s
           ACALL   DELAY5S
           AJMP    MAIN
DELAY1S：  MOV     R2，#0F1H         ；1s 延时子程序
D1：       MOV     R3，#0FEH
D2：       MOV     R4，#06H
           DJNZ    R4，$
           DJNZ    R3，D2
           DJNZ    R2，D1
           RET
```

```
DELAY5S: MOV    R2, #0FFH        ; 5s 延时子程序
D3:      MOV    R3, #0FFH
D4:      MOV    R4, #22H
         DJNZ   R4, $
         DJNZ   R3, D4
         DJNZ   R2, D3
         RET
         END
```

强化训练

设计交通信号灯控制系统。具体要求：如图 2-50 所示，假设交通信号灯位于一个东西南北走向的十字路口，东西南北干道各一组信号灯，每组信号灯分别有红、黄、绿三种指示灯，指挥车辆和行人安全通行。红灯亮禁止通行，绿灯亮允许通行，通行方向 20s，切换过程黄灯闪烁 2s。晶振频率为 12MHz。

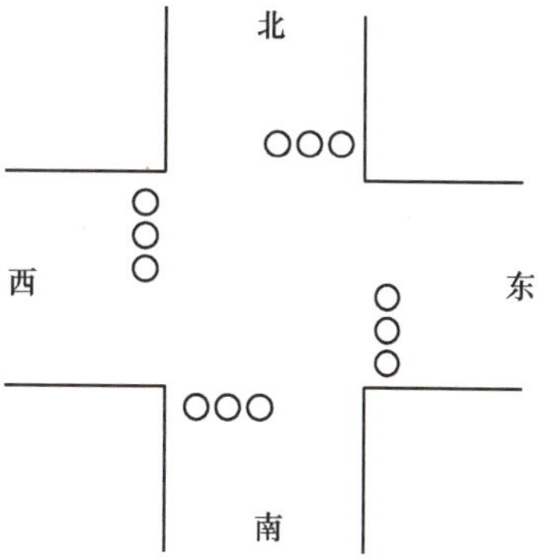

图 2-50　交通信号灯示意图

任务分析：

首先，东西方向绿灯和南北方向红灯亮，延时时间 20s；然后四个方向的黄灯同时亮 2s；之后东西方向的红灯和南北方向的绿灯亮，延时时间 20s；再之后四个方向的黄灯同时亮 2s，如此循环。交通信号灯显示状态分析见表 2-10。

表 2-10　交通信号灯显示状态分析

东西方向(简称 A 方向)			南北方向(简称 B 方向)			状态说明
红灯	黄灯	绿灯	红灯	黄灯	绿灯	
灭	灭	亮	亮	灭	灭	A 方向通行 20s,B 方向禁行
灭	亮	灭	灭	亮	灭	双向警告 2s
亮	灭	灭	灭	灭	亮	B 方向通行 20s,A 方向禁行
灭	亮	灭	灭	亮	灭	双向警告 2s

可以采用 12 个 LED 模拟交通信号灯，其中东西方向的两组信号灯和南北方向的两组信号灯亮灭一致，只需要按东西方向为一组、南北方向为一组，两组交错亮灭即可实现交通信号灯系统设计。利用单片机 P1 口控制，端口分配见表 2-11。

表 2-11　单片机端口分配表

P1.3	P1.2	P1.1	P1.4	P1.5	P1.6	状态说明
A 红灯	A 黄灯	A 绿灯	B 红灯	B 黄灯	B 绿灯	
1	1	0	0	1	1	状态 1:A 通行,B 禁行
1	0	1	1	0	1	状态 2:双向禁行
0	1	1	1	1	0	状态 3:A 禁行,B 通行
1	0	1	1	0	1	状态 2:双向禁行

根据以上分析画出电路图，如图2-51所示。时间控制利用单片机T0实现，程序流程图如图2-52所示。

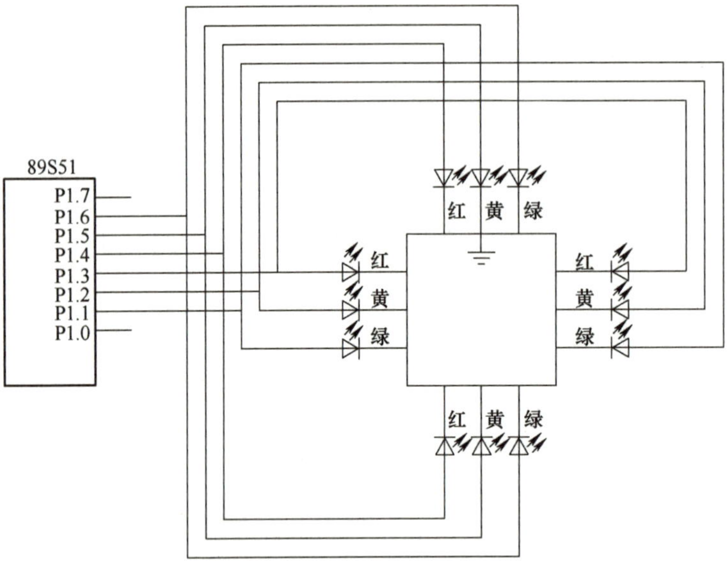

图2-51　交通信号灯控制系统电路图

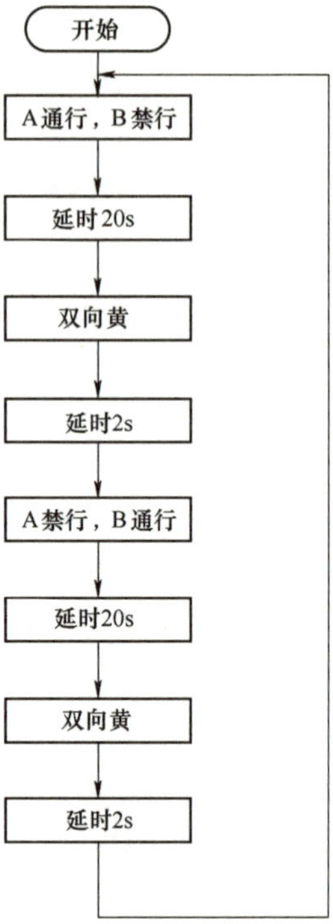

图2-52　程序流程图

参考程序：

扫二维码获取。

模块三　汽车喷油系统控制

◇◇◇项目　汽车喷油修正控制

◆任务一　汇编语言分支程序设计

知识目标

1. 掌握分支结构程序设计的基本方法。
2. 掌握无条件和条件转移指令的使用。
3. 了解分支程序的分类。

能力目标

1. 会设计单分支、多分支和散转程序。
2. 能用分支程序进行数值转换成二进制 ASCII 码的程序设计。
3. 能用分支程序进行函数计算的程序设计。

素养目标

树立求真务实、精益求精的意识，养成分析问题和解决问题的习惯。

任务相关知识

1. 分支程序

在程序设计过程中，有时要根据不同情况执行不同功能的程序段，这种根据程序要求而改变程序执行顺序的设计，称为分支程序设计。

分支程序的主要特点是程序执行流程中必然包括条件判断指令，符合条件要求和不符合条件要求的处理路径不同。

2. 分支程序的分类

分支程序的特点是程序中含有转移指令。由于转移指令分为无条件转移和条件转移，所以分支程序也可以分为无条件分支程序和条件分支程序两类。无条件分支程序中含有 LJMP、AJMP 等无条件转移指令，执行这类指令，程序将无条件转移，这类程序十分简单。条件分支程序中含有判零、比较、位控制等条件转移指令，这类程序较为普遍，是讨论的重点。条件分支程序体现了计算机执行程序时的分析判断能力：若某种条件满足，则机器就转移到另一分支上执行程序；若条件不满足，则机器就按原程序继续执行。在 MCS-51 单片机中，条件转移指令共有13条，分为累加器A判零条件转移、比较条件转移、减1条件转移和位控制条件转移4类。

分支程序可分为单分支程序和多分支程序两种，此外还有一种特殊的分支程序——散转程序。

（1）单分支程序

单分支程序是指只使用一次条件转移指令的分支程序。

例： 求R1和R2寄存器中两个无符号数之差的绝对值，结果存放在片内RAM 30H单元中。

分析：

1）题目中R1和R2寄存器中的数是未知的，对两个不知大小的数相减并求绝对值，显然应该先弄清楚哪一个值稍大些，然后再用大数减小数的方法求得绝对值。

2）利用指令系统中的减法指令来判断两数的大小。

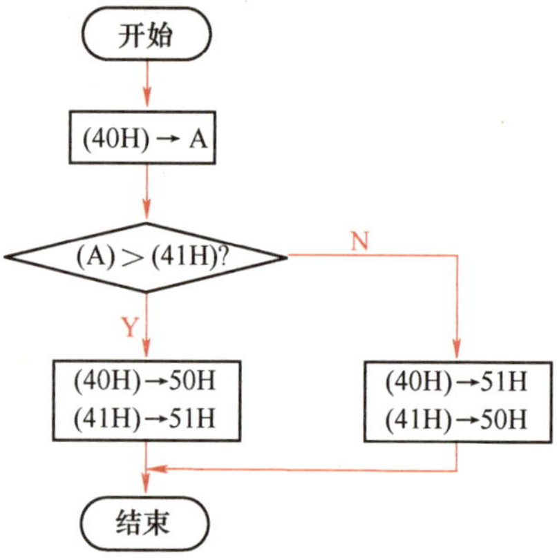

图3-1 求绝对值程序流程图

3）根据流程图编程。求绝对值程序流程图如图3-1所示。

```
        ORG     0000H
        AJMP    MAIN
        ORG     0030H
MAIN:   CLR                     ；清进位标志
        MOV     A，R1           ；A←R1
        SUBB    A，R2           ；(R1)-(R2)→A
        JC      LL              ；(R1)<(R2)，跳到标号LL处
        MOV     30H，A          ；(R1)≥(R2)，存放两者的绝对值
        SJMP    JIE
LL:     MOV     A，R2           ；(R2)-(R1)→A
        SUBB    A，R1           ；存放两者的绝对值
        MOV     30H，A
JIE:    SJMP    $
        END
```

（2）多分支程序

多分支程序的设计常采用比较转移指令“CJNE A，#data，rel”，其规则如下：

1）若(A)=#data，顺序执行且(Cy)=0。

2）若(A)>#data，转移且(Cy)=0。

3）若(A)<#data，转移且(Cy)=1。

例： 按下面公式编写程序，x为无符号数（$x<128$），存在内部20H单元，y存放在21H单元。

$$y=\begin{cases}2x & x\geqslant 40H\\ x & 20H<x<40H\\ \overline{x} & x\leqslant 20H\end{cases}$$

分析：

1）首先比较 A 与 21H 的大小，然后再比较 A 与 40H 的大小。

2）比较大小用比较转移指令 CJNE 和判 Cy 标志指令 JC、JNC。程序流程图如图 3-2 所示。

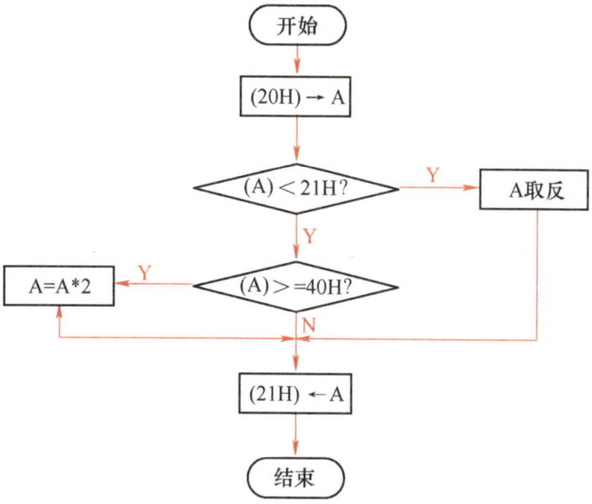

图 3-2　比较数值程序流程图

（3）散转程序

多分支程序中可能存在的分支会有多个，若采用多条“CJNE”指令逐次比较，则程序的执行效率会低很多，特别是分支较多时。这时，一般采用跳转表的方法，利用基址寄存器加变址寄存器间接转移指令“LJMP　@A+DPTR”，根据累加器 A 的内容实现多路分支。这类程序又称为散转程序，是一种并行分支程序。

例：设累加器 A 中内容为 0～4，根据累加器 A 的内容编程实现不同的处理。

分析：程序流程图如图 3-3 所示。

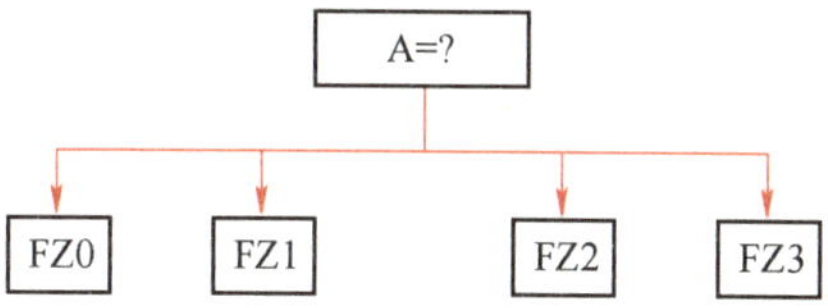

图 3-3　散转程序流程图

```
START:  MOV    R0, A           ; 将 A 送 R0
        ADD    A, R0           ; A←(A)×2
        ADD    A, R0           ; A←(A)×3
        MOV    DPTR, #TABLE    ; 转移表首地址送 DPTR
        LJMP   @A+DPTR         ; 散转相应分支入口
TABLE:  LJMP   FZ0             ; 转向分支 0 的处理入口
        LJMP   FZ1             ; 转向分支 1 的处理入口
        LJMP   FZ2             ; 转向分支 2 的处理入口
        LJMP   FZ3             ; 转向分支 3 的处理入口
        LJMP   FZ4             ; 转向分支 4 的处理入口
```

由于每条长跳转指令“LJMP”要占用 3 个程序存储器单元，所以在此程序中，首先将累加器 A 中的内容置为原来的 3 倍，然后通过“LJMP　@A+DPTR”指令实现散转，程序中的 FZ0 ~ FZ4 为与 0 ~ 4 对应的各处理程序的入口地址。使用散转指令时，根据 X 的内容（X = 0，1，…）进行程序散转的地址表达式为

地址 = 表首地址 + 表中每元素字节数 × X

初步训练

已知 R0 低 4 位有一个十六进制数（0 ~ F 中的一个），请编程把它转换成相应 ASCII 码并送入 30H。

任务分析：

由常用 ASCII 码可知，0 ~ 9 的 ASCII 码为 30H ~ 39H，即十进制与 ASCII 码二者相差 30H；A ~ F 的 ASCII 码为 41H ~ 46H，即十进制与 ASCII 码二者相差 37H。所以本实验中，若 R0≤9，则 R0 内容只需加 30H；若 R0 > 9，则 R0 内容需加 37H，分支程序流程图如图 3-4 所示。

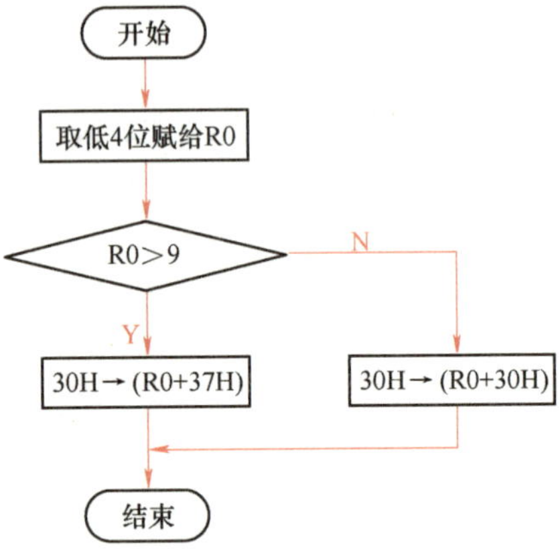

图 3-4 程序流程图

操作步骤：

1）运行 Keil μVision4 软件，新建一个工程，新建一个文件，将文件添加到工程中并编译，如有错，请更改直到编译成功。

2）单击“DebugProject”菜单，在下拉菜单中单击“Start/Stop Debug Session”（或者使用快捷键〈Ctrl + F5〉）进入调试模式，进行调试。

3）在存储器窗口中输入“D：30H”，然后单步执行，查看 30H 单元值的变化情况，并记录在任务工单中。

4）完成实训操作，关闭电源，拆除接线，整理归位。

参考程序：

```
        ORG     0000H
        CLR     C
        MOV     R0，#16H
        MOV     A，R0
        ANL     A，#0FH          ；取低 4 位数
        CJNE    A，#10，NEXT1
NEXT1：  JNC     NEXT2
        ADD     A，#30H          ；小于或等于 9，加 30H
        SJMP    DONE
NEXT2：  ADD     A，#37H          ；大于 9，加 37H
DONE：   MOV     30H，A           ；存储结果
        SJMP    $
        END
```

强化训练

进行函数计算，已知 VAR 单元中有一个自变量 X，请按如下条件编写程序：求函数值 Y，并将它存入 FUNC 单元。其中，VAR 代表 30H 单元，FUNC 代表 31H 单元。

$$Y=\begin{cases}1 & X>0\\0 & X=0\\-1 & X<0\end{cases}$$

任务分析：

分支程序通常有两种思路：一是“先分支后赋值”，二是“先赋值后分支”。对应程序流程图如图 3-5 所示。

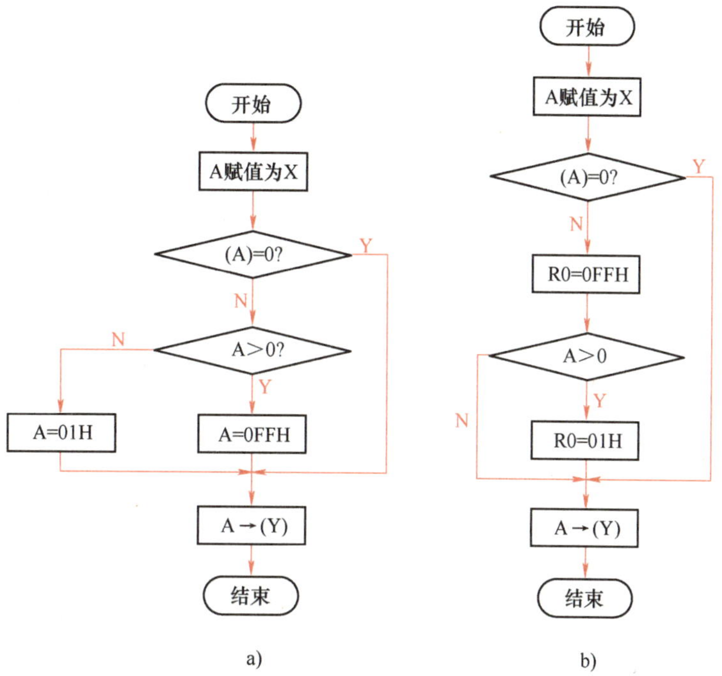

图 3-5　程序流程图

a）先分支后赋值程序　b）先赋值后分支程序

参考程序：

解法一：先分支后赋值

```
        ORG     0100H
        VAR     DATA    30H
        FUNC    DATA    31H
        MOV     A, VAR
        JZ      DONE
        JNB     ACC.7, POSI
        MOV     A, #0FFH
        SJMP    DONE
POSI:   MOV     A, #01H
DONE:   MOV     FUNC, A
        SJMP    $
        END
```

解法二：先赋值后分支

```
        ORG     0100H
        VAR     DATA   30H
        FUNC    DATA   31H
        MOV     A, VAR
        JZ      DONE
        MOV     R0, #0FFH
        JB      ACC.7, NEG
        MOV     R0, #01H
NEG:    MOV     A, R0
DONE:   MOV     FUNC, A
        SJMP    $
        END
```

习　题

1. 什么是分支程序？
2. 分支程序的主要特点是程序执行流程中必然包括________。
3. 设计分支程序时，需注意哪些方法？
4. 由于转移指令分为________和________，所以分支程序也可以分为________分支程序和________分支程序两类。
5. 分支程序可分为________和________两种，还有一种特殊的分支程序________。

任务二　空燃比反馈修正控制设计

知识目标

1. 理解汽车喷油量的控制原理。
2. 掌握空燃比反馈修正原理。
3. 复习分支程序的设计方法。

能力目标

1. 会利用 CJNE、JC 等控制转移类指令设计三分支结构程序。
2. 能用单片机进行模拟空燃比反馈修正控制系统的设计。

任务相关知识

1. 汽车喷油量的控制原理

在电控汽油喷射发动机上，ECU 根据各传感器输送来的信号参数控制喷油量。喷油量的控制其实就是喷油器喷油持续时间的控制，通过 ECU 控制输出喷油脉冲信号的长短来控制喷油时间，进而控制喷油量大小。其目的是使发动机燃油混合气的空燃比符合要求。和传统的化油器式发动机一样，不同的运转工况需要不同浓度的可燃混合气。在电控汽油喷射发动机中，汽车行车电脑根据起动开关信号可确定发动机起动工况；根据节气门位置传感器的怠速开关信号、全负荷开关信号及节气门的开关速率可确定发动机的怠速工况、大负荷工况以及加速度工况。对于不同的工况，汽车行车电脑会按不同的模式来控制喷油器的工作。

发动机起动后，在正常运转工况下，主要根据由发动机转速和空气流量计（或进气压力传感器）输出信号计算出基本喷油量，并经过进气温度、大气压力、蓄电池电压、发动机冷却液温度、怠速工况、加速工况以及全负荷工况等参数修正后，控制喷油器的喷油。

2. 空燃比修正反馈修正原理

空燃比是指进入气缸的可燃混合气中空气和燃油的质量比。空燃比是发动机运转时的一个重要参数，对尾气排放、发动机的动力性和经济性都有很大的影响。目前，汽油机混合气的空燃比通常采用闭环反馈控制的方法，在排气管中安装一个反映空燃比信号的氧传感器，将实际测到的空燃比信号反馈给 ECU，对喷油脉冲宽度进行修正，实现高精度的喷油控制，使排气中平均空燃比达到设定的化学量比附近。

初步训练

设计一个模拟空燃比反馈修正控制系统。具体要求：用红、黄、绿三个 LED 模拟模拟发动机喷油状态，绿灯表示理想状态，红灯表示需增大喷油量，黄灯表示需减小喷油量。

任务分析：

氧传感器动态电压信号值 xxH 与设计目标值 yyH 比较，有以下 3 种情况需要处理：

1） xxH > yyH：表示喷油过浓，需要减小喷油量，红灯亮，执行后返回循环检测。

2） xxH < yyH：表示喷油过稀，需要增大喷油量，黄灯亮，执行后返回循环检测。

3） xxH = yyH：表示喷油在理想空燃比附近，保持不变，绿灯亮，转移循环检测。

利用 CJNE 和 JC 实现三分支结构程序实现。根据以上分析，电路图如图 3-6 所示，程序流程图如图 3-7 所示。

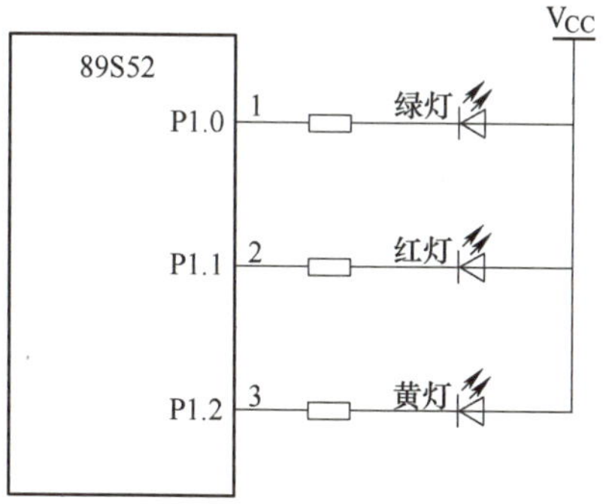

图 3-6　空燃比反馈修正控制系统电路图

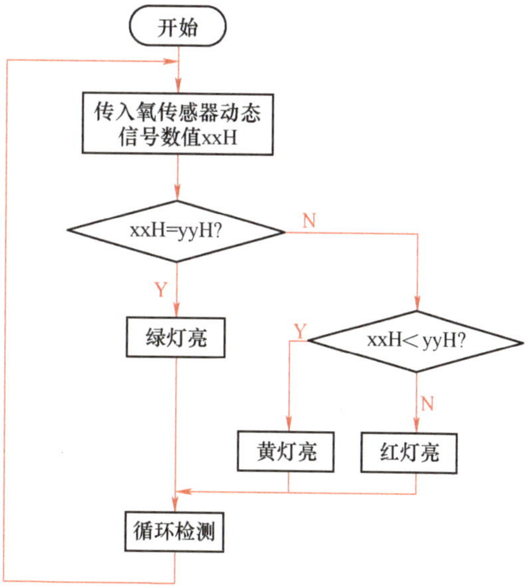

图 3-7　主程序流程图

操作步骤：

1）将单片机 V_{CC}接 +5V，GND 接地，$\overline{EA}$接 +5V。

2）将 P1.0 绿灯，P1.1 接红灯，P1.2 接黄灯，打开电源。

3）打开 Keil μVision4 软件，根据流程图进行编程，并调试通过，生成 HEX 文件。

4）将生成的 HEX 文件下载到单片机中。

5）观察 LED 现象，并记录在任务工单中。

6）完成实训操作，关闭电源，拆除接线，整理归位。

7）完成任务工单中相关题目。

参考程序：

```
        ORG     0000H
        LJMP    MAIN
        ORG     0030H
MAIN:   MOV     R1, #xxH         ; 氧传感器动态信号 xxH 值送到 R1
        CJNE    R1, yyH, N1      ; xxH≠yyH，跳转到 N1
        MOV     P1, #0FEH        ; 绿灯亮
        SJMP    MAIN             ; 循环检测
N1:     JC      N2               ; CY =1，跳转到 N2
        MOV     P1, #0FDH        ; 红灯亮
        SJMP    MAIN
N2:     MOV     P1, #0FBH        ; 黄灯亮
        SJMP    MAIN
        END
```

习　　题

1. 发动机起动后喷油控制由__________控制和__________控制实现。
2. 空燃比是指____________________，理论空燃比为__________。
3. 为了使发动机尾气排放达到环保要求，发动机的排气管上都装有__________。
4. 喷油修正控制有哪些?
5. 汽车喷油量的控制原理是什么?
6. 空燃比修正控制原理是什么?

模块四　汽车仪表系统控制

◇◇◇项目一　汽车里程表

任务一　LED 数码管显示认知

知识目标

1. 掌握 LED 数码管的结构。
2. 了解 LED 数码管的分类。
3. 掌握 LED 数码管的工作原理。
4. 掌握 LED 数码管的编码方式。

能力目标

1. 能进行 LED 数码管的接口电路设计。
2. 能用单片机进行一位数码管循环显示 0 ~ 9 的设计。
3. 能用单片机进行汽车生产线产品计件系统的设计。

素养目标

培养学生的社会责任感，养成关注社会问题的习惯。

任务相关知识

显示器是单片机应用系统常用的设备，显示器接口是实现单片机信息输出的重要部分。用户的程序、数据、命令等都需要通过显示器才能显示，才能知道输入的正确与否。目前单片机应用中，常用的有发光二极管（LED）显示器、液晶显示器（Liquid Crystal Display，LCD）和阴极射线管（Cathode Ray Tube，CRT）显示器。

发光二极管和数码管是单片机应用系统的主要显示器，发光二极管可以用于状态的指示，数码管用于数字和字符的显示。在控制中，有静态显示和动态显示两种，与单片机的接口也有并行和串行两种方式。由于单片机接口的驱动能力较差，一般需要在单片机和 LED 之间加接电路实现译码驱动。应该根据 LED 数码管的位数和电流来决定接口电路的形式。

LED 数码显示器，又称 LED 数码管，是将若干 LED 按一定图形排列并封装在仪器中的最常用的数码显示器之一。LED 数码管具有发光显示清晰、响应速度快、耗电小、体积小、寿命长、耐冲击、易与各种驱动电路连接等优点，在各种数显仪器仪表、数字控制设备中得到了广泛应用。

在单片机系统中，经常用LED数码管来显示单片机系统的工作状态、运算结果等各种信息，LED数码管显示器是单片机实现人机对话的一种重要输出设备。

1. LED数码管的结构

LED数码管实际上由8个LED构成，其中7个独立的条形LED排列成“8”字形的笔画段，1个LED为圆点形状，安装在显示器的右下角作为小数点使用。每段的亮灭均可单独控制。图4-1所示为LED数码管的外形结构及引脚，共有10个引脚，其中两个引脚为公共电极，在内部已经连接在一起，连接在公共端com（com被定义为位选端），剩余的8个引脚分别对应LED数码管上的8个段选端。通过LED亮暗的不同组合，从而可显示出“0～9”数字、“A～F”字母等各种字符。

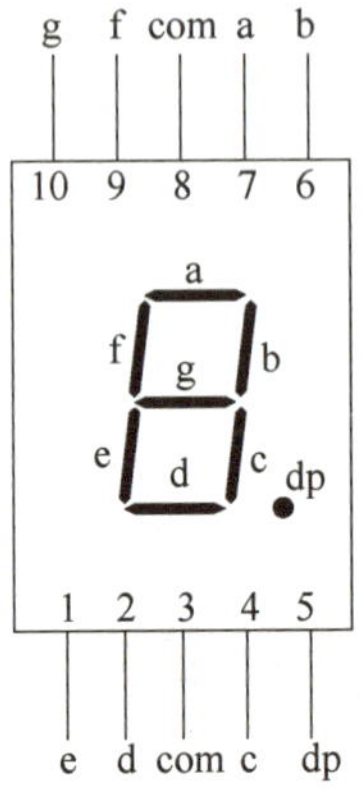

图4-1 LED数码管的外形结构及引脚

LED数码管的内部结构共有两种不同形式，一种是共阳极结构，称为共阳极（Common Anode）数码管，如图4-2a所示，即8个LED的正极全部连接在一起组成公共端。另一种是共阴极结构，称为共阴极（Common Cathode）数码管，如图4-2b所示，即8个LED的负极全部连接在一起组成公共端。

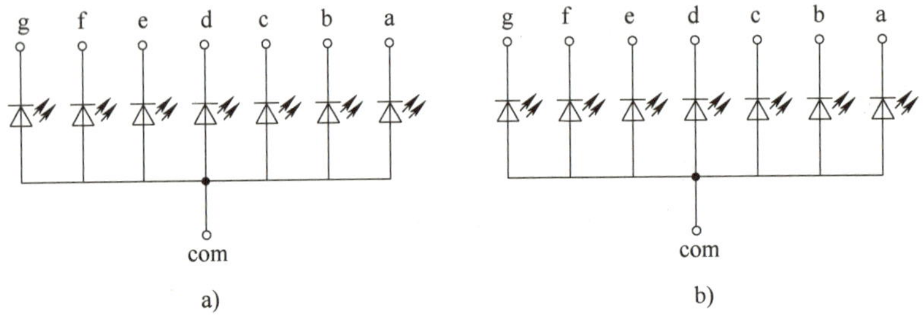

图4-2 LED数码管的内部结构

a）共阳极LED数码管内部结构 b）共阴极LED数码管内部结构

2. LED数码管的工作原理

通过控制段选位的高低电平控制相应段的LED发光与熄灭，LED数码管可以显示不同的数字、字母和符号，如图4-3所示。

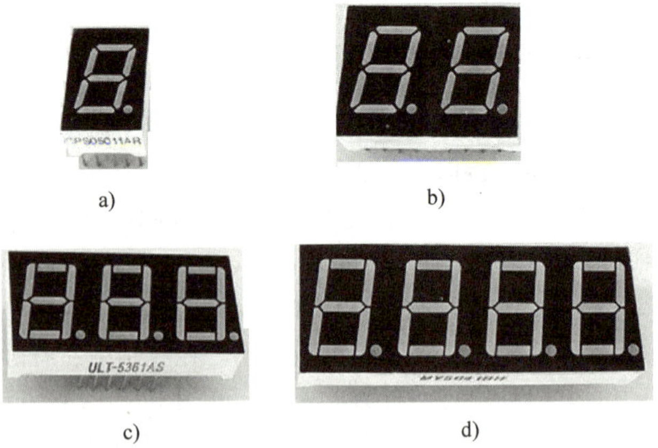

图4-3 不同位LED数码管

a）1位 b）2位 c）3位 d）4位

共阳极LED数码管的8个LED的正极全部连接在一起组成公共端，8个LED的负极各自独立引出。使用时公共端接电源+5V，这时负极接低电平的LED就导通点亮，接高电平的则不点亮，相应的段被显示。根据LED的不同组合可显示出各种数字或字符。

共阴极LED数码管的8个LED的负极全部连接在一起组成公共端，8个LED的正极则各自独立引出。使用时公共端接地，这时负极接高电平的 LED 就导通点亮，接低电平的则不点亮，相应的段被显示。根据 LED 的不同组合可显示出各种数字或字符。

3. LED 数码管的字形编码

要使 LED 数码管显示出数字或字符，必须使相应的段位点亮，这就要为 LED 数码管的各段提供一个字节的二进制代码，即字形编码（也称段码）。7 段 LED，再加上 1 个小数点位，共计 8 位代码，由一个数据字节提供，习惯上以“a”段对应字形编码字节的最低位。各数据位的对应关系见表 4-1。

表 4-1　LED 数码管数据位的对应关系表

数据位	D7	D6	D5	D4	D3	D2	D1	D0
显示段	dp	g	f	e	d	c	b	a

如使用共阳极 LED 数码管，数据为“0”表示对应字段亮，数据为“1”表示对应字段暗；如使用共阴极 LED 数码管，数据为“0”表示对应字段暗，数据为“1”表示对应字段亮。如要 LED 数码管显示“0”，则共阳极 LED 数码管的字形编码应为 11000000B（即 C0H）；共阴极 LED 数码管的字形编码应为 00111111（即 3FH）。各种字符的字形编码见表 4-2。如要在数码管上显示某一字符，只需将该字符的字形编码加到各段上即可。

表 4-2　LED 数码显示器的字形编码表

显示字形	字形编码（共阳极）	字形编码（共阴极）	显示字形	字形编码（共阳极）	字形编码（共阴极）
0	C0H	3FH	9	90H	6FH
1	F9H	06H	A	88H	77H
2	A4H	5BH	b	83H	7CH
3	B0H	4FH	C	C6H	39H
4	99H	66H	d	A1H	5EH
5	92H	6DH	E	86H	79H
6	82H	7DH	F	8EH	71H
7	F8H	07H	熄灭	FFH	00H
8	80H	7FH			

初步训练

利用单片机控制 1 位 LED 数码管循环显示“0～9”。

任务分析：

利用单片机 P1 口控制 1 位共阳极 LED 数码管 DS1 的 8 位段选位，公共端接 +5V 电源 V_{CC}。当 P1 口输出不同字形编码的高低电平时，LED 数码管显示相应的字形。根据以上分析，画出电路图，如图 4-4 所示。程序流程图如图 4-5 所示。

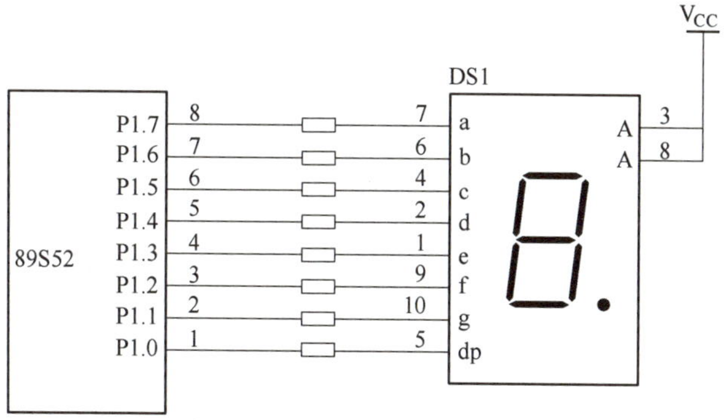

图 4-4　LED 数码管静态显示电路图

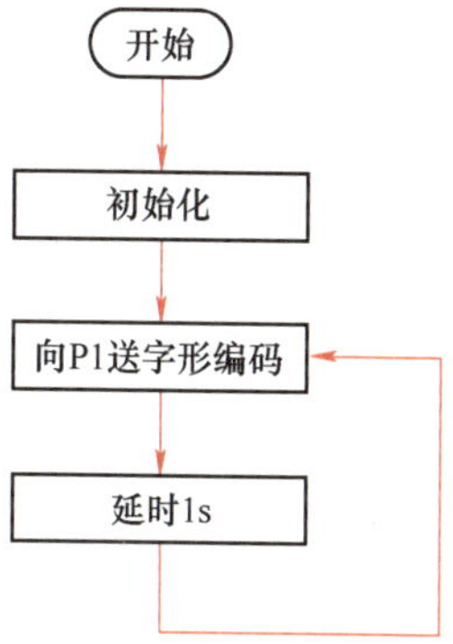

图 4-5　程序流程图

操作步骤：

1）将单片机 V_{CC}接 +5V，GND 接地，$\overline{EA}$接 +5V。

2）将 P1.0 ~ P1.7 接显示模块 LED 数码管的 D0 ~ D7，打开电源。

3）打开 Keil μVision4 软件，根据流程图进行编程，并调试通过，生成 HEX 文件。

4）将生成的 HEX 文件下载到单片机中。

5）观察 LED 数码管的现象，并记录在任务工单中。

6）完成实训操作，关闭电源，拆除接线，整理归位。

7）完成任务工单中相关题目。

参考程序：

```
        ORG     0000H
        AJMP    MAIN
        ORG     0030H
MAIN:                                   ；主程序
        MOV     P1，#00H                ；把 8 位 LED 数码管选中
        MOV     P2，#0C0H               ；送“0”的字形编码
        ACALL   DELAY                   ；延时 1s
        MOV     P2，#0F9H               ；送“1”的字形编码
        ACALL   DELAY                   ；延时 1s
        MOV     P2，#0A4H               ；送“2”的字形编码
        ACALL   DELAY                   ；延时 1s
        MOV     P2，#0B0H               ；送“3”的字形编码
        ACALL   DELAY                   ；延时 1s
        MOV     P2，#99H                ；送“4”的字形编码
        ACALL   DELAY                   ；延时 1s
        MOV     P2，#92H                ；送“5”的字形编码
        ACALL   DELAY                   ；延时 1s
        MOV     P2，#82H                ；送“6”的字形编码
        ACALL   DELAY                   ；延时 1s
        MOV     P2，#0F8H               ；送“7”的字形编码
        ACALL   DELAY                   ；延时 1s
        MOV     P2，#80H                ；送“8”的字形编码
        ACALL   DELAY                   ；延时 1s
        MOV     P2，#90H                ；送“9”的字形编码
        ACALL   DELAY                   ；延时 1s
        AJMP    MAIN                    ；跳回到主程序
DELAY:                                  ；延时 1s 程序
        MOV     R5，#10
L1:     MOV     R6，#250
```

```
L2:     MOV     R7, #200
L3:     DJNZ    R7, L3
        DJNZ    R6, L2
        DJNZ    R5, L1
        RET
        END
```

强化训练

利用定时/计数器模拟汽车生产线产品计件。具体要求：以按键模拟产品检测，按一次键相当于产品计数一次；检测到的产品数送 P1 口显示，采用 1 位 LED 数码管显示，计满 16 次后从头开始，依次循环；系统采用 12MHz 晶振。

任务分析：

根据题意可设计出硬件电路图如图 4-6 所示。用单片机 P1 口与 1 位共阳极 LED 数码管相连接，P3. 3 引脚连接按键 S。

程序流程图如图 4-7 所示。

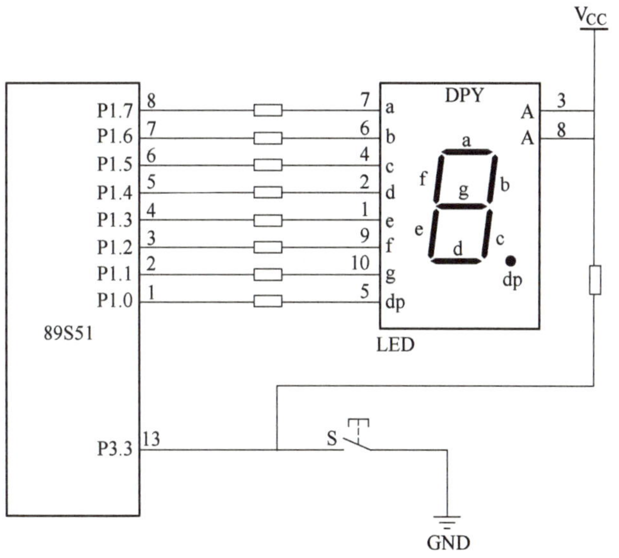

图 4-6　模拟汽车生产线产品计件数码管显示电路图

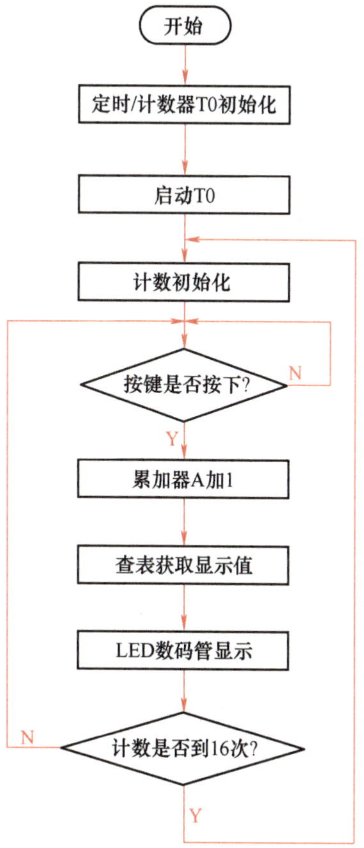

图 4-7　程序流程图

参考程序：

```
        ORG     0000H
        MOV     TMOD，#06H        ；定时/计数器 T0 工作方式 2
        MOV     TH0，#0F0H        ；T0 置初值
        MOV     TL0，#0F0H
        SETB    TR0               ；启动 T0
MAIN：  MOV     A，#00H           ；计数显示初始化
        MOV     P1，#0C0H         ；LED 数码管显示“0”
DSP：   JB      P3.3，DSP         ；检测按键信号
        ACALL   DELAY             ；消抖延时
        JB      P3.3 DSP          ；确认低电平信号
DSP1：  JNB     P3.3，DSP1        ；检测按键信号
        ACALL   DELAY             ；消抖延时
        JNB     P3.3，DSP1        ；确认高电平信号
        CLR     P3.4              ；T0 引脚产生负跳变
        NOP
        NOP
        SETB    P3.4              ；T0 引脚恢复高电平
        INC     A                 ；累加器加 1
        MOV     R1，A             ；保存累加器计数值
        ADD     A，#08H           ；变址调整
        MOVC    A，@A+PC          ；查表获取 LED 数码管显示值
        MOV     P1，A             ；LED 数码管显示查表值
        MOV     A，R1             ；恢复累加器计数值
        JBC     TF0，MAIN         ；查询 T0 计数溢出
        SJMP    DSP               ；16 次不到，继续计数
TAB：           DB 0C0H，0F9H，0A4H，0B0H，99H，92H，82H，0F8H
        DB      80H，90H，88H，83H，0C6H，0A1H，86H，8EH
DELAY： MOV     R2，#14H          ；10ms 延时
DY1：   MOV     R3，#0FAH
        DJNZ    R3，$
        DJNZ    R2，DY1
        RET
        END
```

习　题

1. LED 数码管实际上由________构成。

2. LED 数码管按照内部 LED 连接方式不同可分为________和________两种；按照显示亮度不同可分为________和________；按照显示字形不同可分为________和________。

3. 共阳极 LED 数码管的 8 个 LED 的________全部连接在一起组成公共端，8 个 LED 的________各自独立引出，使用时，公共端接________。

4. 共阴 LED 极数码管的 8 个 LED 的________全部连接在一起组成公共端，8 个 LED 的________各自独立引出，使用时，公共端接________。

5. 如要 LED 数码管显示“0”，共阳极 LED 数码管的字形编码应为________；共阴极 LED 数码管的字形编码应为________。

6. 如要 LED 数码管显示“—”，共阳极数码管的字形编码应为________；共阴极 LED 数码管的字形编码应为________。

任务二　LED 数码管静态显示设计

知识目标

1. 掌握 LED 数码管静态显示的原理。
2. 了解 LED 数码管静态显示的特点。
3. 掌握 74HC377 芯片的引脚及功能真值表。
4. 理解 74HC377 芯片的两种工作状态。

能力目标

1. 会使用 74HC377 芯片的锁存功能操作。
2. 能进行 LED 数码管显示的电路接口设计。
3. 能用单片机设计一个数字显示牌。
4. 能用单片机控制 8 位 LED 数码管实现“0 ~ 9”轮流显示。

任务相关知识

在单片机应用系统中，LED 数码管的显示方法有两种：静态显示和动态显示。

1. LED 数码管静态显示原理

静态显示就是当显示器显示某个字符时，相应的段恒定导通或截止，直到显示另一个字符为止。

多位 LED 数码管工作于静态显示方式时，各位 LED 数码管的共阴极（或共阳极）连接到仪器并接地（或接 +5V）；每位 LED 数码管的段码线（a ~ dp）分别与一个单片机控制的 I/O 口锁存器输出相连接。如果送往各个 LED 数码管所显示字符的段码一经确定，则相应 I/O 口锁存器锁存的段码输出将维持不变，直到送入下一个显示字符的段码。因此，本方法显示比较稳定，亮度较高，软件控制较容易。静态显示时每个数码管的每一个段码位都由一个单片机的 I/O 口驱动。当 N 位显示时，则需 $8N$ 根输出控制线。

2. LED 数码管静态显示的特点

（1）优点

显示程序十分简单，显示亮度大，由于 CPU 不必经常扫描显示器，所以节约了 CPU 的工作时间。

（2）缺点

占用的I/O口线较多，硬件电路复杂，成本也较高。所以静态显示法常用在显示位数较少的应用系统中。

3. LED数码管驱动芯片

常用的地址锁存器芯片有74HC373、74HC377、74HC573等，下面以74HC377为例学习其应用。

（1）74HC377引脚及功能

74HC377芯片是8位D型边沿触发器，芯片引脚图如图4-8所示，各引脚符号及名称见表4-3。

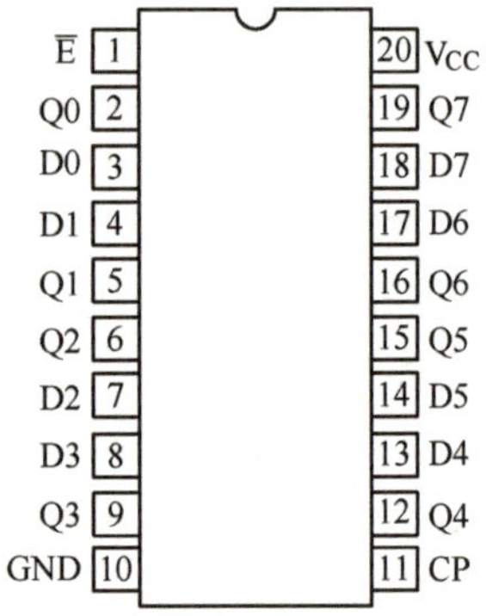

图4-8　74HC377引脚图

（2）74HC377功能真值表

74HC377功能真值表见表4-4。

（3）74HC377的两种工作状态

1）当$\overline{E}$为低电平、CP为上升沿时，能把输入端的数据输出到输出端，实现数据输出。

表4-3　74HC573引脚表

引脚号	引脚符号	引脚名称
1	$\overline{E}$	数据使能输入端（低电平有效）
2，5，6，9，12，15，16，19	Q0～Q7	数据输出端
3，4，7，8，13，14，17，18	D0～D7	数据输入端
11	CP	时钟输入端（上升沿触发）
10	GND	接地端
20	V_{CC}	电源端

表4-4　74HC377功能真值表

输　入			输　出
CP	$\overline{E}$	Dn	Qn
↑	L	H	H
↑	L	L	L
↑	H	X	不变
X	H	X	不变

注：X＝不关心。

2）当$\overline{E}$为高电平时，即使输入端数据变化，也不会影响输出端状态，实现锁存功能。

4. LED数码管驱动电路

使用74HC377驱动8位LED数码管显示电路如图4-9所示。

使用两片74HC377作为LED数码管的驱动锁存芯片。其中，U1的输出端Q0～Q7接8位LED数码管的段选端，U2的输出端Q0～Q7接8位LED数码管的位选端，U1和U2的输入端 D0 ~ D7 连接在一起，接单片机的 I/O 口。CS1 连接 U1 的 $\overline{E}$ 端，作为段选控制端；CS2 连接 U2 的 $\overline{E}$ 端，作为位选控制端；WR 连接 U1 和 U2 的 CP，作为写入使能端。

通过单片机控制 CS1、CS2 和 WR 的电平，能实现段选和位选的功能，见表 4-5。

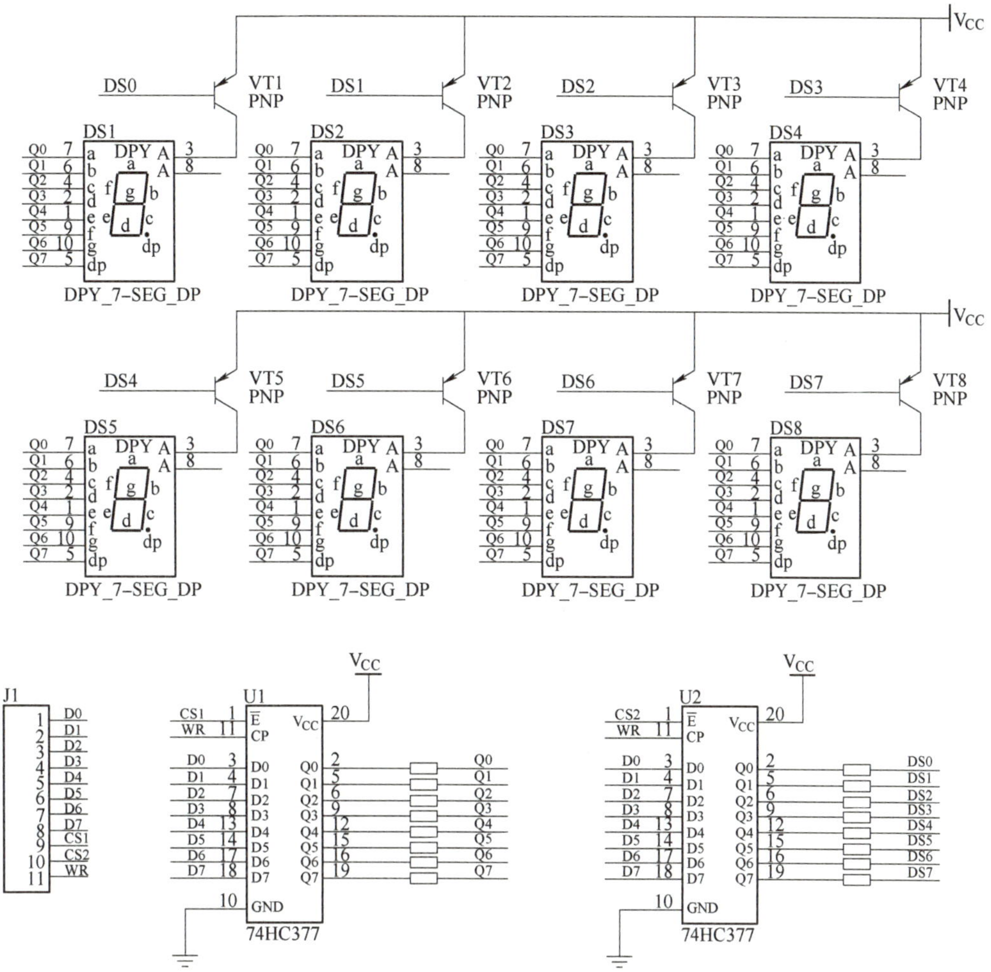

图 4-9 数码管显示电路图

表 4-5 段选和位选功能表

CS1	CS2	WR	U1	U2	功能
0	1	0→1	数据输出	数据锁存	写入段选码
1	0	0→1	数据锁存	数据输出	写入位选码

初步训练

利用单片机设计一个数字显示牌。具体要求：8 个共阳极 LED 数码管同时显示任意一个数字或字符。

任务分析：

单片机的 P0 口连接两片 74HC377 的数据输入端 D7 ~ D0；P1.0 接 CS1，P1.1 接 CS2，P1.2 接 WR。

假设让8位LED数码管同时显示字符“0”，首先输出“0”段选码，P0 = 0xC0H，然后输出位选码P0 = 00H，选中8位LED数码管。程序流程图如图4-10所示。

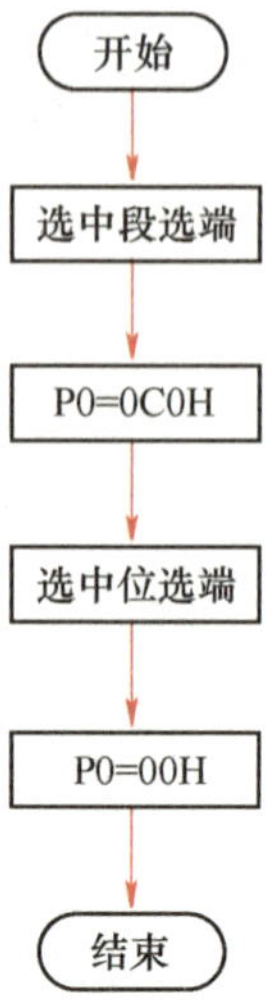

图4-10 程序流程图

操作步骤：

1）将单片机 V_{CC} 接 +5V，GND 接地，$\overline{EA}$ 接 +5V。

2）单片机的P0口接74HC377的D7～D0，P1.0接CS1，P1.1接CS2，P1.2接WR，打开电源。

3）打开Keil μVision4软件，根据流程图进行编程，并调试通过，生成HEX文件。

4）将生成的HEX文件下载到单片机中。

5）观察LED数码管的现象，并记录在任务工单中。

6）完成实训操作，关闭电源，拆除接线，整理归位。

7）完成任务工单中相关题目。

参考程序：

```
        CS1     EQU   P1.0            ；定义段选端
        CS2     EQU   P1.1            ；定义位选端
        WRR     EQU   P1.2            ；定义数据使能端
        ORG     0000H
        AJMP    MAIN
        ORG     0030H
MAIN：
        CLR     CS1                   ；CS1置0，选中段选端
        SETB    CS2                   ；CS2置1，关闭位选端
        MOV     P0，#0C0H             ；送“0”的段码
        CLR     WRR                   ；WR上升沿输出数据
        SETB    WRR
        SETB    CS1                   ；CS1置1，关闭段选端
        CLR     CS2                   ；CS2置0，选中位选端
        MOV     P0，#00H              ；送8位LED数码管的位选码
        CLR     WRR                   ；WR上升沿输出数据
        SETB    WRR
        AJMP    MAIN
        END
```

强化训练

利用单片机控制8位LED数码管实现“0～9”轮流显示。

任务分析：

硬件电路设计使用图4-9所示的电路，轮流显示采用延时程序实现，程序流程图如图4-11所示。

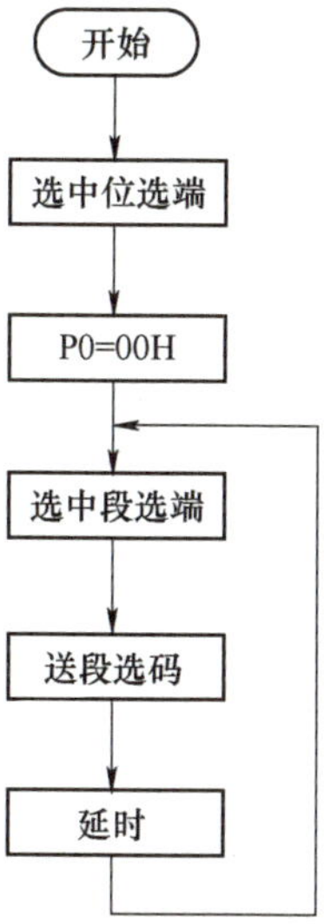

图 4-11　程序流程图

参考程序：

```
        ORG     0000H
        AJMP    0030H
        ORG     0030H
MAIN:
        MOV     DPTR, #TAB
        MOV     R0, #00H
        CLR     P2.1                ; 选中位选端
        SETB    P2.0                ; 关闭段选端
        MOV     P0, #00H            ; 送 8 位 LED 数码管的位选码
        CLR     P2.2                ; 上升沿输出数据
        SETB    P2.2
LOOP:
        MOV     A, R0
        MOVC    A, @A+DPTR          ; 取显示的字形编码
        CLR     P2.0                ; 选中段选端
        SETB    P2.1                ; 关闭位选端
        MOV     P0, A               ; 送字形编码
        CLR     P2.2                ; 上升沿输出数据
        SETB    P2.2
        INC     R0
        ACALL   DELAY
        CJNE    R0, #0AH, LOOP      ; 判断显示是否到 10 次
        MOV     R0, #00H            ; 到达 10 次，重新开始
        AJMP    LOOP
```

```
DELAY:                                   ；延时子程序
        MOV     R7, #05H
D2:     MOV     R5, #0FFH
D1:     MOV     R6, #0FFH
        DJNZ    R6, $
        DJNZ    R5, D1
        DJNZ    R7, D2
        RET
TAB:    DB      0C0H, 0F9H, 0A4H, 0B0H, 99H   ；共阳极 LED 数码管的段码
DB:             92H, 83H, 0F8H, 80H, 90H
END
```

习　题

1. LED 数码管静态显示就是当显示器显示某个字符时，相应的段恒定________，直到显示另一个字符为止。

2. LED 数码管静态显示的优、缺点是什么?

3. 74HC377 各引脚功能是什么?

4. 74HC377 有哪两种工作状态?

任务三　LED 数码管动态显示设计

知识目标

1. 掌握 LED 数码管动态显示原理。
2. 掌握单片机控制 LED 数码管动态显示的电路接口设计和程序方法。
3. 了解 LED 数码管动态显示特点。

能力目标

1. 能用单片机进行日历显示系统的设计。
2. 能用单片机设计一个 LED 数码管显示的秒表。

任务相关知识

1. LED 数码管动态显示原理

动态显示即轮流向各位 LED 数码管送出字形编码和相应的位选码，各 LED 数码管分时轮流显示，利用发光二极管的余晖和人眼视觉暂留作用，使人感觉好像各位 LED 数码管同时都在显示。要使 LED 数码管稳定显示，必须采用扫描方式，即某一时刻只选通一位 LED 数码管，并送出相应的段选码，在另一时刻选通另一位 LED 数码管，并送出相应的段选码，依次循环。

为了使人眼看到稳定的显示，每个 LED 数码管刷新频率必须大于 25Hz，即每个 LED 数

码管相邻两次点亮的时间间隔要小于40ms。

2. LED数码管动态显示特点

（1）优点

采用动态显示方式比较节省I/O口，适合显示位数较多的场合；硬件电路较静态显示方式简单，使用元器件少、硬件开销低；各LED数码管轮流显示，发光亮度和稳定度不如静态显示方式。

（2）缺点

软件编程比较复杂，而且在显示位数较多时，CPU要依次扫描，占用CPU较多时间。

初步训练

利用单片机设计一个显示年月日的日历显示系统，例如显示“17-03-20”。

任务分析：

利用图4-9所示的LED数码管显示电路，P2.0接CS1，P2.1接CS2，P2.2接WR，P0口接D0～D7。首先让P0＝7FH，输出位选数据，选中第一位数码管；再输出第一位字符的段选数据，让P0＝0C0H，即显示“1”。延时1ms，再依次点亮其他数码管，循环实现。位选信号的变化是有规律的，适宜采用移位指令控制，采用右移位指令“RR A”实现。段选数据采用查表指令控制，在单片机ROM定义一个表格TABLE存放“17-03-20”的字形编码，采用查表指令“MOVC A，@A＋DPTR”实现。程序流程图如图4-12所示。

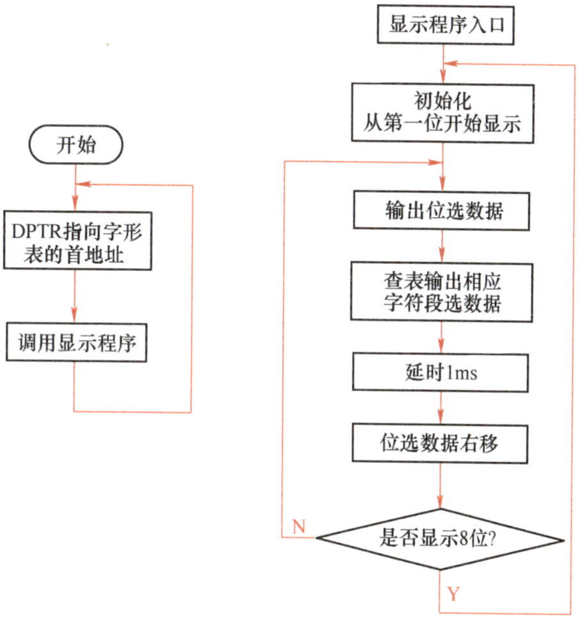

a)　　　　b)

图4-12　程序流程图

a）主程序流程图　b）显示程序流程图

操作步骤：

1）将单片机V_{CC}接＋5V，GND接地，$\overline{EA}$接＋5V。

2）将P2.0接CS1，P2.1接CS2，P2.2接WR，P0口接D0～D7，打开电源。

3）打开Keil μVision4软件，根据流程图进行编程，并调试通过，生成HEX文件。

4）将生成的HEX文件下载到单片机中。

5）观察LED数码管显示现象，并记录在任务工单中。

6）完成实训操作，关闭电源，拆除接线，整理归位。

7）完成任务工单中相关题目。

参考程序：

```
CS1     EQU   P2.0
CS2     EQU   P2.1
WRR     EQU   P2.2
```

```
        ORG     0000H
        LJMP    MAIN
        ORG     0030H
MAIN：  MOV     DPTR，#TABLE         ；DPTR 指向字形表的起始地址
        ACALL   SCAN                 ；调用显示程序
        AJMP    MAIN
SCAN：  MOV     R1，#07FH            ；从最一位数码管开始显示
        MOV     R2，#0A              ；共显示 8 位
        MOV     R0，#0               ；字形编码的偏移地址
LOOP：  MOV     A，R0
        MOVC    A，@A+DPTR           ；取字形编码
        CLR     CS1                  ；开段选控制
        SETB    CS2                  ；关位选控制
        MOV     P0，A                ；送段选位
        CLR     WRR                  ；传输数据
        SETB    WRR
        INC     R0                   ；指向下一个字形码的偏移地址
        CLR     CS2                  ；关段选控制
        SETB    CS1                  ；开位选控制
        MOV     P0，R1               ；送位选位
        CLR     WRR                  ；传输数据
        SETB    WRR
        ACALL   DELAY                ；调用 1ms 延时程序
        MOV     A，R1
        RR      A                    ；右移一位
        MOV     R1，A
        DJNZ    R2，LOOP             ；判断 8 位是否显示完毕
        RET
DELAY： MOV     R7，#02H             ；延时子程序
D1：    MOV     R6，#0AH
        DJNZ    R6，$
        DJNZ    R7，D1
        RET
TABLE： DB      0F9H，0F8H，0BFH，0C0H
        DB      0B0，0BFH，0A4H，0C0H；"17-03-20" 的字形编码
        END
```

强化训练

利用单片机设计一个 LED 数码管显示的秒表。具体要求：使用 2 位 LED 数码管显示计时时间，最小计时单位为 s，计时范围为 1～59s。晶振频率为 12MHz。

任务分析：

本秒表显示采用图 4-9 所示的数码管显示电路中的最末两位数码管显示，采用单片机的定时/计数器 T0 工作方式 1 实现 1s 定时。两位数值的显示通过算法实现：首先把要显示的数值整除 10，商为十位字符，余数为个位字符。程序流程图如图 4-13 所示。

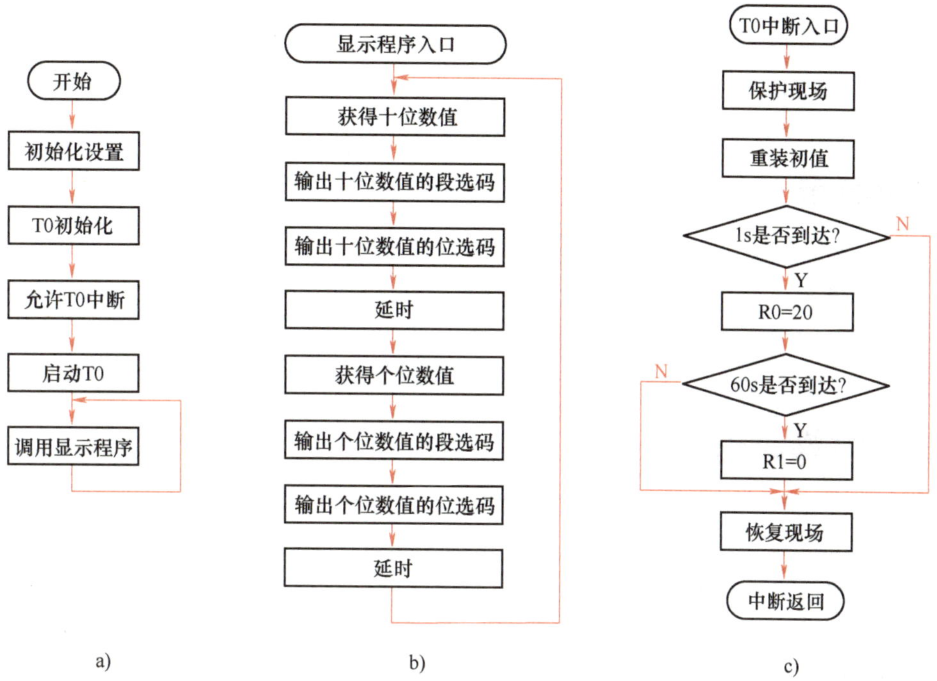

图 4-13　程序流程图

a）主程序　b）显示子程序　c）中断服务子程序

参考程序：

扫二维码获取。

习　题

1. 什么是 LED 数码管动态显示？
2. LED 数码管动态显示的优缺点是什么？

任务四　汽车里程表设计

知识目标

1. 理解汽车里程表的设计原理。
2. 理解光电晶体管的工作原理。
3. 回顾定时/计数器的定时和计数使用方法。

能力目标

1. 能用光电晶体管模拟检测车轮转动圈数。
2. 能用单片机定时/计数器进行定时和计数设计。
3. 能用单片机进行汽车里程表系统的设计。
4. 能用单片机进行显示运行时间的汽车里程表系统的设计。

任务相关知识

典型的机械式里程表连接一根软轴，软轴内有一根钢丝缆，软轴另一端连接到变速器某一个齿轮上，齿轮旋转带动钢丝缆旋转，钢丝缆带动里程表罩圈内一块磁铁旋转，罩圈与指针连接并通过游丝将指针置于零位，磁铁旋转速度的变化引起磁通密度的变化，平衡被打破，指针因此被带动。这种车速里程表简单实用，被广泛用在大小型汽车上。绝大多数轿车使用没有软轴的电子传感器车速表，常见的一种是从变速器上的速度传感器获取信号，通过脉冲频率的变化使指针偏转或者显示数字表示汽车的时速。汽车里程表还包括由连接同一信号源的两个液晶数字显示窗，分别累计本次里程和总里程。本次里程通常有四位数，供短期计数，可以清零；总里程则有六位数，不能清零。电子式里程表累积的里程数字存储在非易失性存储器内，在无电状态下数据也能保存。

里程表由蜗轮蜗杆机构和数字轮组成。汽车行驶时，主动轴经3对蜗轮蜗杆驱动里程表最右边的第一数字轮，使第一数字轮上的数字显示1/10km。从第一数字轮向左，每两个相邻的数字轮之间，又通过本身的内传动齿和进位数字轮传动齿轮，形成1∶10的传动比。当第一数字轮转动一周，由9转到0时，由内传动齿拨动左侧第二数字轮转动1/10圈，形成1km数递增；当第二数字轮转动一周，由9转到0时，其左侧第三数字轮转动1/10，以10km数递增。其余数字轮由低位到高位显示、计数方式均依次类推，即可显示汽车行驶里程数。

初步训练

设计一款简易的汽车里程表系统。具体要求：利用4位LED数码管显示汽车里程数值，显示格式为“XX. X”，单位为km。假设车轮周长为2m。

任务分析：

1. 硬件电路设计

利用光电晶体管作为光电传感器检测车轮转动圈数。当光电晶体管未接收到光照而截止时，其集电极输出高电平，受光照而导通时其集电极输出低电平，产生一个负脉冲，模拟车轮转动一圈。利用单片机的定时/计数器 T0，对脉冲信号进行采样计数，得到车轮的转动圈数，已知车轮周长，通过计算得到汽车里程数值。

为了防止计数过程中外界信号的干扰，该脉冲经施密特触发器整形后，接到单片机定时/计数器 T0 的输入端，通过图 4-9 所示的 4 位 LED 数码管 DS7 ~ DS4 显示汽车的里程数。根据以上分析，电路设计如图 4-14 所示。

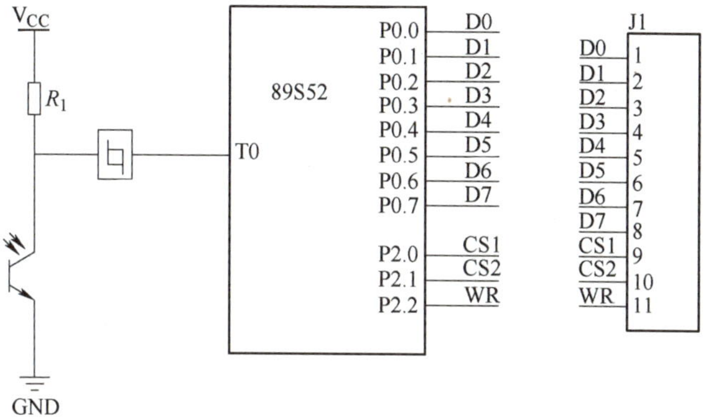

图 4-14　汽车里程表电路图

检测脉冲的计数输入端接到单片机定时/计数器 T0 引脚（P3.4），P0 口接 LED 数码管显示模块的数据端口 D0 ~ D7，P2.0 ~ P2.2 接控制端口 CS1、CS2 和 WR。

2. 软件设计

汽车里程数值显示格式为“XX.Xkm”，则里程数值的最小单位为 100m，车轮周长为 2m，车轮转动 50 圈时，显示数值加 1。

利用 T0 作计数器，每计数 50 次计数器溢出，里程数值 R0 加 1。T0 采用工作方式 2，则 TMOD = 06H，计数初值 = $2^8 - 50$ = 0CEH。程序流程图如图 4-15 所示。

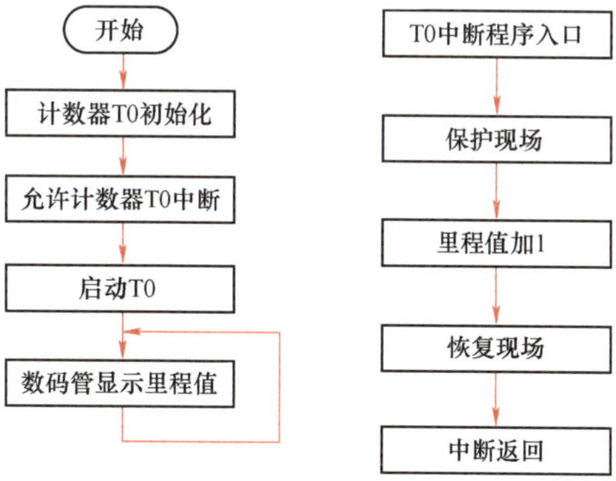

a)　　　　　b)

图 4-15　程序流程图

a）主程序　b）中断服务子程序

操作步骤：

1）将单片机 V_{CC}接 +5V，GND 接地，$\overline{EA}$接 +5V。

2）将 P3.4 接光电检测电路，P0 口接 LED 数码管显示模块的数据端口 D0 ~ D7，P2.0 ~ P2.2 接控制端口 CS1、CS2 和 WR，打开电源。

3）打开 Keil μVision4 软件，根据流程图进行编程，并调试通过，生成 HEX 文件。

4）将生成的 HEX 文件下载到单片机中。

5）观察 LED 数码管现象，并记录在任务工单中。

6）完成实训操作，关闭电源，拆除接线，整理归位。

7）完成任务工单中相关题目。

参考程序：

```
        CS1     EQU P2.0            ；定义 LED 数码管的控制端口
        CS2     EQU P2.1
        WRR     EQU P2.2
        ORG     0000H
        AJMP    MAIN
        ORG     000BH
        AJMP    INT_T0              ；T0 计数中断服务程序
        ORG     0030H
MAIN：  MOV     SP，#60H            ；定义堆栈指针地址
        MOV     R0，#00H            ；里程数初值为 0
        MOV     DPTR，#TAB          ；DPTR 存入字形编码表格首地址
        MOV     TMOD，#06H          ；T0 计数模式，工作方式 2
        MOV     TH0，#0CEH          ；设置 T0 初值
        MOV     TL0，#0CEH
        MOV     IE，#82H            ；T0 允许中断
        SETB    TR0                 ；启动 T0
LOOP：  ACALL   DISP                ；调用 LED 数码管显示子程序
        AJMP    LOOP
DISP：  MOV     A，R0               ；LED 数码管显示子程序
        MOV     B，#100             ；取里程数的最高位
        DIV     AB
        MOVC    A，@A+DPTR          ；取字符字形编码
        CLR     CS1
        SETB    CS2
        MOV     P0，A
        CLR     WRR
        SETB    WRR
        SETB    CS1
        CLR     CS2
```

```
MOV     P0, #07FH          ；设置显示在第一位数码管
CLR     WRR
SETB    WRR
ACALL   DELAY
MOV     A, B               ；取里程数值的第二位并显示
MOV     B, #10
DIV     AB
MOVC    A, @A+DPTR
CLR     CS1
SETB    CS2
MOV     P0, A
CLR     WRR
SETB    WRR
SETB    CS1
CLR     CS2
MOV     P0, #0BFH
CLR     WRR
SETB    WRR
ACALL   DELAY
MOV     A, #10             ；数码管第三位显示小数点
MOVC    A, @A+DPTR
CLR     CS1
SETB    CS2
MOV     P0, A
CLR     WRR
SETB    WRR
SETB    CS1
CLR     CS2
MOV     P0, #0DFH
CLR     WRR
SETB    WRR
ACALL   DELAY
MOV     A, B               ；取里程数值的最末位显示
MOVC    A, @A+DPTR
CLR     CS1
SETB    CS2
MOV     P0, A
CLR     WRR
SETB    WRR
```

```
         SETB    CS1
         CLR     CS2
         MOV     P0, #0FEH
         CLR     WRR
         SETB    WRR
         ACALL   DELAY
         RET
DELAY:   MOV     R6, #05FH             ; 延时子程序
D1:      MOV     R5, #0FFH
         DJNZ    R5, $
         DJNZ    R6, D1
         RET
INT_T0:  PUSH    ACC                   ; T0 中断服务程序
         PUSH    PSW
         PUSH    DPH
         PUSH    DPL
         INC     R0                    ; 计数 50, R0 加 1
         POP     DPH
         POP     DPL
         POP     PSW
         POP     ACC
         RETI
TAB:     DB      0C0H, 0F9H, 0A4H, 0B0H, 99H
         DB      92H, 83H, 0F8H, 80H, 90H, 7FH
         END
```

强化训练

设计一款显示运行时间的汽车里程表系统。具体要求：在初步训练要求的基础上，利用 4 位 LED 数码管显示汽车的运行时间。晶振频率为 12MHz。

任务分析：

硬件设计电路用图 4-14 所示电路，LED 数码管显示电路采用如图 4-9 所示电路，其中 DS7 ~ DS4 显示汽车的里程数，DS3 ~ DS0 显示运行时间（DS3、DS2 显示分钟数，DS1、DS0 显示秒数）。

此处 T0 用作计数器工作，采用工作方式 2，T0 每计数 50 个，计满溢出，申请中断，里程数值 R0 加 1。采用定时器 T1 工作方式 1 定时 50ms，用 R1 作 50ms 计数单元，实现 1s 定时。R2 存放分钟数，R3 存放秒数。

工作方式控制器 TMOD = 16H，T1 计数初值 = 65536 − 50000 = 15536 = 3CB0H。

LED 数码管显示的 8 位字符存放在 30H ~ 37H 单元，通过查表指令获得字符段码，显示位码通过移位指令实现。

根据以上分析，程序流程图如图 4-16 所示。

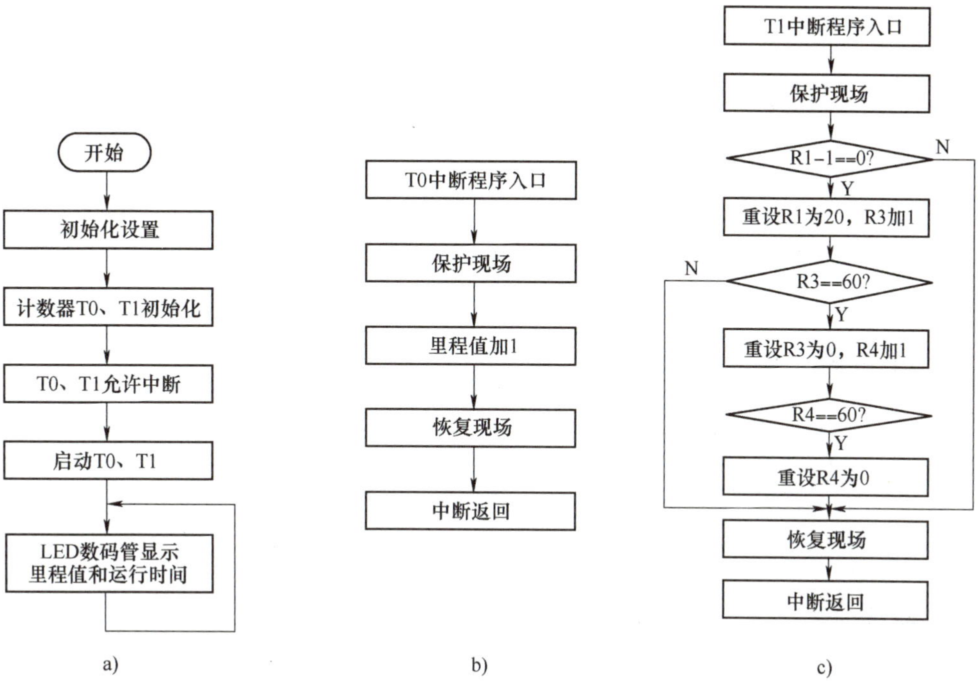

图 4-16　程序流程图

a）主程序　b）T0 计数中断服务子程序　c）T1 定时中断服务子程序

参考程序：

扫二维码获取。

◇◇◇ 项目二　汽车转速表

任务一　LCD 显示设计

知识目标

1. 理解 LCD1602 的引脚功能。
2. 掌握 LCD1602 的基本操作时序。
3. 掌握 LCD1602 的 11 条控制指令。
4. 掌握 LCD1602 的 DDRAM 的地址映射关系。

能力目标

1. 能用 LCD1602 进行显示模式设置。
2. 能用 LCD1602 进行字符显示位置的设置。
3. 能用 LCD1602 进行初始化设置。
4. 能进行 LCD1602 简单显示的设计。
5. 能进行 LCD1602 的移位显示设计。

素养目标

树立爱岗敬业的意识，养成制订工作计划的习惯。

任务相关知识

LCD 为平面超薄的显示器，由一定数量的彩色或黑白像素组成，放置于光源或者反射面前方。

LCD 有字段型、字符型、点阵型，在使用时，有的 LCD 内部有控制器，使用比较方便。

液晶显示模块具有体积小、功耗低、显示内容丰富、超薄轻巧等优点，在单片机应用领域得到越来越广泛的应用。单片机应用系统中最常见的 LCD 有 LCD12864、LCD1602 和 LCD3310 等。LCD1602 是最常见的字符型显示器。

1. LCD1602 简介

LCD1602 是一种工业字符型液晶显示模块，能够同时显示 16×02（即 32）个字符（16 行×2 列），是专门用于显示字幕、数字、符号等的点阵型液晶显示模块。采用 +5V 电源供电，外围电路配置简单、价格便宜，具有很高的性价比。

LCD1602 内部具有字符库 ROM（CGROM），能显示出 192 个字符。每一个字符都有一个固定的代码，其中数字和字母的代码采用 ASCII 码编码。单片机控制 LCD1602 显示字符时，只需将待显示字符的 ASCII 码写入内部的显示用数据存储器（DDRAM），内部控制电路就可将字符显示在显示器上。例如，要显示字符“A”，单片机只需将字符“A”的 ASCII 码（41H）写入 DDRAM，控制电路就会将对应的字符库 ROM（CGROM）中字符“A”的点阵数据找出来显示在 LCD 上。

2. LCD1602 引脚控制

LCD1602 的工作电压为 4.5～5.5V，典型工作电压为 5V，工作电流为 2mA。LCD1602（16 引脚，有背光）的外形及引脚图如图 4-17 所示。

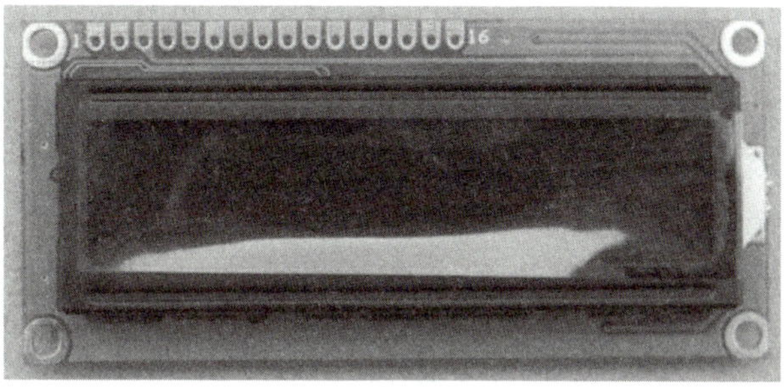

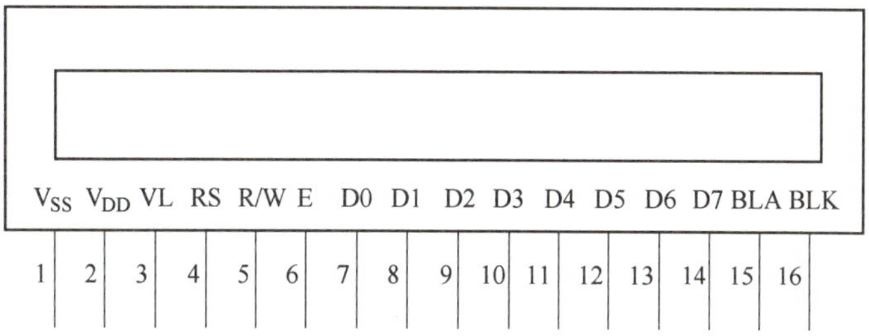

图 4-17　LCD1602 的外形及引脚图

引脚包括 8 个数据端、3 个控制端、3 个电源端和 2 个背光源端，各引脚的功能见表 4-6。

表 4-6　LCD1602 引脚功能表

引脚标号	引脚名称	引 脚 功 能
1	V_{SS}	电源地
2	V_{DD}	电源正极
3	VL	液晶显示器偏压；调节液晶屏对比度
4	RS	数据/命令选择： RS＝0，将 D0～D7 上的数据送到数据寄存器 RS＝1，将 D0～D7 上的数据送到指令寄存器
5	R/W	读/写选择： R/W＝0，进行写操作 R/W＝1，进行读操作
6	E	使能信号： 读操作时，下降沿有效 写操作时，高电平有效
7～14	D0～D7	数据输入/输出口
15	BLA	背光源正极
16	BLK	背光源负极

3. LCD1602 的基本操作时序

LCD1602 共有四种基本操作，每一种操作都有自己的操作控制时序，见表 4-7。

表 4-7　LCD1602 的基本操作控制时序

基本操作	输　入				输　出
	RS	R/W	E	D0 ~ D7	
读状态	0	1	1		D0 ~ D7 = 状态字
写指令	0	0	高脉冲	指令码	无
读数据	1	1	1		D0 ~ D7 = 数据
写数据	1	0	高脉冲	数据	无

4. LCD1602 显示模式设置

LCD1602 液晶模块内部的控制器共有 11 条控制指令。它的读写操作、屏幕和光标的操作都是通过指令编程来实现的。各指令的功能见表 4-8。

表 4-8　LCD1602 控制指令表

序号	控制指令	RS	R/W	D7	D6	D5	D4	D3	D2	D1	D0
1	清显示	0	0	0	0	0	0	0	0	0	1
2	光标返回	0	0	0	0	0	0	0	0	1	*
3	置输入模式	0	0	0	0	0	0	0	1	I/D	S
4	显示开关控制及光标设置	0	0	0	0	0	0	1	D	C	B
5	光标字符移位	0	0	0	0	0	1	S/C	R/L	*	*
6	置功能	0	0	0	0	1	DL	N	F	*	*
7	置字符存储器地址	0	0	0	1	字符发生存储器地址					
8	置数据存储器地址	0	0	1	显示数据存储器发生地址						
9	读忙标志或地址	0	1	BF	计数器地址						
10	写数据到 CGRAM 或 DDRAM	1	0	要写的数据							
11	从 CGRAM 或 DDRAM 读数据	1	1	读出的数据							

注：1 为高电平，0 为低电平。

指令说明：

指令 1：清显示，指令码为 01H，光标复位到地址 00H 位置。

指令 2：光标复位，光标返回地址 00H。

指令 3：光标和显示模式设置。

I/D：光标移动方向，高电平右移，低电平左移。

S：屏幕上所有文字是否左移或者右移。高电平表示有效，低电平则无效。

指令 4：显示开关控制及光标设置。

D：控制整体显示的开与关，高电平表示开显示，低电平表示关显示。

C：控制光标的开与关，高电平表示有光标，低电平表示无光标。

B：控制光标是否闪烁，高电平表示闪烁，低电平表示不闪烁。

指令 5：光标或显示移位。

S/C：高电平时移动显示的文字，低电平时移动光标。

R/L：高电平时光标向右移动，低电平时光标向左移动。

指令 6：功能设置命令。

DL：高电平时为 4 位总线，低电平时为 8 位总线。

N：低电平时为单行显示，高电平时双行显示。

F：低电平时显示 5×7 的点阵字符，高电平时显示 5×10 的点阵字符。

指令 7：字符发生器 RAM 地址设置。

指令 8：DDRAM 地址设置。

指令 9：读忙信号和光标地址。

BF：为忙标志位，高电平表示忙，此时模块不能接收命令或者数据，低电平表示不忙。

指令 10：写数据。

指令 11：读数据。

例如，将 LCD1602 显示模式设置为“16×2 显示，5×7 点阵，8 位数据接口”，只需要向 LCD1602 写入置功能指令（指令 6）“00111000B”（即 38H）即可。

例如，要求 LCD 开显示，显示光标且光标闪烁，则根据显示开关控制及光标设置指令（指令 4），令 D=1，C=1，B=1，写入命令“00001111B”（即 0FH），就可实现所需的显示模式。

5. LCD1602 字符显示位置的确定

LCD1602 的控制器内部带有 80KB 的 DDRAM，用来寄存待显示的字符代码，其与显示屏的字符显示位置是一一对应的。LCD1602 的 DDRAM 地址与字符显示位置的对应关系如图 4-18 所示。

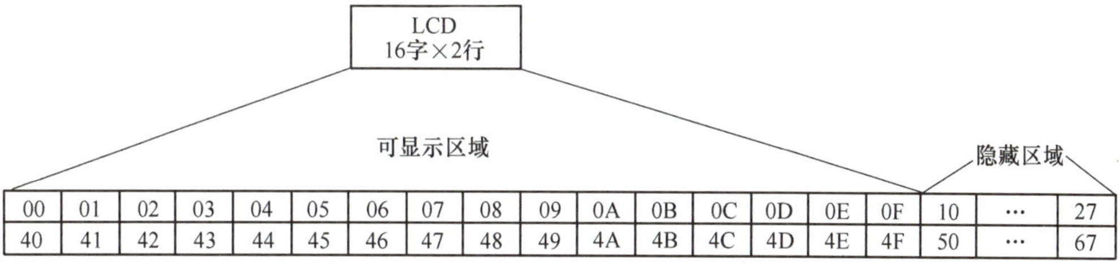

图 4-18　LCD1602 的 DDRAM 地址映射

当向 DDRAM 的 00H～0FH（第 1 行）、40H～4FH（第 2 行）地址中的任意一处写入数据时，LCD 将立即显示出来，该区域称为可显示区域。当写入 10H～27H 或 50H～67H 地址中时，字符不会显示出来，该区域称为隐藏区域。要显示写入隐藏区域的字符，只需通过光标字符移位指令（指令 5）将它们移入可显示区域即可。

在向 DDRAM 写入字符时，首先要设置 DDRAM 地址，此操作可通过指令 8 完成。例如要写入字符到 DDRAM 的 40H 处，则指令 8 的格式为：80H+40H=C0H，其中 80H 为命令代码，40H 为写入字符的地址。

6. LCD1602 初始化设置

1）写命令 38H，设置显示模式为 16×2 显示、5×7 点阵、8 位数据接口。

2）写命令 08H，显示关闭。

3）写命令 01H，显示清屏，数据指针清 0。

4）写命令 0CH，设置显示开及光标不显示。

5）写命令 06H，设置光标右移，即写一个字符后地址指针加 1。

需要说明，LCD1602 是慢显示器，在进行设置和数据读取时，需要检测忙标志位 BF，如果为 1，则说明忙，需要等待；如果为 0，则可进行下一步操作。实际上，由于单片机的操作速度慢于显示器的反应速度，可以不进行忙检测，或只进行简短延时即可。

初步训练

利用 LCD1602 显示“Dian Zi Xi”。

任务分析：

利用单片机 P0 口接 D0 ~ D7，P2. 5 接 RS，P2. 6 接 R/W，P2. 7 接 E。画出电路图，如图 4-19 所示。

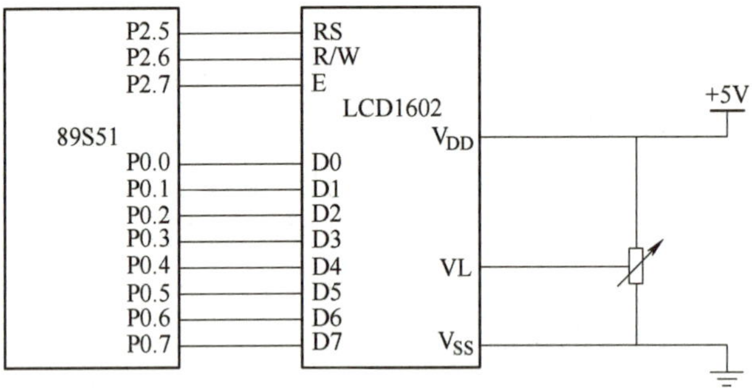

图 4-19 LCD1602 显示电路图

程序流程图如图 4-20 所示。

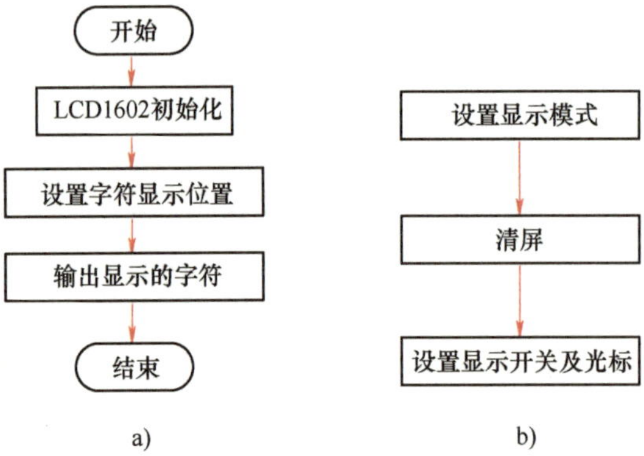

图 4-20 程序流程图

a）主程序 b）LCD1602 初始化子程序

操作步骤：

1）将单片机 V_{CC}接 +5V，GND 接地，$\overline{EA}$接 +5V。

2）将 P0 口接 D0 ~ D7，P2. 5 接 RS，P2. 6 接 R/W，P2. 7 接 E，打开电源。

3）打开 Keil μVision4 软件，根据流程图进行编程，并调试通过，生成 HEX 文件。

4）将生成的 HEX 文件下载到单片机中。

5）观察 LCD1602 显示现象，并记录在任务工单中。

6）完成实训操作，关闭电源，拆除接线，整理归位。

7）完成任务工单中相关题目。

参考程序：

```
        RS      EQU P2.5             ；LCD1602 数据/命令选择端口
        RW      EQU P2.6             ；LCD1602 读/写选择端口
        E       EQU P2.7             ；LCD1602 使能端口
        ORG     0000H
        AJMP    START
        ORG     0030H
START：
        ACALL   LCD_INIT             ；LCD1602 初始化
        MOV     A，#80H              ；设置显示位置在第 1 行第 1 列
        ACALL   WRITE1
        MOV     DPTR，#TABLE
        ACALL   WRITEST              ；显示字符串
LOOP：  AJMP    LOOP
LCD_INIT：                           ；初始化子程序
        MOV     A，#38H              ；8 位两行显示，5×7 点阵字符
        ACALL   WRITE1
        MOV     A，#08H              ；显示关闭
        ACALL   WRITE1
        MOV     A，#01H              ；清屏
        ACALL   WRITE1
        MOV     A，#0CH              ；开显示，光标关闭
        ACALL   WRITE1
        MOV     A，#06H              ；光标右移
        ACALL   WRITE1
        RET
WRITE1：                             ；写命令子程序
        CLR     RS
        CLR     RW
        CLR     E
        MOV     P1，ACC
        SETB E                       ；E 高脉冲
        NOP
        CLR     E
        RET
WRITE2：                             ；写数据子程序
        SETB    RS
        CLR     RW
```

```
        CLR     E
        MOV     P1, ACC
        SETB    E                       ; E 高脉冲
        NOP
        CLR     E
        RET
WRITEST:                                ; 写字符串子程序
        MOV     R1, #00H
A1:     MOV     A, R1
        MOVC    A, @A + DPTR
        ACALL   WRITE2
        INC     R1
        CJNE    A, #00H, A1
        RET
TABLE:          DB "Dian Zi Xi"
        END
```

强化训练

进行 LCD1602 的移位显示设计。

任务分析：

首先进行第一行数据 DDRAM 地址设置，第一行数据的隐藏区域地址为 10H，指令代码为 80H + 10H = 90H，再写入数据。同样，第二行数据的地址为 50H，先写入地址命令代码 0D0H，再写入第二行数据。然后使用整屏左移指令 18H，每 125ms 移动一个地址，共移动 16 个地址，正好将要显示的内容全部移到可显示区域。根据以上分析，程序流程图如图 4-21 所示。

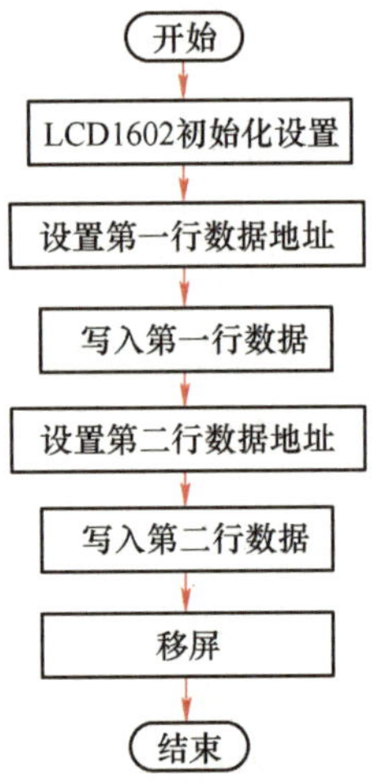

图 4-21　程序流程图

参考程序：

扫二维码获取。

习　题

1. RS 引脚功能是________，当 RS = ________时，将 D0 ~ D7 上的数据送到数据寄存器；当 RS = ________时，将 D0 ~ D7 上的数据送到指令寄存器。

2. R/W 引脚功能是________，当 R/W = ________时，进行写操作；当 R/W = ________时，进行读操作。

3. E 引脚功能是________，读操作时，________有效；写操作时，________有效。

4. 将 LCD1602 显示模式设置为“16×2 显示、5×10 点阵、4 位数据接口”，需要向 LCD1602 写入的置功能指令为________。

5. 要求 LCD 开显示，显示光标且光标闪烁，显示开关控制及光标设置指令为________。

6. 什么是 DDRAM？如何设置？

7. LCD1602 的基本操作时序如何设置？

任务二　汽车转速表设计

知识目标

1. 理解简单电子转速表工作原理。
2. 掌握 LCD1602 显示原理。
3. 掌握霍尔式传感器的工作原理。
4. 掌握霍尔式传感器 A3144 的引脚和内部电路。

能力目标

1. 学会霍尔式传感器 A3144 的使用。
2. 能用 LCD1602 进行速度显示。
3. 能进行简单的电子转速表的设计。

任务相关知识

转速表安装在汽车仪表板内，单位是 1000r/min，即显示发动机每分钟转多少千转，能够直观地显示发动机在各个工况下的转速，驾驶人可以随时知道发动机的运转情况，配合变速器档位和节气门位置，使之保持最佳的工作状态，减少油耗，延长发动机寿命。

霍尔式传感器是根据霍尔效应制成的一种磁场传感器。将置于磁场中的导体或半导体通入电流，若电流与磁场垂直，则在磁场和电流都垂直的方向上产生一个电势差，这种现象就是霍尔效应。利用霍尔效应制成的元件称为霍尔式传感器。

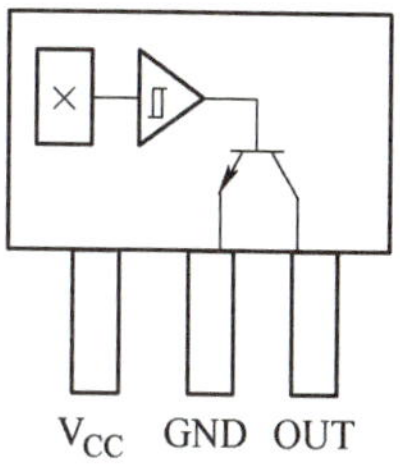

图 4-22　A3144 引脚和内部电路

霍尔式传感器 A3144 是一种单极（S）开关型传感器，引脚和内部电路如图 4-22 所示。只要 S 极有“靠近-远离”的动作，A3144 就产生脉冲信号。需要注意，输出端为 OC 门，使用时需要加上拉电阻。

初步训练

设计一款简单电子转速表。具体要求：利用霍尔式传感器 A3144 检测车轮转速，用 LCD1602 显示转速值。

任务分析：

1. 硬件设计

以霍尔式传感器 A3144 最为输入器件，然后利用单片机的定时/计数器 T0 的计数输入端，对传感器输入的脉冲进行计数，即可很方便地完成对转速的测量。图 4-23 所示为电子转速表电路图。输入主要由霍尔传感器 A3144 构成，经输出驱动后接至单片机的定时/计数器 T0 计数输入端 T0 引脚（P3.4），输出由 LCD1602 来显示转速值。

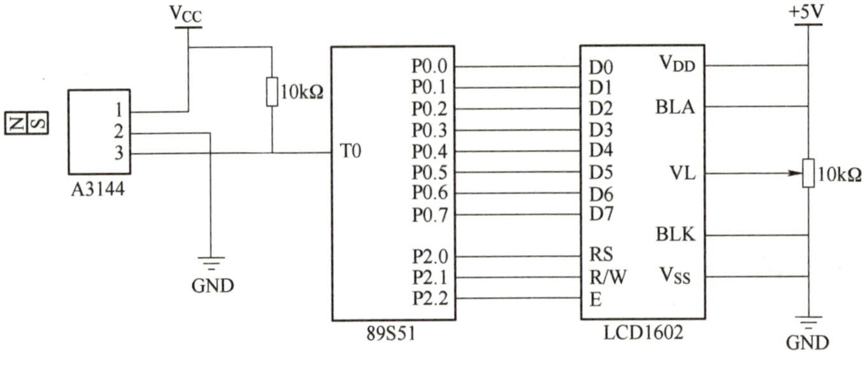

图 4-23　电子转速表电路图

2. 软件设计

转速表的转速测量采用直接测量法。由定时/计数器 T1 实现 1min 定时，由定时/计数器 T0 完成对转速的测量，测量范围为 0～255r/min。程序流程图如图 4-24 所示。

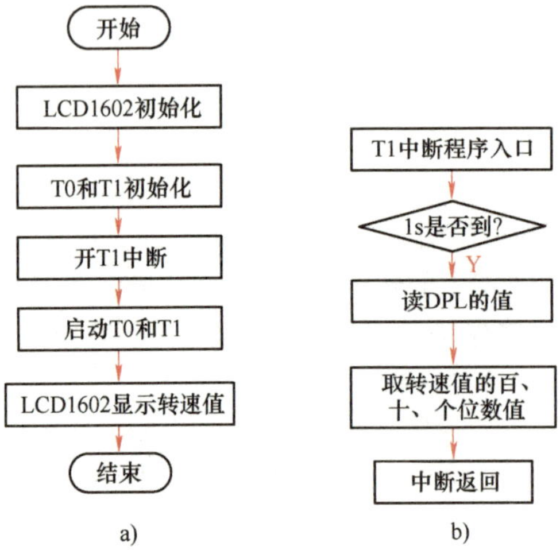

图 4-24　程序流程图

a）主程序　b）中断服务程序

操作步骤：

1）将单片机 V_{CC}接 +5V，GND 接地，$\overline{EA}$接 +5V。

2）将 P0 口接 D0～D7，P2.0 接 RS，P2.1 接 R/W，P2.2 接 E，T0 引脚（P3.4）接霍尔式传感器 A3144，打开电源。

3）打开 Keil μVision4 软件，根据流程图进行编程，并调试通过，生成 HEX 文件。

4）将生成的 HEX 文件下载到单片机中。

5）观察 LCD1602 显示现象，并记录在任务工单中。

6）完成实训操作，关闭电源，拆除接线，整理归位。

7）完成任务工单中相关题目。

参考程序：

```
        RS      EQU P2.0                ；定义 LCD1602 使能端口
        RW      EQU P2.1
        E       EQU P2.2
        ORG     0000H
        AJMP    START
        ORG     001BH
        AJMP    SPEED                   ；跳转 T1 中断服务程序
        ORG     0030H
START：
        MOV     31H，#00H               ；存放转速值的百位值
        MOV     32H，#00H               ；存放转速值的十位值
        MOV     33H，#00H               ；存放转速值的个位值
        ACALL   LCD_INIT                ；调用 LCD1602 初始化子程序
        MOV     TMOD，#15H              ；T0 计数工作方式 1，T1 定时工作方式 1
        MOV     TH0，#00H               ；T0 计数初值设置
        MOV     TL0，#00H
        MOV     TH1，#0CH               ；T1 定时 125ms 初值设置
        MOV     TL1，#40H
        MOV     R0，#08H                ；软件计数器 R0 设为 8，定时 1s
        MOV     R1，#3CH                ；软件计数器 R1 设为 3C，定时 1min
        MOV     IE，#88H                ；定时/计数器 T1 中断允许
        SETB    TR0                     ；启动 T0
        SETB    TR1                     ；启动 T1
LOOP：  ACALL   LCD_DIS                 ；调用 LCD1602 显示子程序
        SJMP    LOOP
LCD_INIT：                              ；LCD1602 初始化设置子程序
        MOV     A，#38H
        ACALL   WRITE1
        MOV     A，#08H
        ACALL   WRITE1
        MOV     A，#01H
        ACALL   WRITE1
        MOV     A，#0CH
        ACALL   WRITE1
        MOV     A，#06H
        ACALL   WRITE1
        RET
```

```
WRITE1:CLR      RS                    ; LCD1602 写指令子程序
       CLR      RW
       CLR      E
       MOV      P1, ACC
       SETB     E
       NOP
       CLR      E
       RET
WRITE2:                               ; LCD1602 写数据子程序
       SETB RS
       CLR      RW
       CLR      E
       MOV      P1, ACC
       SETB     E
       NOP
       CLR      E
       RET
LCD_DIS:                              ; LCD1602 显示子程序
       MOV      A, #80H               ; 设置字符在第一行第一列开始显示
       ACALL    WRITE1
       MOV      DPTR, #TABLE
       MOV      A, 31H                ; 取转速值百位数值
       MOVC     A, @A+DPTR            ; 显示百位数的字符
       ACALL    WRITE2
       MOV      DPTR, #TABLE
       MOV      A, 32H                ; 取转速值十位数值
       MOVC     A, @A+DPTR            ; 显示十位数的字符
       ACALL    WRITE2
       MOV      DPTR, #TABLE
       MOV      A, 33H                ; 取转速值个位数值
       MOVC     A, @A+DPTR            ; 显示个位数的字符
       ACALL    WRITE2
       ACALL    DELAY                 ; 延时
       RET
SPEED:                                ; T1 中断服务子程序
       DJNZ     R0, DONE2             ; 1s 未到
       DJNZ     R1, DONE1             ; 1min 未到
       CLR      TR0                   ; 1min 到, 关闭 T0
       CLR      TR1                   ; 关闭 T1
```

```
        MOV     A，TL0            ；取转速值
        MOV     B，#100           ；取转速值百位值
        DIV     AB
        MOV     31H，A            ；保存百位值到31H
        MOV     A，B
        MOV     B，#10            ；取转速值百位和个位值
        DIV     AB
        MOV     32H，A            ；保存十位值到32H
        MOV     33H，B            ；保存个位值到33H
        MOV     TH0，#00H         ；重新设置 T0 的计数初值
        MOV     TL0，#00H
        MOV     TH1，#0CH         ；重新设置 T1 的定时初值
        MOV     TL1，#40H
        MOV     R0，#08H
        MOV     R1，#3CH
        SETB    TR0               ；重新启动 T0 和 T1
        SETB    TR1
        RETI                      ；中断返回
DONE1： MOV     R0，#08H          ；1s 未到，重新设置软件计数 R0
DONE2： MOV     TH1，#0CH         ；1min 未到，重新设置 T1 定时初值
        MOV     TL1，#40H
        RETI
DELAY：                           ；延时子程序
        MOV     R6，#250
DD1：   MOV     R7，#249
DD2：   DJNZ    R7，DD2
        DJNZ    R6，DD1
        RET
TABLE：         DB  " 0123456789"
        END
```

习　题

1. 霍尔式传感器是根据________制成的一种磁场传感器。

2. 霍尔式传感器 A3144 是一种________传感器，只要 S 极有“靠近-远离”的动作，就产生________。需要注意，输出为 OC 门，使用时需要________。

3. 霍尔式传感器 A3144 的三个引脚分别是________、________和________。

4. 什么是霍尔效应？

5. 霍尔式传感器的测速原理是什么？

◇◇◇项目三　点阵 LED 控制

◆任务　点阵 LED 显示设计

知识目标

1. 理解点阵显示屏的组成。
2. 掌握点阵显示屏的显示原理。
3. 掌握 LED 点阵控制器的控制原理。

能力目标

1. 能写出点阵显示编码。
2. 能完成点阵显示器与单片机的硬件电路连接。
3. 能利用 4 块 8×8LED 点阵合并而成一个 16×16 显示屏。

素养目标

树立节约意识和团队协作意识。

任务相关知识

随着 LED 应用领域的扩大，要求生产更为直接和方便的 LED 显示器件。因而出现了数码管、字符管、电平管、LED 点阵等多种 LED 显示器。无论显示器的结构如何变，它的核心部件仍然是发光半导体芯片。

例如，一个 8×8 LED 点阵是由 64 个 LED 按一个规律组成的，如图 4-25 所示。

图 4-25b 所示的 LED，行接低电平，列接高电平，LED 导通发光。

根据 LED 显示屏的显示原理及结构，分析 LED 点阵控制器的控制原理。

如显示 10 个汉字，先将这 10 个汉字的点阵从字库中读出，放到显示缓存中，如果要实现左移或者其他的显示效果，则将显示缓存中的每个位进行移位或者其他处理，然后再调用扫描显示函数就可以实现所规定的效果。

扫描显示函数是显示缓存的内容，如果要实现不同的内容，比如说图片、汉字、英文等内容，只需要将这些内容按扫描显示函数对显示缓存的协议要求对应起来，就可以显示出来。

由于 LED 显示屏中采用 74HC595 移位缓存器，所以需要设计 74HC595 的驱动，这个相对简单，只要将数据按位传输，一位送一个时钟，送完一行所有的数据送一个锁存时钟，再通过 74HC138 选通该行，这样一直循环，人眼就会看到一幅完整的内容。

对于 LED 显示屏来说，显示使能端是比较重要的，主要是因为送完一行后需要有一个消隐的动作。所谓消隐，就是让显示屏黑屏一段时间，如果不做该动作，则在显示的过程中

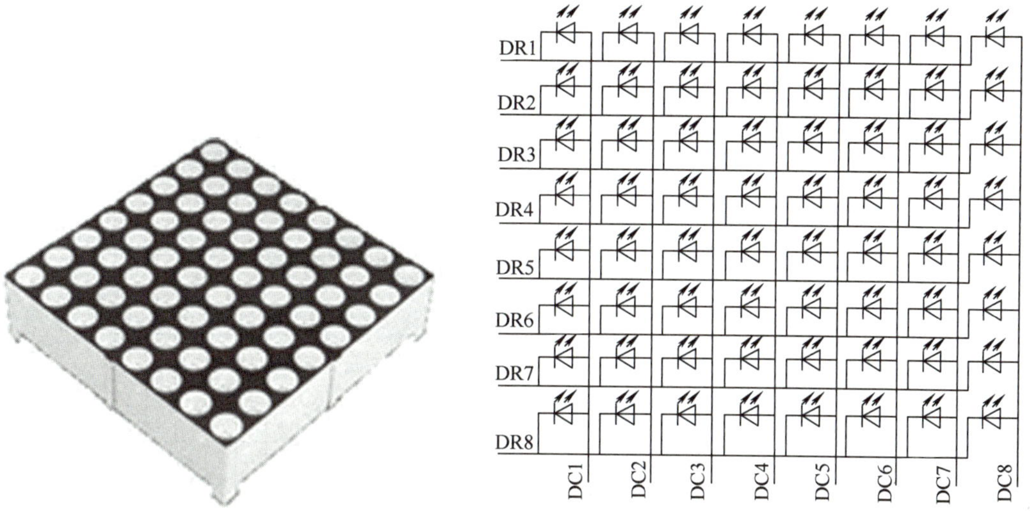

a)　　b)

图 4-25　8×8 LED 的点阵
a）8×8 LED 点阵实物图　b）8×8 LED 点阵内部结构图

会有拖影的现象。

初步训练

利用 8×8 LED 点阵显示数字 0~9。具体要求：点阵显示屏依次显示 0~9 十个数字。

任务分析：

数字 0~9 点阵显示代码如图 4-26a 所示，假设显示数字“0”，形成的列代码为 00H，00H，3EH，41H，41H，41H，3EH，00H。只要把这些代码分别送到相应的列线上面，即可实现“0”的数字显示。

送显示代码过程：送第一列线代码到 P3 口，同时置第一行线为“0”，其他行线为“1”，延时 2ms 左右；送第二列线代码到 P3 口，同时置第二行线为“0”，其他行线为“1”，延时 2ms 左右；如此下去，直到送完最后一列代码，再从头开始送。

数字 1~9 的代码如下（图 4-26b~j）：

数字“1”代码为 00H，00H，00H，00H，21H，7FH，01H，00H。

数字“2”代码为 00H，00H，27H，45H，45H，45H，39H，00H。

数字“3”代码为 00H，00H，22H，49H，49H，49H，36H，00H。

数字“4”代码为 00H，00H，0CH，14H，24H，7FH，04H，00H。

数字“5”代码为 00H，00H，72H，51H，51H，51H，4EH，00H。

数字“6”代码为 00H，00H，3EH，49H，49H，49H，26H，00H。

数字“7”代码为 00H，00H，40H，40H，40H，4FH，70H，00H。

数字“8”代码为 00H，00H，36H，49H，49H，49H，36H，00H。

数字“9”代码为 00H，00H，32H，49H，49H，49H，3EH，00H。

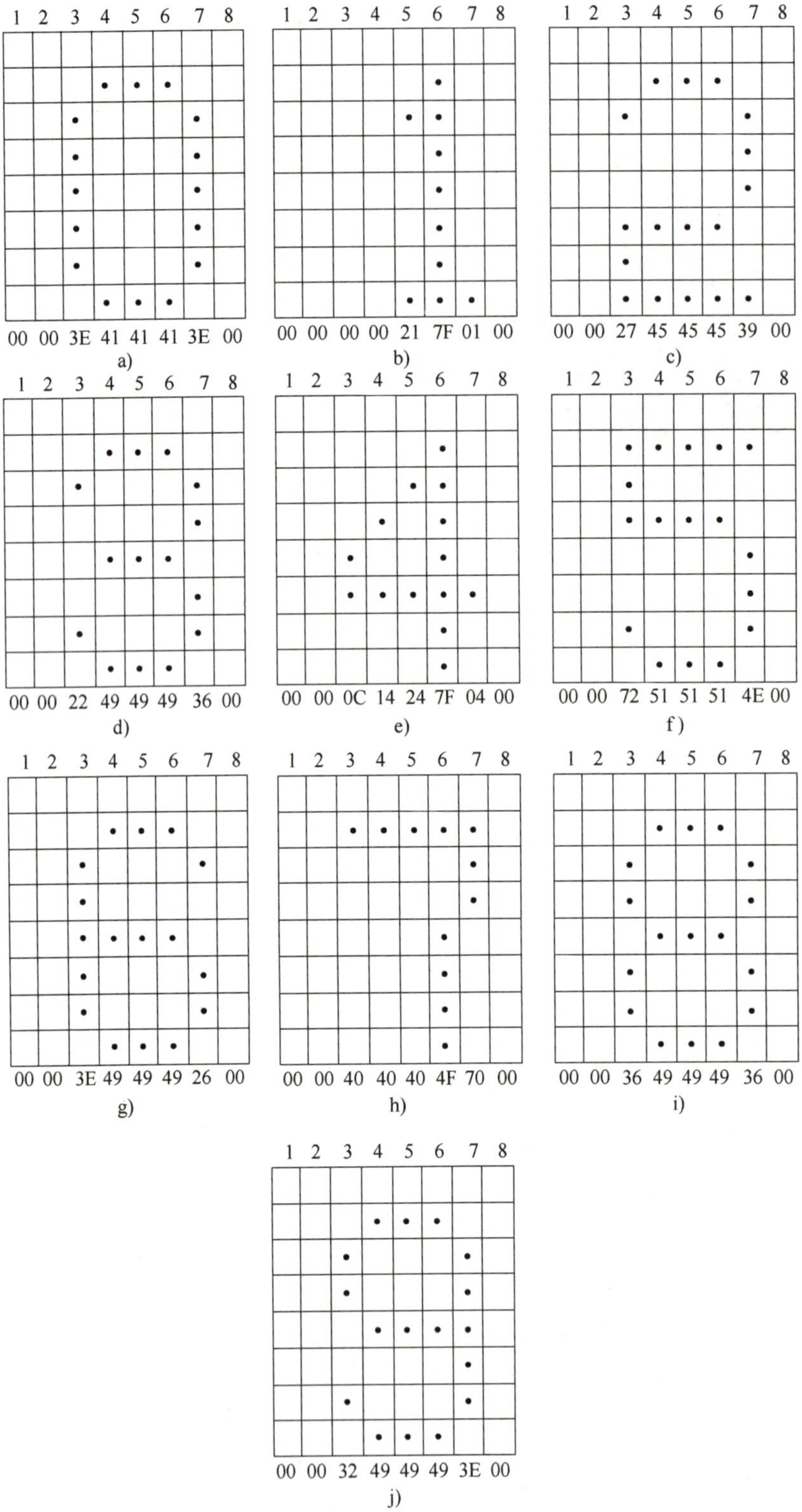

图 4-26 数字 0～9 代码

a）数字 0 b）数字 1 c）数字 2 d）数字 3 e）数字 4 f）数字 5 g）数字 6 h）数字 7 i）数字 8 j）数字 9

操作步骤：

1）利用导线按表4-9中的对应关系将点阵LED和单片机连接起来。

表4-9　点阵LED和单片机连线表

点阵LED	单片机
H0 ~ H7	P0口
L0 ~ L7	P2口
	$\overline{EA}$接+5V

2）运行Keil μVision4软件，新建一个工程文件夹（如LED），新建一个工程文件LED. ASM。

3）输入并编辑LED. ASM文件，并且编译生成HEX文件。

4）将生成的HEX文件下载到单片机中。

5）运行实验程序，观察实验现象，点阵LED应显示数字0~9。

6）完成实训操作，关闭电源，拆除接线，整理归位。

7）完成任务工单中相关题目。

参考程序：

```
        TCOUNT EQU   30H
        R_CNT  EQU   31H
        NUMB   EQU   32H
        ORG    0000H
        LJMP   START
        ORG    000BH
        LJMP   INT_T0
START:  MOV    TCOUNT, #00H
        MOV    R_CNT, #00H
        MOV    NUMB, #00H
        MOV    TMOD, #01H
        MOV    TH0, #(65536-4000)/256        ; 定时4ms
        MOV    TL0, #(65536-4000) MOD 256
        SETB   TR0
        MOV    IE, #82H
        SJMP   $
INT_T0: MOV    TH0, #(65536-1000)/256
        MOV    TL0, #(65536-1000) MOD 256
        MOV    DPTR, #TAB                    ; 选中某列
        MOV    A, R_CNT                      ; rcnt为列计数器
        MOVC   A, @A+DPTR
        MOV    P2, A
        MOV    DPTR, #NUB                    ; 取此列的代码
```

```
        MOV     A, NUMB                 ; NUMB 为要显示的数据
        MOV     B, #8
        MUL     AB
        ADD     A, R_CNT                ; 确定在第几行第几列
        MOV     CA, @A+DPTR
        CPLA
        MOV     P0, A                   ; 输出行码
        INC     R_CNT
        MOV     A, R_CNT
        CJNE    A, #8, NEXT
        MOV     R_CNT, #00H
NEXT:   INC     TCOUNT                  ; 显示延时，每个数字显示 1s
        MOV     A, TCOUNT
        CJNE    A, #250, NEX
        MOV     TCOUNT, #00H
        INC     NUMB
        MOV     A, NUMB
        CJNE    A, #10, NEX             ; 0~9 循环显示
        MOV     NUMB, #00H
NEX:    RETI
TAB:    DB      0FEH, 0FDH, 0FBH, 0F7H, 0EFH, 0DFH, 0BFH, 7FH
NUB:    DB      00H, 00H, 3EH, 41H, 41H, 41H, 3EH, 00H
        DB      00H, 00H, 00H, 00H, 21H, 7FH, 01H, 00H
        DB      00H, 00H, 27H, 45H, 45H, 45H, 39H, 00H
        DB      00H, 00H, 22H, 49H, 49H, 49H, 36H, 00H
        DB      00H, 00H, 0CH, 14H, 24H, 7FH, 04H, 00H
        DB      00H, 00H, 72H, 51H, 51H, 51H, 4EH, 00H
        DB      00H, 00H, 3EH, 49H, 49H, 49H, 26H, 00H
        DB      00H, 00H, 40H, 40H, 40H, 4FH, 70H, 00H
        DB      00H, 00H, 36H, 49H, 49H, 49H, 36H, 00H
        DB      00H, 00H, 32H, 49H, 49H, 49H, 3EH, 00H
        END
```

强化训练

将 4 块 8×8LED 点阵合并成一个 16×16 显示屏，并让其显示汉字“我”（图 4-27）。

任务分析：

为了方便调试，可以把 4 块 8×8 LED 点阵组成的 16×16 显示屏的行信号扫描输出引脚和列信号显示输出引脚分别引到显示屏的两边，原理图如图 4-28 所示。

图 4-28 中，Si（i=1，2，3，…，16）代表行扫描信号输出，Di（i=1，2，3，…，16）代表列显示信号输出。

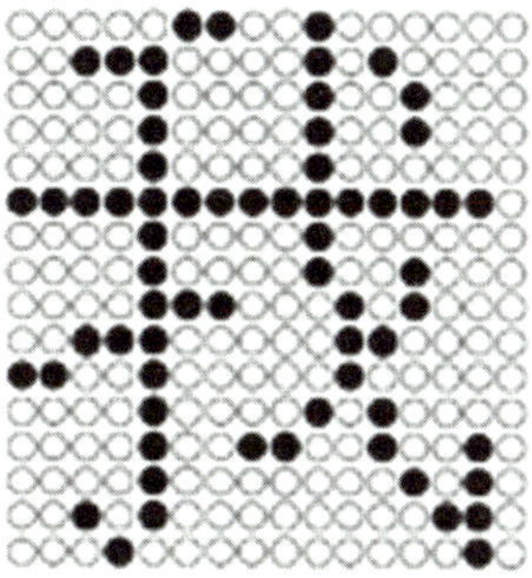

图 4-27　显示效果图

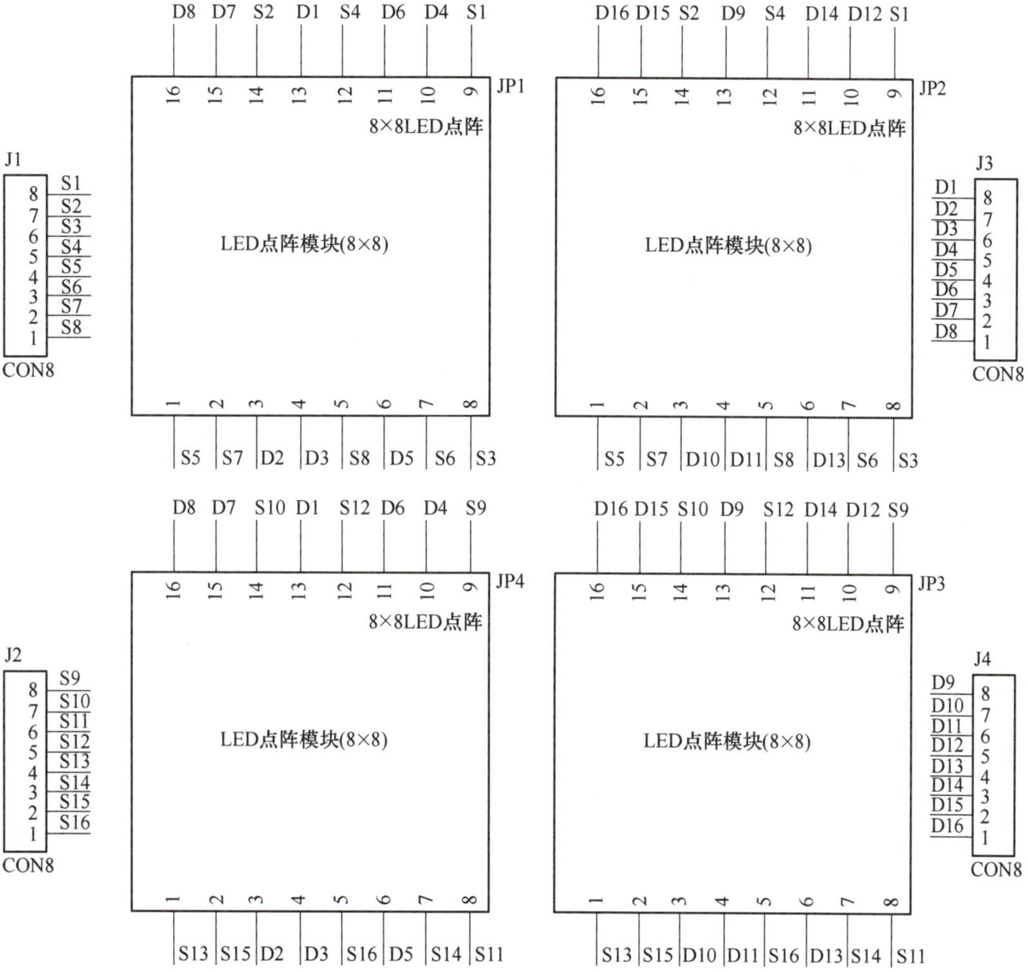

图 4-28　4 块 8 × 8 LED 点阵组成 16 × 16 LED 点阵屏的原理图

习　题

1. LED 发光灯由哪四部分组成？其核心部分是什么？
2. 什么是人眼的视觉惰性？
3. 目前广为采用的扫描驱动方式是利用什么原理设计的？

◇◇◇ 项目四　电子时钟

◆ 任务　电子时钟设计

知识目标

1. 掌握时钟芯片 DS1302 的工作原理及编程方法。
2. 会灵活使用单片机的定时器和中断。
3. 掌握 LED 数码管动态显示任意字符的方法。

能力目标

1. 能根据项目要求，进行编程算法设计。
2. 能设计出电子时钟的硬件电路。
3. 能控制 LED 数码管按照 1s 的间隔变化数字。
4. 能用定时器定时 1s。

素养目标

弘扬契约精神，树立规则意识和尊重他人的意识。

任务相关知识

1. DS1302 简介

DS1302 是美国 DALLAS 公司推出的涓流充电时钟芯片，内含一个实时时钟/日历电路和 31B 静态 RAM。通过简单的串行接口与单片机进行通信。实时时钟/日历电路提供秒、分、时、日、日期、月、年的信息，每月的天数和闰年的天数可以自动调整，时钟操作可通过 AM/PM 来决定采用 24 小时或 12 小时格式。DS1302 与单片机之间能简单地采用同步串行的方式进行通信，仅需用到三个口线：RES（复位）、I/O（数据线）和 SCLK（串行时钟）。时钟/RAM 的读/写数据以 1B 或者多达 31B 的字符组方式通信。DS1302 广泛应用于电话、传真、便携式仪器以及电池供电的仪器仪表等产品领域，主要的性能指标如下。

1）实时时钟具有能计算 2100 年之前的秒、分、时、日、日期、星期、月、年的能力，还有闰年调整的能力。

2）31 ×8 位暂存数据存储 RAM。

3）串行 I/O 口方式使得引脚数量最少。

4）宽范围工作电压：2.0 ~5.5V。

5）工作电流：2.0V 时小于 300nA。

6）读/写时钟或 RAM 数据时，有单字节传送和多字节传送两种传送方式。

7）8 引脚 DIP 封装或可选的 8 引脚 SOIC 封装（根据表面装配）。

8）简单三线接口。

9）与 TTL 兼容（V_{CC} =5V）。

10）可选工业级温度范围：-40～85℃。

11）在 DS1202 基础上增加的特性：对 V_{CC1} 有可选的涓流充电能力；双电源用于主电源和备份电源供应；备份电源引脚可由电池或大容量电容输入；附加 7B 暂存存储器。

2. 引脚功能及结构

DS1302 的引脚图如图 4-29 所示，其中 V_{CC1} 为备份电源，V_{CC2} 为主电源。在主电源关闭的情况下，备份电源能保持时钟的连续运行。DS1302 由 V_{CC1} 或 V_{CC2} 两者中的电压较大者供电。当 V_{CC2} 大于 V_{CC1} +0.2V 时，V_{CC2} 给 DS1302 供电；当 V_{CC2} 小于 V_{CC1} 时，DS1302 由 V_{CC1} 供电。X1 和 X2 是振荡源，外接 32.768kHz 晶振。RST 是复位/片选线，通过把 RST 输入驱动置高电平来启动所有的数据传送。RST 输入有两种功能：首先，RST 接通控制逻辑，允许地址/命令序列送入移位寄存器；其次，RST 提供终止单字节或多字节数据的传送手段。当 RST 为高电平时，所有的数据传送被初始化，允许对 DS1302 进行操作。如果在传送过程中 RST 置为低电平，则会终止此次数据传送，I/O 引脚变为高阻态。上电运行时，在 V_{CC} ≥2.5V 之前，RST 必须保持低电平。只有在 SCLK 为低电平时，才能将 RST 置为高电平。I/O 为串行数据输入/输出端（双向），后面有详细说明。SCLK 始终是输入端。

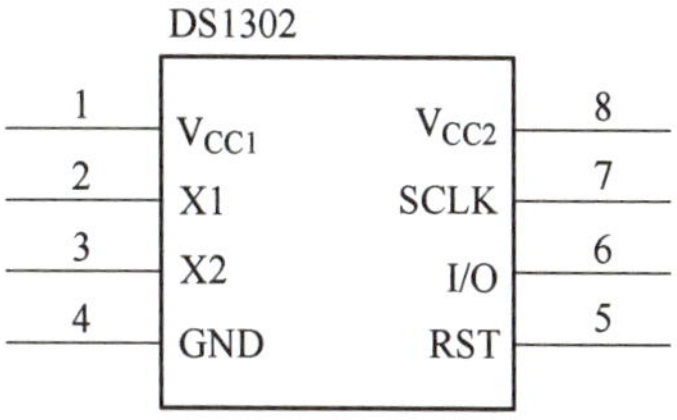

图 4-29 DS1302 引脚图

3. DS1302 的控制字节

DS1302 控制字节的最高有效位（位 7）必须是逻辑 1，如果它为 0，则不能把数据写入 DS1302 中；位 6 如果为 0，则表示存取日历时钟数据，为 1 表示存取 RAM 数据；位 5～位 1 指示操作单元的地址；最低有效位（位 0）为 0 表示要进行写操作，为 1 表示进行读操作。DS1302 控制字节总是从最低位开始输出，如下所示：

7	6	5	4	3	2	1	0
1	RAM / $\overline{CK}$	A4	A3	A2	A1	A0	RD / $\overline{W}$

4. 数据输入/输出（I/O）

在控制指令字输入后的下一个 SCLK 时钟的上升沿，数据被写入 DS1302，数据输入从低位（即位 0）开始。同样，在紧跟 8 位的控制指令字后的下一个 SCLK 脉冲的下降沿读出 DS1302 的数据，从低位 0 位到高位 7 依次读出。

5. DS1302 的寄存器

DS1302 寄存器表见表 4-10。

表 4-10 DS1302 寄存器表

寄存器	命令字节		取值范围	寄存器内容							
	写	读		7	6	5	4	3	2	1	0
秒寄存器	80H	81H	00～59	CH	10S			SEC			
分寄存器	82H	83H	00～59	0	10MIN			MIN			
时寄存器	84H	85H	00～23 或 00～12	12/24	0	10A/P	HR	HR			
日寄存器	86H	87H	01～28,29,30,31	0	0	10DATE		DATE			
月寄存器	88H	89H	01～12	0	0	0	10M	MONTH			
周寄存器	8AH	8BH	01～07	0	0	0	0	0	DAY		
年寄存器	8CH	8DH	00～99	10YEAR				YEAR			

初步训练

利用 DS1302 实现电子时钟设计。

任务分析：

电子时钟电路图如图 4-30 所示。

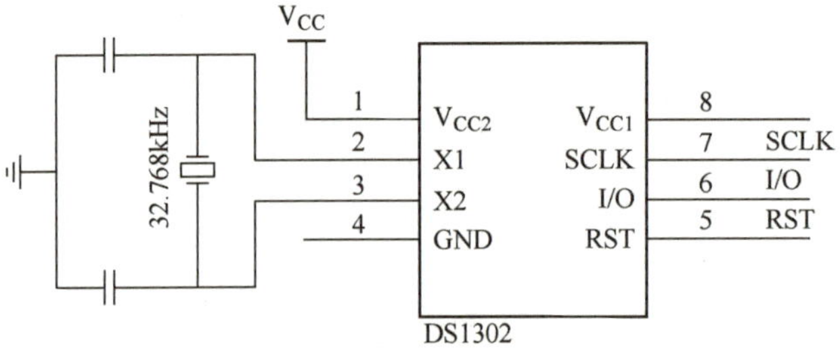

图 4-30　电子时钟电路图

根据 DS1302 的工作原理，将其与单片机对应引脚相连，见表 4-11。

表 4-11　DS1302 与单片机连线对应表

DS1302	单片机	DS1302	单片机
RST	P1.0	动态显示数码管	单片机
SCLK（CLK）	P1.1	8P 插头	P0 口
I/O	P1.2	8P 插头	P2 口
	$\overline{EA}$引脚接 +5V		

操作步骤：

1）将单片机 V_{CC}接 +5V，GND 接地，$\overline{EA}$接 +5V，按照 DS1302 与单片机连线对应表连接硬件电路。

2）运行 Keil μVision4 软件，新建一个工程文件夹（如 ds1302），新建一个工程文件 ds1302. ASM。

3）输入并编辑 ds1302. ASM 文件，并且编译生成 HEX 文件。

4）将生成的 HEX 文件下载到单片机中。

5）运行实验程序，观察实验现象，并记录在任务工单中。

6）完成实训操作，关闭电源，拆除接线，整理归位。

7）完成任务工单中相关题目。

习　题

1. DS1302 与单片机之间能简单地采用同步串行的方式进行通信，仅需用到几个口线？分别是什么？

2. DS1302 所需晶振频率为多少？

3. DS1302 各引脚的功能是什么？

◇◇◇ 项目五　键盘接口技术

◆ 任务一　独立按键控制设计

知识目标

1. 掌握使用单片机读取按键状态的方法。
2. 掌握消除按键抖动的方法。
3. 掌握检测按键状态的方法。

能力目标

1. 能根据项目要求，进行编程算法设计。
2. 能设计出按键与单片机连接的硬件电路。
3. 能完成按键检测的程序设计。
4. 能实现按键去抖的硬件电路设计和软件编程设计。

素养目标

树立创新意识，养成独立思考的习惯。

任务相关知识

单片机按键及其检测方法如下。

键盘由一组按键组成，一个按键实际上是一个开关元件。在单片机系统中实现向单片机输入数据、传送命令等功能，是人工干预单片机的主要手段。键盘分为非编码键盘和编码键盘，由软件完成对按键闭合状态识别的称为非编码键盘，由专用硬件实现对按键闭合状态识别的称为编码键盘。

（1）独立式键盘结构

独立式键盘相互独立，每个按键占用一根 I/O 口线，每根 I/O 口线上的按键工作状态不会影响其他按键的工作状态。这种按键软件程序简单，但占用 I/O 口线较多（一根口线只能接一个键），适用于按键应用数量较少的系统中。

1）独立式键盘的特点如下：

①各按键相互独立，电路配置灵活。

②按键数量较多时，I/O 端线耗费较多，电路结构繁杂。

③软件结构简单。

2）键盘输入信息的主要过程如下：

①单片机判断是否有键按下，如有键按下，再去处理键值程序。

②确定按下的是哪一个键。

③把此步骤代表的信息翻译成单片机所能识别的代码，如 ASCII 码或其他特征码。

该类键盘内的独立按键连接电路如图 4-31 所示。

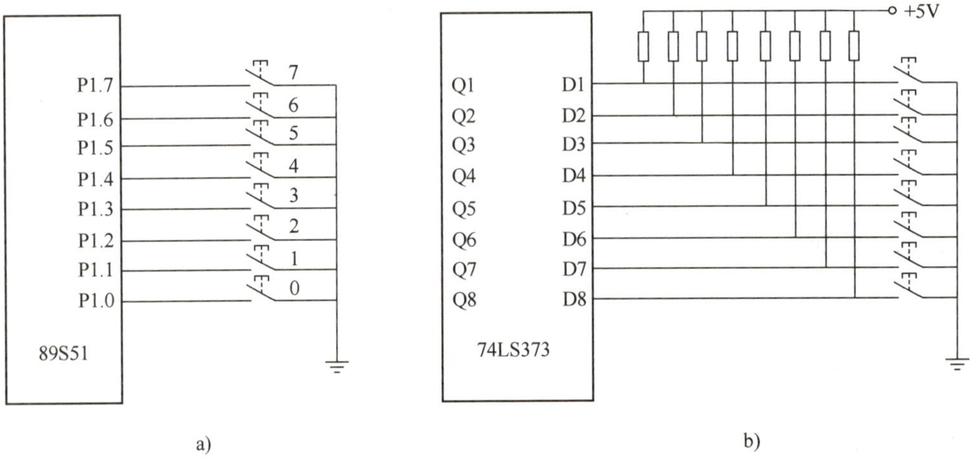

图 4-31 独立按键连接电路图

a）芯片内有上拉电阻 b）芯片内无上拉电阻

（2）按键抖动及消抖

按键一般为机械开关结构，因机械触点的弹性及电压突跳等原因，往往在触点闭合或断开的瞬间会出现电压抖动，由于电压抖动造成一次按键多次处理的现象就称为按键抖动，如图 4-32 所示。

消除按键抖动的最常用的方法为软件延时消抖法。具体方法如下：

在第一次检测到有键按下时，执行一段延时 10ms 的子程序，之后，再次检测该键的电平状态，如果该键电平仍保持闭合状态，则确认为真正有键按下；否则，认为无键按下。同理，在检测到该键释放后，也应采用相同的步骤进行确认，从而可消除抖动的影响。

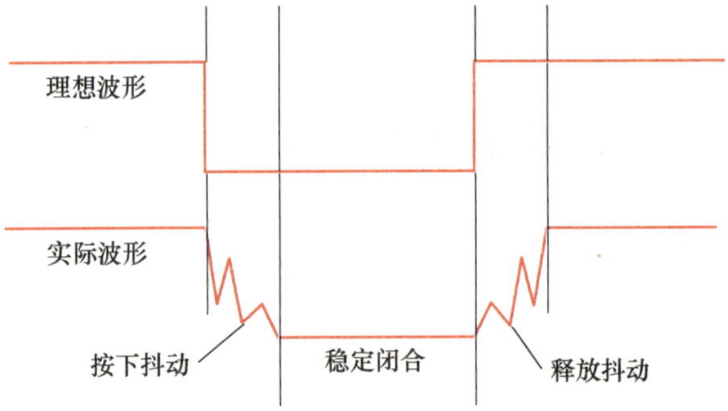

图 4-32 键闭合和释放时的电压抖动

初步训练

查询式键盘实验。具体要求：单片机与 8 个独立式按键连接，用一个数码管显示键值，当按键按下时，数码管显示相应的数字。

任务分析：

P0 口接共阳极数码管，P3 口接查询式键盘。查询到 P3 口第 1 个按键按下时，数码管显示“1”，第 2 个按键按下时，数码管显示“2”，依次到第 8 个按键按下时，数码管显示“8”。

根据以上分析，画出电路图，如图 4-33 所示。

程序流程图如图 4-34 所示。

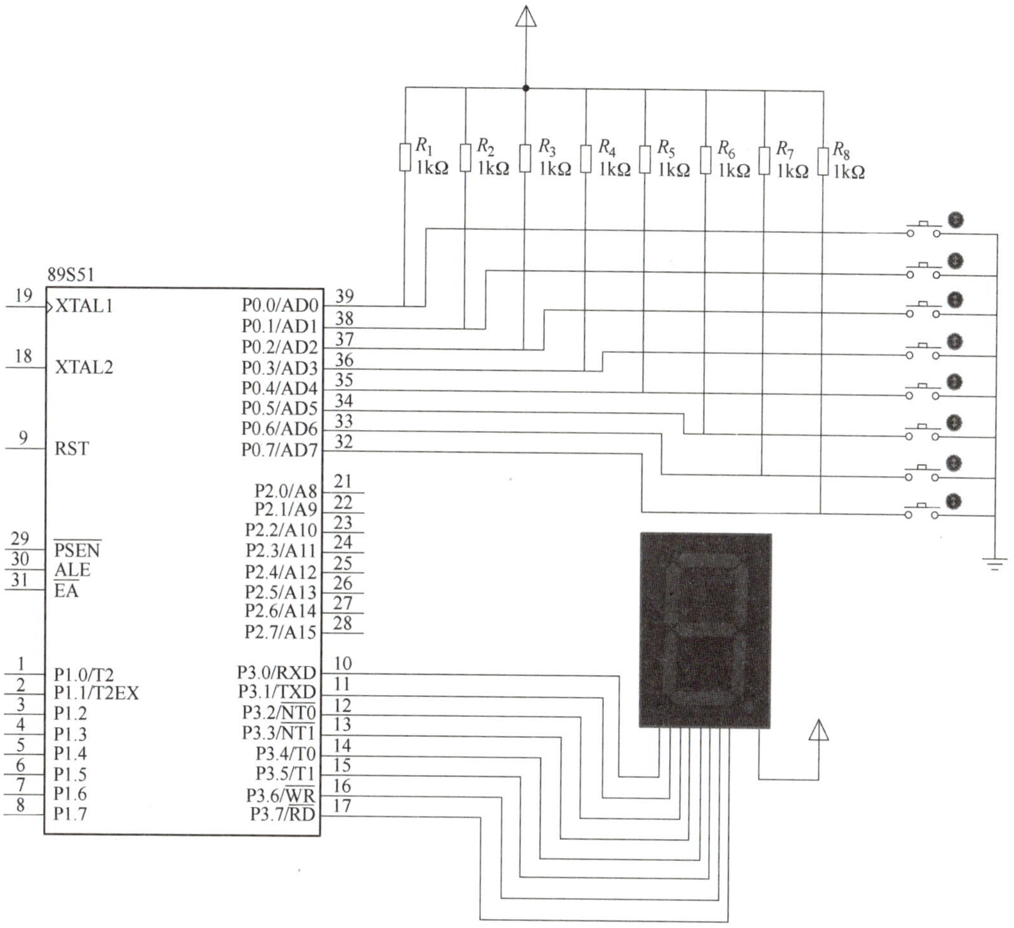

图 4-33　单片机与查询式键盘、数码管显示器连接电路图

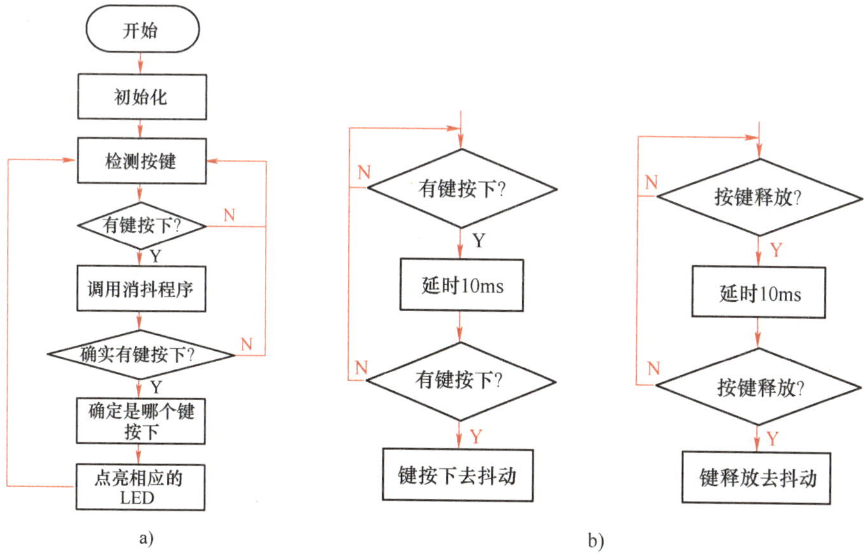

图 4-34　程序流程图

a）主程序　b）软件去抖动服务子程序

操作步骤：

1）将单片机 V_{CC}接 +5V，GND 接地，$\overline{EA}$接 +5V。

2）将 P0 口接共阳极数码管电路，P3 口接键盘 K1 ~ K8，打开电源。

3）打开 Keil μVision4 软件，根据流程图进行编程，并调试通过，生成 HEX 文件。

4）将生成的 HEX 文件下载到单片机中。

5）依次按下 K1 ~ K8，观察数码管显示情况并记录在任务工单中。

6）完成实训操作，关闭电源，拆除接线，整理归位。

7）完成任务工单中相关题目。

参考程序：

```
        ORG     0000H
        AJMP    START
        ORG     0030H
START： MOV     P3，#0FFH
        MOV     P2，#0FFH
        CLR     P2.0
        MOV     P0，#03H
L0：    JNB     P3.0，L1
        JNB     P3.1，L2
        JNB     P3.2，L3
        JNB     P3.3，L4
        JNB     P3.4，L5
        JNB     P3.5，L6
        JNB     P3.6，L7
        JNB     P3.7，L8
        AJMP    L0
L1：    MOV     P0，#0F9H
        AJMP    L0
L2：    MOV     P0，#0A4H
        AJMP    L0
L3：    MOV     P0，#B0H
        AJMP    L0
L4：    MOV     P0，#99H
        AJMP    L0
L5：    MOV     P0，#92H
        AJMP    L0
L6：    MOV     P0，#82H
        AJMP    L0
L7：    MOV     P0，#0F8H
        AJMP    L0
L8：    MOV     P0，#80H
        AJMP    L0
        END
```

强化训练

用独立按键控制智能车双闪灯。具体要求：该电路由两部分组成：一部分是单片机最小系统电路；另一部分是 P1.0 引脚和 P3.0 引脚分别接一个 LED，P2.0 引脚接一个按键。任务要求：模拟智能车双闪灯，当按键按下奇数次时，LED 闪烁；当按键按下偶数次时，LED 熄灭。试设计硬件电路并编写程序，实现以上功能。

任务分析：

如图 4-35 所示，在系统断电情况下，连接电路：用两条连接线将单片机最小系统模块的 P1.0 引脚和 P3.0 引脚与 LED 模块连接起来，P2.0 引脚与一个独立按键相连接，将主机模块的 +5V 电源、显示模块的 +5V 电源、按键模块的 +5V 电源和电源模块的 +5V 电源连接，同时将主机模块、显示模块、按键模块的 GND 和电源模块的 GND 连接在一起。

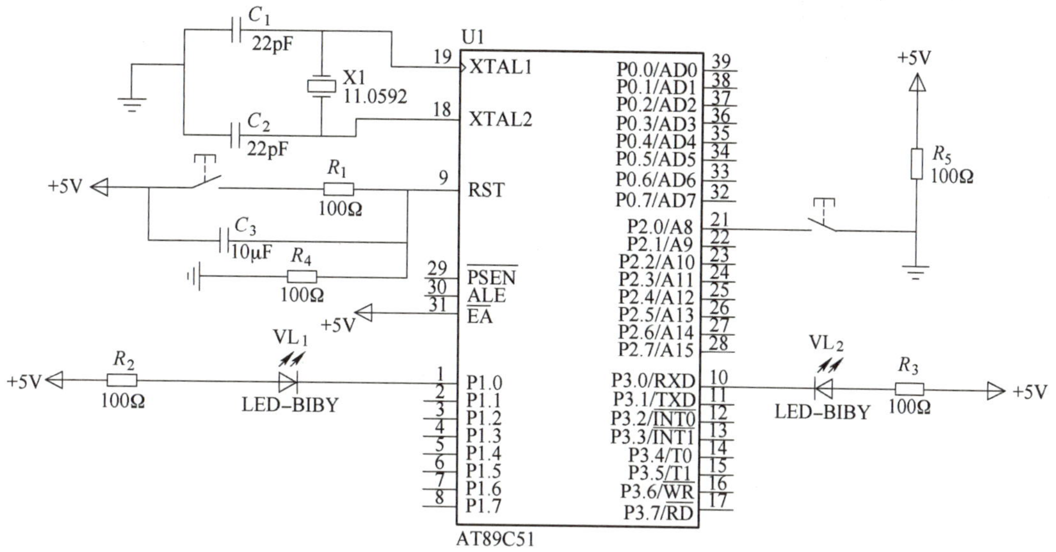

图 4-35 单片机与 LED 电路连接原理图

习 题

1. 键盘可分为______________和______________。
2. 独立式键盘的特点有哪些？
3. 键盘检测输入信息的主要过程有哪些？
4. 按键抖动的消除方法有哪几种？
5. 阐述独立式键盘的应用场合及优缺点。
6. 阐述按键去抖动的含义。

任务二 矩阵键盘控制设计

知识目标

1. 掌握使用单片机读取矩阵按键状态的方法。
2. 掌握消除按键抖动的方法。
3. 掌握检测按键状态的方法。

能力目标

1. 能根据项目要求，进行编程算法设计。
2. 能设计出矩阵按键与单片机连接的硬件电路。
3. 能完成矩阵按键检测的程序设计。

任务相关知识

当键盘中按键数量较多时，为了减少对 I/O 口线的占用，通常将按键排列成矩阵形式（这是一种常见的连接方式），这种键盘称为矩阵键盘，也称为行列键盘。矩阵键盘采用行列式结构，由行线和列线组成，按键位于行、列的交叉点上。当键被按下时，其交点的行线和列线接通，相应的行线或列线上的电平发生变化，单片机通过检测行或列线上的电平变化即可确定哪个按键被按下。其特点是键多时占用 I/O 口线少，硬件资源利用合理，但判键速度慢，多用于设置数字键，适用于键数多的场合。

4×4 矩阵键盘的原理电路如图 4-36 所示，矩阵键盘的行线通过电阻接 +5V 电源，当键盘上没有键闭合时，所有的行线与列线是断开的，行线 D7 ~ D4 均为高电平。当某键闭合时，则该键所对应的行线与列线短路。利用这一点，采用扫描方法检测键盘有无键按下，然后再判断键号。先将列线全送 0，若行线不全为 1，则有键按下，否则无键按下；若有键按下，再将列线逐列置低电平，检查行线状态来判断键盘中哪个键按下。逐行逐列地检查键盘状态的过程称为对键盘的一次扫描。

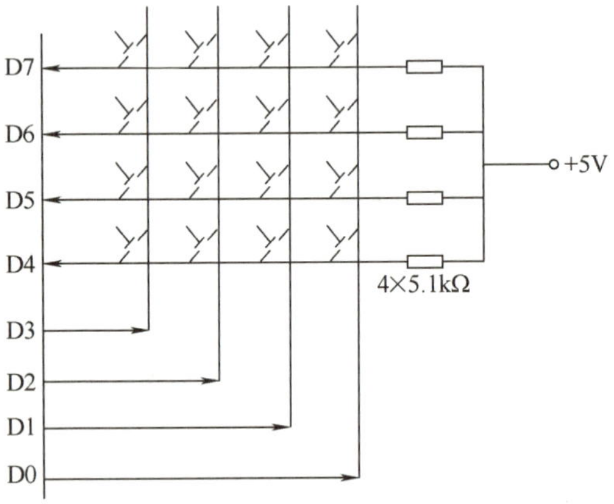

图 4-36 4×4 矩阵键盘的原理电路

在实际系统中，键盘扫描只是 CPU 的工作内容之一。CPU 在忙于各项工作任务时，既要兼顾键盘扫描，又不能过多占用 CPU 时间。为此，要根据实际情况，选择键盘的工作方式。

（1）编程扫描方式

编程扫描方式是 CPU 在工作空余调用键盘扫描子程序，响应键输入要求。当 CPU 执行键功能程序时，不再响应键输入要求。

（2）定时扫描方式

定时扫描方式是利用定时器产生定时（10ms）中断，CPU 响应中断后对键盘进行扫描，并在有键闭合时转入该键的功能处理程序。定时扫描的键盘电路与编程方式相同。定时扫描的优点是能及时响应键输入；缺点是无论有无键闭合，CPU 都要定时扫描，浪费 CPU 时间。

（3）中断扫描方式

在编程扫描和定时扫描方式中，CPU 可能空扫描或不能及时响应键输入。为了克服这一缺点，可以采用中断扫描方式：如果键盘中无键闭合，CPU 执行当前程序；当有键闭合时，发出中断请求，CPU 在中断服务程序中完成键扫描并执行键功能程序。中断扫描既能及时处理键输入，又能提高 CPU 运行效率。

矩阵键盘的识别有行扫描法和线反转法两种方法。

（1）行扫描法

所谓行扫描法，就是当行线发出低电平信号时，如果该行线所连接的键没有被按下，则列线所连接的输出端口得到的是全“1”信号；如果有键被按下，则列线所连接的输出端口得到的是非全“1”信号，如图 4-37 所示。

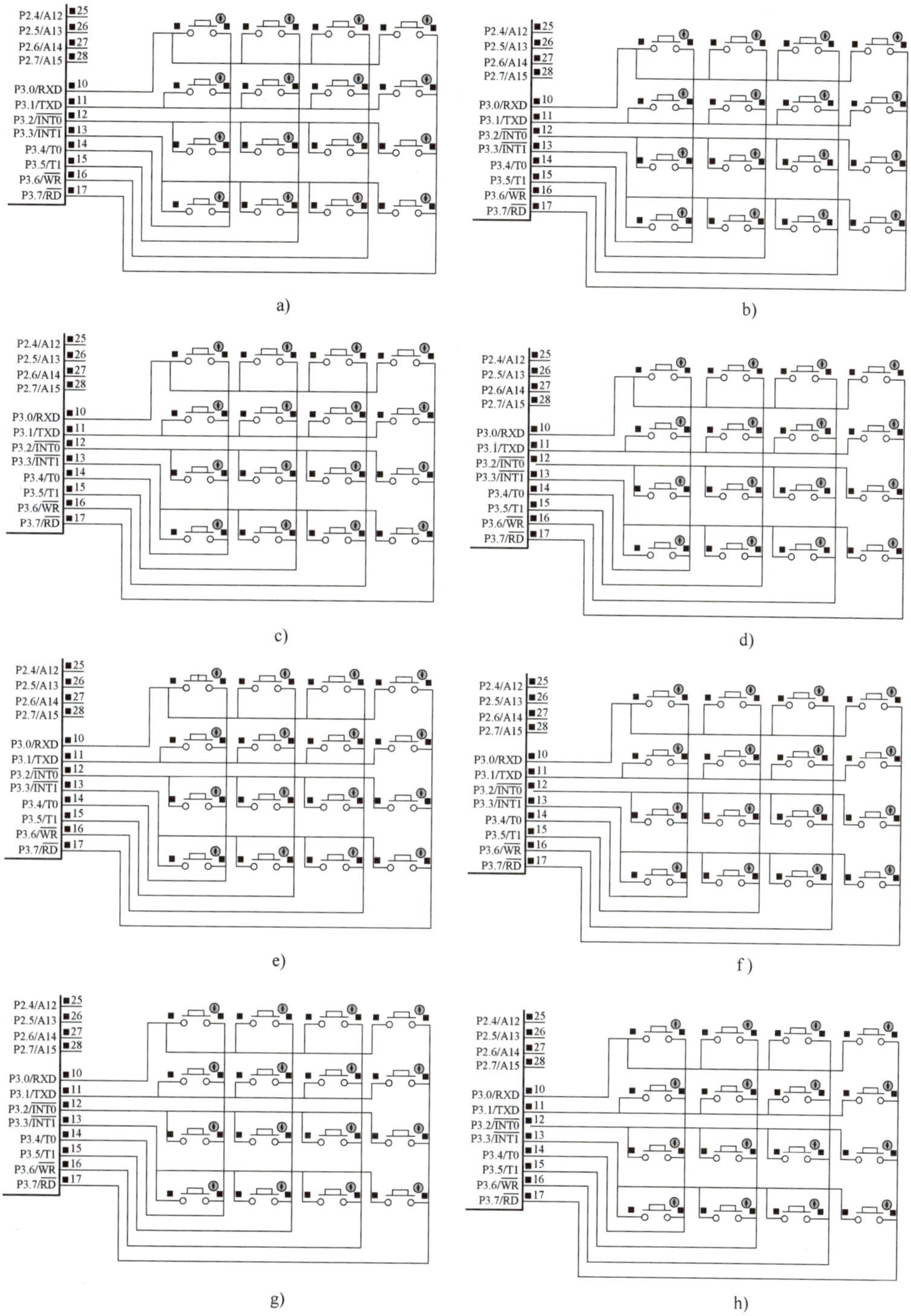

图 4-37　行扫描法按键检测图

a）扫描第 1 行，第 1 行无键按下　b）扫描第 1 行，第 1 行有键按下
c）扫描第 2 行，第 2 行无键按下　d）扫描第 2 行，第 2 行有键按下
e）扫描第 3 行，第 3 行无键按下　f）扫描第 3 行，第 3 行有键按下
g）扫描第 4 行，第 4 行无键按下　h）扫描第 4 行，第 4 行有键按下

具体过程如下：

首先，为了提高效率，一般先快速检查整个键盘中是否有键被按下，然后再确定按下的是哪一个键。

其次，用逐行扫描的方法来确定闭合键的具体位置。方法是：先扫描第 0 行，即输出 1110（第 0 行为“0”，其余 3 行为“1”），然后读入列信号，判断是否为全“1”。

（2）线反转法

具体过程如下：先将行线作为输出线，列线作为输入线，行线输出全“0”信号，读入列线的值，然后将行线和列线的输入输出关系互换，即列线全部输出“0”信号，行线作为输入线，那么在闭合键所在的行线上值必为 0，如图 4-38 所示。这样，当一个键被按下时，必定可读到一对唯一的行列值。线反转法也是识别闭合键的一种常用方法，该方法比行扫描法速度快，但在硬件电路上要求行线与列线均需有上拉电阻，故比行扫描法稍复杂些。

注意：如果矩阵键盘接在没有接上拉电阻的 P0 口上，此方法失效。

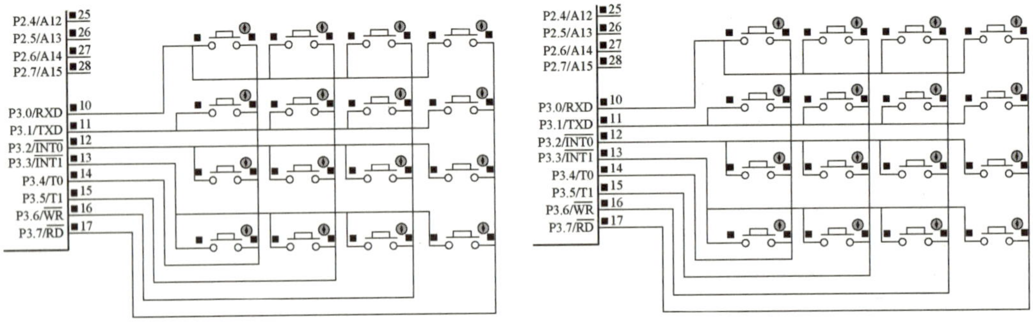

a)　　　　b)

图 4-38　线反转法检测按键

a）行键全 0，读取列键　b）列键全 0，读取行键

以此便可判断出是第几行第几列的键被按下，可以计算键值。

键盘编码为：第 1 行 0、1、2、3，第 2 行 4、5、6、7，第 3 行 8、9、10、11，第 4 行 12、13、14、15。

现在第 2 行第 2 列的按键被按下，LED 显示结果为 5。测试结果如图 4-39 所示。

初步训练

了解 4 ×4 矩阵键盘的识别原理和编程方法。

任务分析：

1）每个按键都有它的行值和列值，行值和列值的组合就是识别这个按键的编码。键盘处理程序的任务是：确定有无键按下，判断哪一个键按下，键的功能是什么；消除按键在闭合或断开时的抖动。两个并行口中，一个输出扫描码，使按键逐行动态置高电平，另一个并行口输入按键状态，由行扫描值和回馈信号共同形成键编码而识别按键，通过软件查表查出该键的功能。

2）按键按下时，在数码管显示相应的值 0 ~ F。

根据以上分析，画出电路图，如图 4-40 所示。程序流程图如图 4-41 所示。

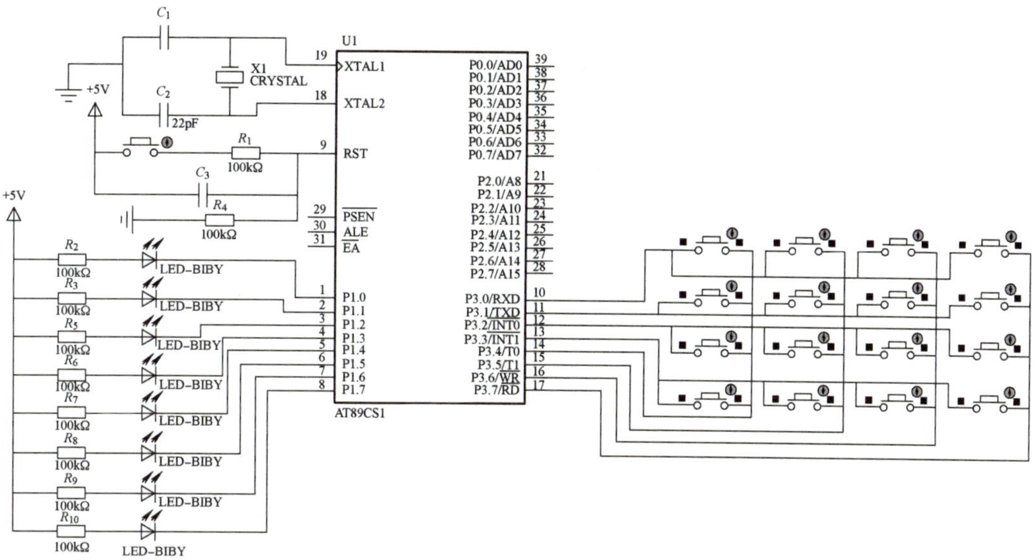

图 4-39 第 2 行第 2 列的按键按下时 proteus 仿真图

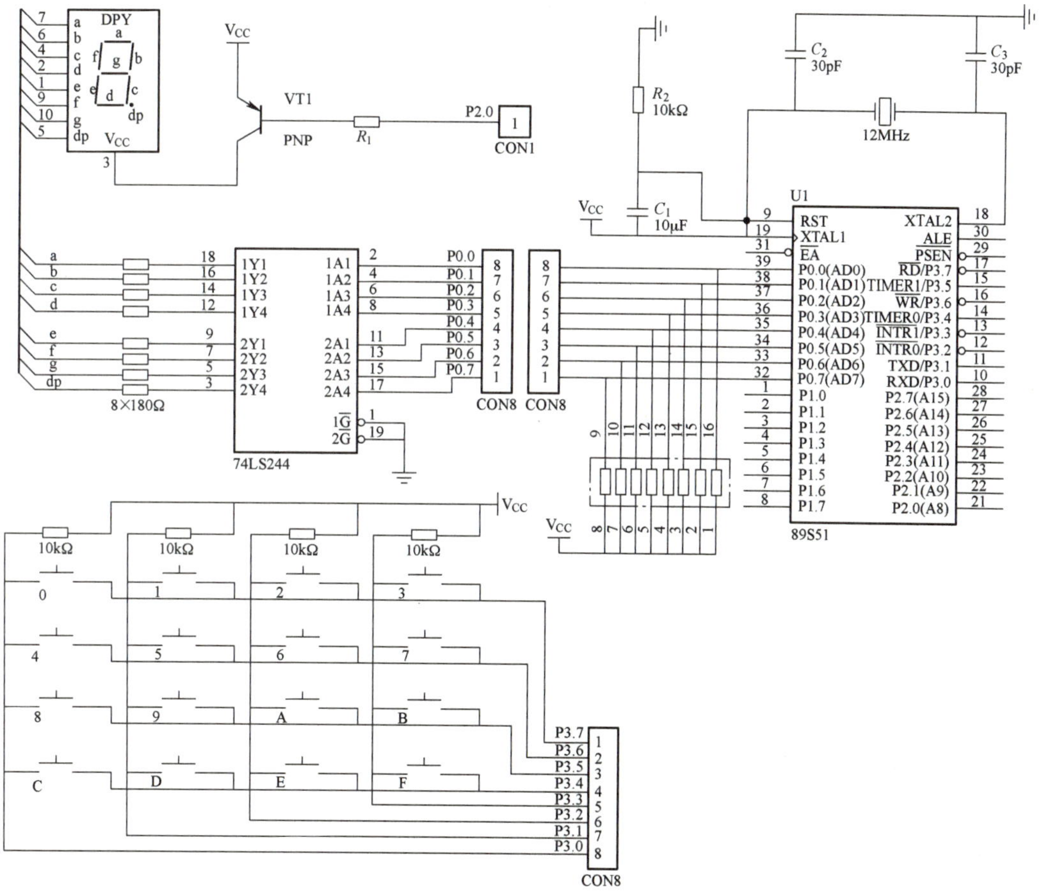

图 4-40 矩阵键盘识别电路原理图

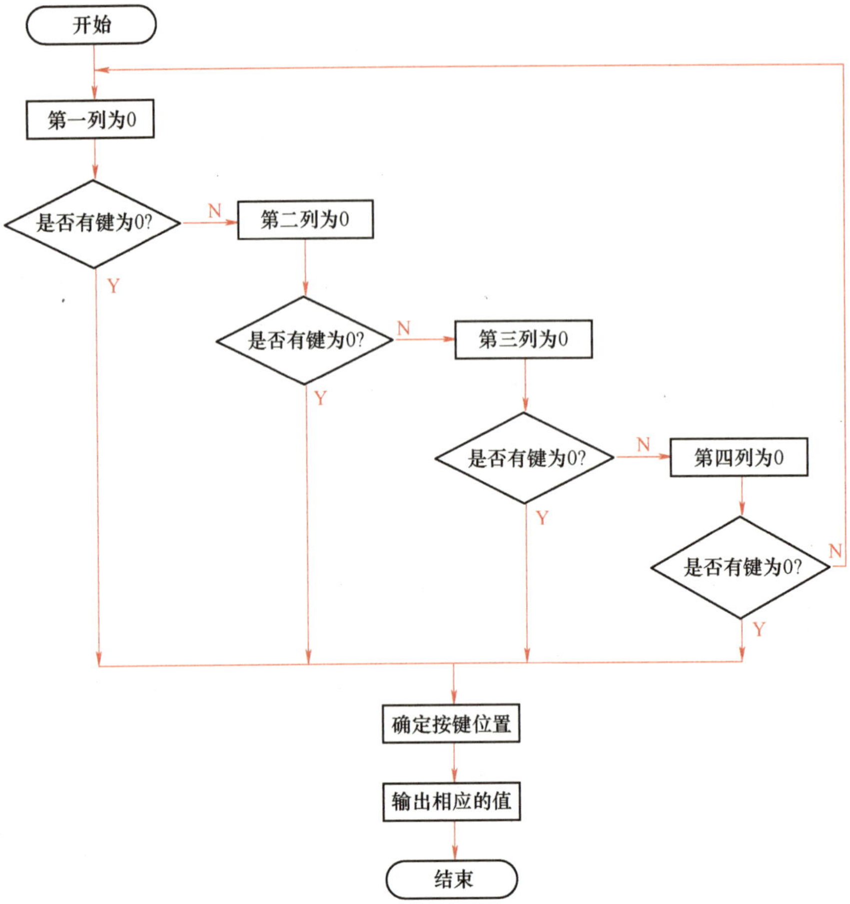

图 4-41 程序流程图

操作步骤：

1）将单片机 V_{CC}接 +5V，GND 接地，$\overline{EA}$接 +5V。

2）将 P3 口接矩阵键盘，P0 口接数码管段选线，P2.0 口接数码管位选线，打开电源。

3）打开 Keil μVision4 软件，根据流程图进行编程，并调试通过，生成 HEX 文件。

4）将生成的 HEX 文件下载到单片机中。

5）依次按下按键，观察数码管显示情况，并记录在任务工单中。

6）完成实训操作，关闭电源，拆除接线，整理归位。

7）完成任务工单中相关题目。

参考程序：

扫二维码获取。

强化训练

4×4 矩阵键盘计算器设计。具体要求：分别识别 16 个键盘值；设定前 10 个键值为 0～9，后面键值分别是 A、B、C、D、—，最后一个键值为确认键；利用 LED 数码管实现 255 内的减法运算；对 4×4 矩阵键盘先进行全扫描，再进行行扫描；在 LED 数码管中动态显示扫描的内容。

任务分析：

利用 89S51 进行数据处理，利用 4×4 矩阵键盘进行按键扫描，利用 LED 数码管进行动态显示。该设计首先是运用矩阵键盘的按键扫描，然后把扫描得到的键值进行译码，其次把译码所得的数值进行处理，最后将处理后的值进行动态显示。矩阵键盘和 LED 数码管分别接在 P1 口和 P0 口，这样可大大节约单片机的 I/O 端口。

1. 硬件原理图设计

参考思路：利用 proteus 仿真电路（电路见图 4-42），矩阵键盘的四列接在 P1 口的低 4 位，矩阵键盘的四行接在 P1 口的高 4 位，LED 数码管的段选码接口与 P0 口相连，LED 数码管的位选码接口与 P2.5～P2.7 相连。

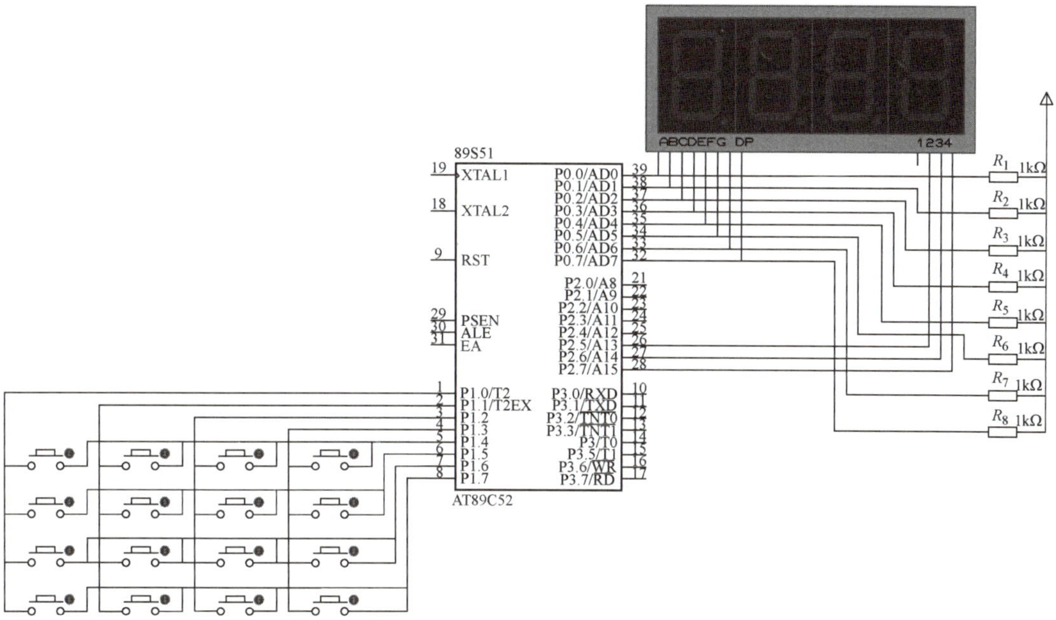

图 4-42 proteus 仿真电路图

2. 软件设计

初始化后，程序开始进入主程序，进行按键判断，如果有键按下，继续向下执行，否则重新扫描；如果有键按下，延时 5ms；再次进行按键判断，如果有键按下，继续向下执行，否则重新扫描；如果有键按下，确定按键位置；再次进行按键判断，如果有键按下，继续向下执行，否则，表示出错，重新扫描；如果有键按下，对按键译码；判断是否按键释放，如果释放，继续向下执行，否则等待；对送来的译码值进行数据处理；把处理的数据，放到

LED 数码管中动态显示。

根据以上分析，程序流程图如图 4-43 所示。

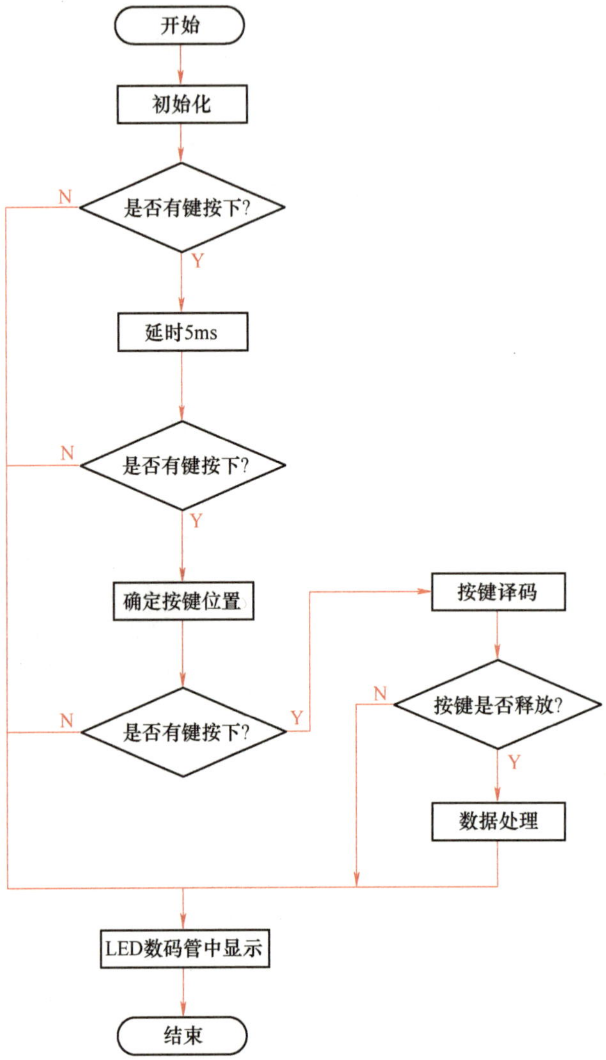

图 4-43　程序流程图

操作步骤：

1）将单片机 V_{CC} 接 +5V，GND 接地，$\overline{EA}$ 接 +5V。

2）将 P1 口接矩阵式键盘，低 4 位接列线，高 4 位接行线；P0 口接数码管段选线，P2.5 ~ P2.7 引脚接数码管位选线，打开电源。

3）打开 Keil μVision4 软件，根据流程图进行编程，并调试通过，生成 HEX 文件。

4）将生成的 HEX 文件下载到单片机中。

5）依次进行计算，观察数码管显示情况，并记录在任务工单中。

6）完成实训操作，关闭电源，拆除接线，整理归位。

7）完成任务工单中相关题目。

习　题

1. 简述矩阵键盘的按键扫描方法。
2. 简述矩阵键盘的扫描原理。
3. 独立式键盘和矩阵键盘分别具有什么特点？各适用于什么场合？

任务三　蜂鸣器设计

知识目标

1. 回顾定时器的使用方法。
2. 掌握蜂鸣器的工作原理。
3. 掌握蜂鸣器发出不同音调声音的原理。

能力目标

1. 能完成蜂鸣器、键盘与单片机的连接电路。
2. 能完成用键盘控制蜂鸣器发出不同音调的程序设计。

任务相关知识

本任务在前面学习的基础上，综合应用定时器、蜂鸣器和矩阵键盘的知识。定时器相关知识参考“流水灯设计”的相关内容；蜂鸣器相关知识参考“汽车喇叭模拟控制”和“电子音乐设计”两部分内容；矩阵键盘相关知识参考“矩阵键盘控制”的相关内容。

初步训练

利用定时器和蜂鸣器发出 1 哆、2 来、3 咪、4 发、5 嗦、6 拉、7 西音调来。

任务分析：

音调由不同频率的方波产生，音调与频率的关系见表 4-12。要产生音频方波，只要算出某一音频的周期（1/频率），然后将此周期除以 2（即为半周期的时间）即可。利用定时器对此半周期时间计时，每当计时到后就将输出方波的 I/O 口反相，然后重复计时此半周期时间，再对 I/O 口反相，就可在 I/O 口得到此频率的方波。

每个音调相应的定时器初值 X 可按下法计算：

$$\frac{1}{2}\times\frac{1}{f}=\frac{12}{f_{ose}}\times（2^{16}-X）$$

则

$$X=2^{16}-\frac{f_{ose}}{24\times f}$$

当晶振 $f_{ose}=12\text{MHz}$ 时，各音调相应的定时器初值 X 见表 4-12。

表 4-12　音调与频率的关系

音阶	低频 f/Hz	X	中频 f/Hz	X	高频 f/Hz	X
1	262	F88CH	523	FC44H	1047	FE22H

（续）

音阶	低频 f/Hz	X	中频 f/Hz	X	高频 f/Hz	X
2	294	F95BH	587	FCACH	1175	FE56H
3	330	FA15H	659	FD09H	1319	FE85H
4	349	FA67H	698	FD34H	1397	FE9AH
5	392	FB04H	784	FD82H	1568	FEC1H
6	440	FB90H	880	FDC8H	1760	FEE4H
7	494	FC0CH	988	FE06H	1976	FF03

根据以上分析，画出电路图，如图 4-44 所示。

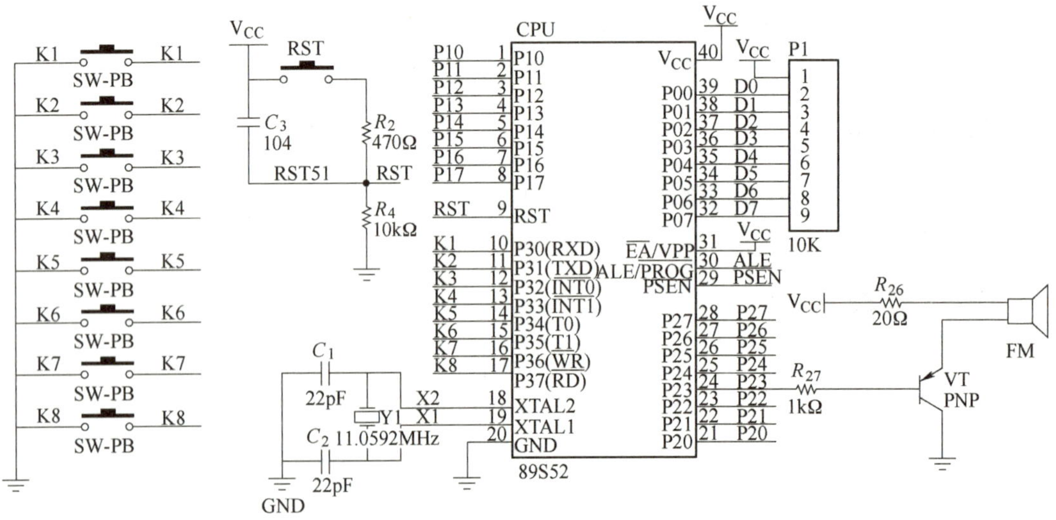

图 4-44　电子琴发出 7 个音调电路原理图

程序流程图如图 4-45 所示。

操作步骤：

1）连线：使用连接线，在断电状态下按照原理图连接硬件电路。

2）运行 Keil μVision4 软件，新建一个工程文件夹（如 BJDJ），新建一个工程文件 BJDJ. ASM。

3）输入并编辑 BJDJ. ASM 文件，并且编译生成 HEX 文件。

4）用编程器将生成的 HEX 文件下载到单片机中，或用仿真器来执行程序，将程序下载到仿真器中。

5）运行实验程序，按下按钮，将会听到扬声器发出一定频率的声音。按下不同的按键，将听到不同的声音。

6）完成实训操作，关闭电源，拆除接线，整理归位。

7）完成任务工单中相关题目。

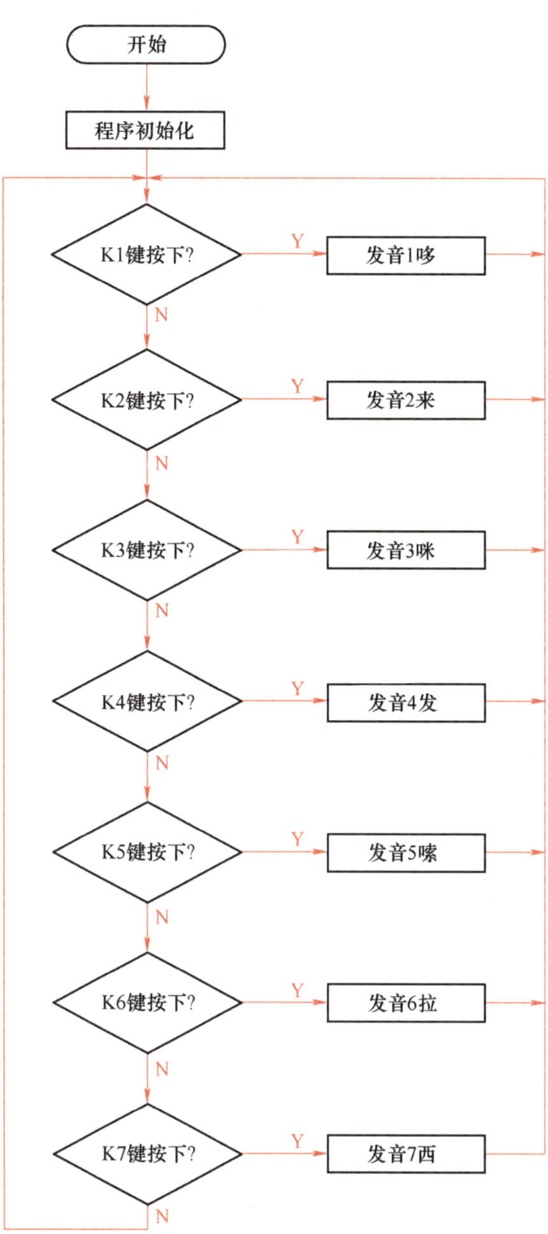

图 4-45 程序流程图

强化训练

电子琴模拟实验。具体要求：设计出蜂鸣器与单片机连接的硬件电路，利用定时器改变蜂鸣器发音频率，进一步学习矩阵键盘的编程方法。

任务分析：

音乐产生的方法：一首音乐是许多不同的音阶组成的，而每个音阶对应着不同的频率，可以利用不同频率的组合构成想要音乐。可以利用单片机的定时/计数器 T0 来产生不同的频率，只要把音阶对应频率的关系弄正确即可。表 4-13 为以单片机 12MHz 晶振为例，列出的音符、频率、简谱码对照表。

表 4-13　音符、频率、简谱码对照表

音　　符	频率/Hz	简谱码（T 值）	音　　符	频率/Hz	简谱码（T 值）
低 1DO	262	63628	#4 FA#	740	64860
#1DO#	277	63731	中 5 SO	784	64898
低 2RE	294	63835	#5 SO#	831	64934
#2RE#	311	63928	中 6 LA	880	64968
低 3M	330	64021	#6	932	64994
低 4FA	349	64103	中 7 SI	988	65030
#4FA#	370	64185	高 1 DO	1046	65058
低 5SO	392	64260	#1 DO#	1109	65085
#5SO#	415	64331	高 2 RE	1175	65110
低 6LA	440	64400	#2 RE#	1245	65157
#6	466	64463	高 3 M	1245	65157
低 7SI	494	64524	高 4 FA	1397	65178
中 1 DU	523	64580	#4 FA#	1480	65198
#1 DU#	554	64633	高 5 SO	1568	65217
中 2 RE	587	64684	#5 SO#	1661	65235
#2 RE#	622	64732	高 6 LA	1760	65252
中 3M	659	64777	#6	1865	65268
中 4FA	698	64820	高 7 SI	1967	65283

此实验键盘所对应的音符见表 4-14。

表 4-14　按键与音符对照表

3̣	4̣	5̣	6̣
7̣	1	2	3
4	5	6	7
1̇	2̇	3̇	4̇

根据以上分析，画出电路图，如图 4-46 所示。

操作步骤：

1）矩阵键盘区 8P 插槽连到单片机最小系统 P3 端口的 8P 插槽，单片机的 $\overline{EA}$ 脚接 +5V。

2）音频电路区的 IN 端口连到单片机最小系统 1 脚端口。

3）运行 Keil μVision4 软件，根据流程图进行编程，并调试通过，生成 HEX 文件。

4）将生成的 HEX 文件下载到单片机中。

5）运行实验程序，按下按钮，将会听到扬声器发出一定频率的声音。按下不同的按键，将听到不同的声音。

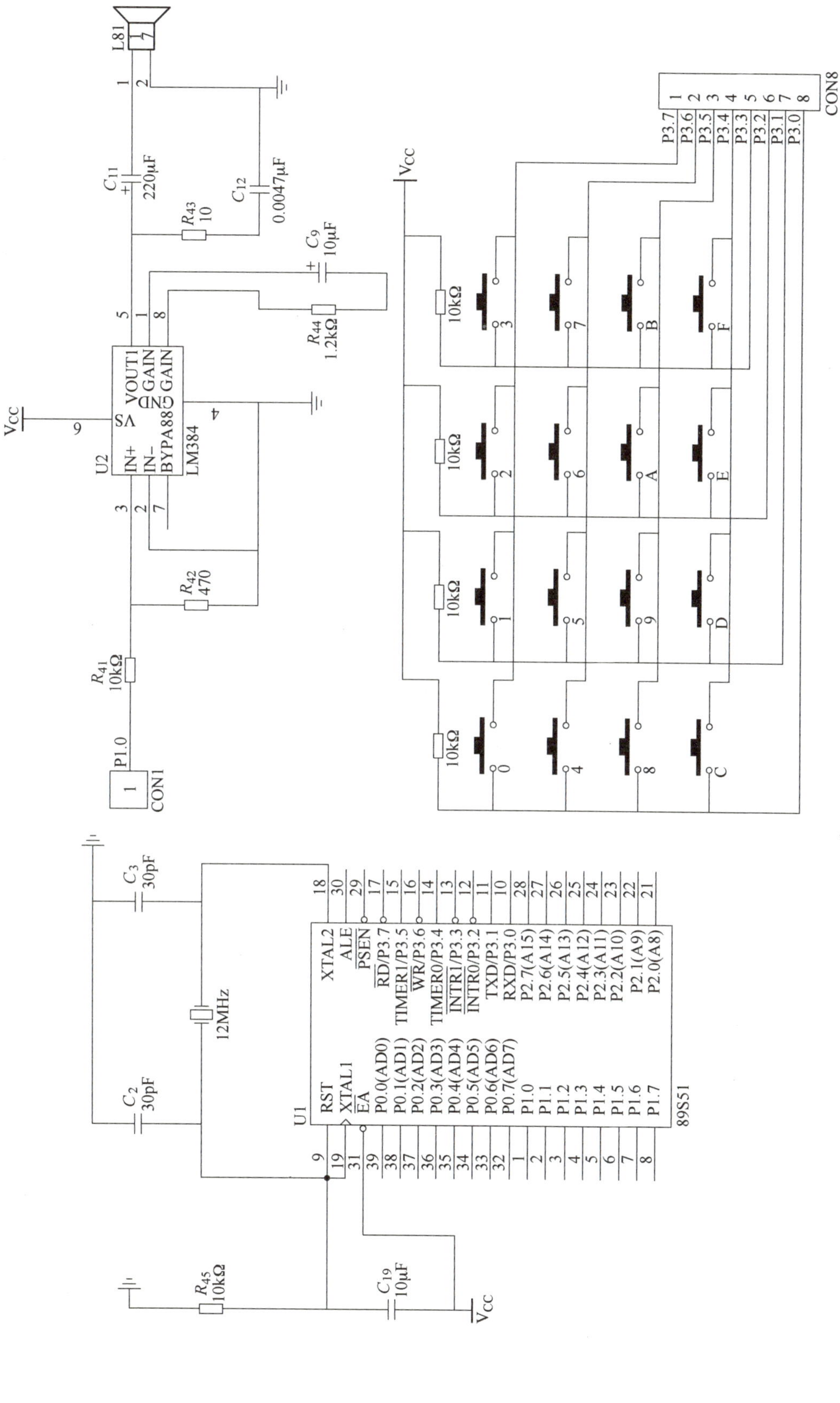

图4-46　电子琴实验电路图

6）完成实训操作，关闭电源，拆除接线，整理归位。

7）完成任务工单中相关题目。

习　题

1. 定时/计数器的实质是____________________。

2. MCS-51 单片机有________个 16 位可编程定时/计数器，有________种工作方式。

3. MCS-51 单片机的最大计数值为________，此时工作于工作方式________。

4. 若定时/计数器工作于工作方式 0 时，为________位的定时/计数器，TL 的低 5 位计满溢出时，向高________位的 TH 进位。

5. 处于不同工作方式时，初值的计算方法分别是什么？

模块五　汽车其他系统控制

◇◇◇ 项目一　步进电动机控制

◆ 任务　步进电动机控制设计

知识目标

1. 认识步进电动机的分类及主要参数。
2. 了解步进电动机的控制原理及工作方式。
3. 了解步进电动机的驱动电路。
4. 了解新能源汽车驱动电机。

能力目标

1. 能根据项目要求，进行编程算法设计。
2. 能设计出步进电动机与单片机连接的硬件电路。
3. 能完成步进电动机的程序设计。

素养目标

提高自主学习新技术、新工艺的能力，养成认真扎实的学习态度。

任务相关知识

随着新能源汽车技术的成熟，新能源汽车的驱动电机技术也趋于成熟。新能源汽车采用的驱动电机具有体积小、功率密度大；效率高、高效区广、重量轻；安全性和舒适度高的特点。

本项目主要讲解步进电动机的控制。

步进电动机在控制系统中具有广泛的应用。它可以把脉冲信号转换成角位移，并且可用作电磁制动轮、电磁差分器或角位移发生器等。

（1）步进电动机的种类

按励磁方式分类，步进电动机可分为反应式、永磁式和感应子式。其中，反应式步进电动机用得比较普遍，结构也较简单。反应式步进电动机又称为磁阻式步进电动机。常用步进电动机实物图如图 5-1 所示。

图 5-1　常用步进电动机实物图

（2）步进电动机的结构

步进电动机主要由两部分构成：定子和转子。它们均由磁性材料制成，图 5-2 所示为一台三相反应式步进电动机的典型结构图。

定子的每个磁极上有许多小齿，转子圆周有很多小齿。根据工作要求，定子磁极上小齿的齿距和转子上小齿的齿距必须相等，而且转子的齿数有一定的限制。

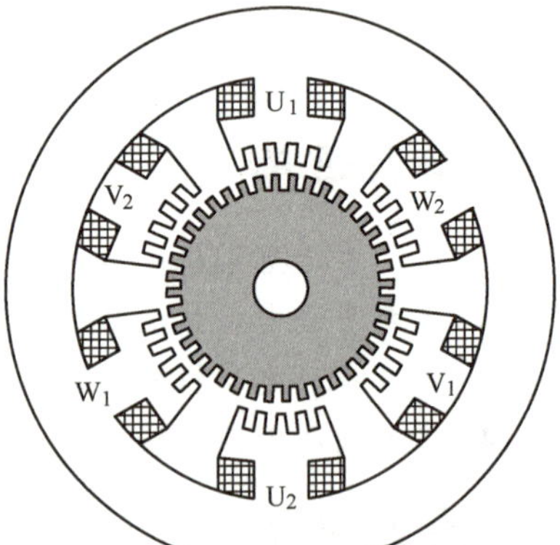

图 5-2　步进电动机的典型结构图

（3）步进电动机的工作原理

一拍：从一次通电到另一次通电。

步距角：每一拍转子转过的角度。

磁通的一个性质：尽量把自己收缩到最短，使之所经过的路径磁阻最小。

1）反应式步进电动机的工作原理：利用凸极转子横轴磁阻与直轴磁阻之差所引起的反应转矩而转动。

电动机转子周围均匀分布着很多小齿，定子齿有 3 个励磁绕组，其几何轴线依次分别与转子齿轴线错开。0、$\frac{1}{3}\tau$、$\frac{2}{3}\tau$（相邻两转子齿轴线间的距离为齿距，以 τ 表示），即 A 与齿 1 相对齐，B 与齿 2 向右错开$\frac{1}{3}\tau$，C 与齿 3 向右错开$\frac{2}{3}\tau$，A′与齿 5 相对齐（A′就是 A，齿 5 就是齿 1）。定转子的展开图如图 5-3 所示。

旋转：当 A 相通电，B、C 相不通电时，由于磁场作用，齿 1 与 A 对齐（转子不受任何力，以下均同）；当 B 相通电，A、C 相不通电时，齿 2 应与 B 对齐，此时转子向右移过$\frac{1}{3}\tau$，齿 3 与 C 偏移$\frac{1}{3}\tau$，齿 4 与 A 偏移$\left(\tau-\frac{1}{3}\tau\right)=\frac{2}{3}\tau$；当 C 相通电，A、B 相不通电时，齿 3 应与 C 对齐，此时转子又向右移过$\frac{1}{3}\tau$，齿 4 与 A 偏移$\frac{1}{3}\tau$；当 A 相通电，B、C 相不通电时，齿 4 与 A 对齐，转子又向右移过$\frac{1}{3}\tau$。这样经过 A、B、C、A 分别通电状态，齿 4（即齿 1 前一齿）移到 A 相，电动机转

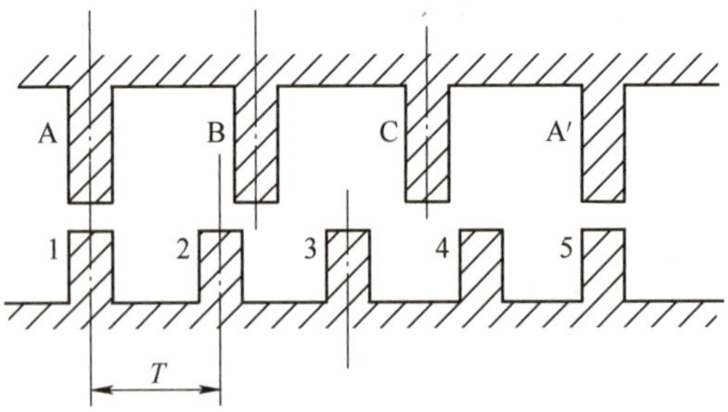

图 5-3　定转子的展开图

子向右转过一个齿距，如果不断地按 A、B、C、A、…通电，电动机就每步（每脉冲）$\frac{1}{3}\tau$向右旋转。如按 A、C、B、A、…通电，电动机就反转。由此可见：电动机的位置和速度与导电次数（脉冲数）和频率成一一对应关系，而方向由导电顺序决定。不过，出于对力矩、平稳、噪声及减小角度等方面考虑，往往采用 A-AB-B-BC-C-CA-A 这种导电状态，这样将原来每步$\frac{1}{3}\tau$改变为$\frac{1}{6}\tau$。甚至于通过二相电流不同的组合，使其$\frac{1}{3}\tau$变为$\frac{1}{12}\tau$、$\frac{1}{24}\tau$，这就是电动机细分驱动的基本理论依据。不难推出：电动机定子上有 m 相励磁绕组，其轴线分别与转子齿轴线偏移 $1/m$、$2/m$、…、$(m-1)/m$、1；并且导电按一定的相序，电动机就能被控制正反转——这是步进电动机旋转的物理条件。只要符合这一条件，我们理论上可以制造任何相的步进电动机，出于成本等多方面考虑，市场上一般以二、三、四、五相为多。

力矩：电动机一旦通电，在定转子间将产生磁场（磁通量为 Φ），当转子与定子错开一定角度时，产生的力 F 与 $\mathrm{d}\Phi/\mathrm{d}\theta$ 成正比。

磁通量 $\Phi=B_{\mathrm{r}}S$，其中 B_{r} 为磁通密度，S 为导磁面积。

F 与 LDB_{r} 成正比，L 为铁心有效长度，D 为转子直径，$B_{\mathrm{r}}=NI/R$，NI 为励磁绕阻安匝数（电流乘匝数），R 为磁阻。

力矩 = 力 × 半径，力矩与（电动机有效体积 × 安匝数 × 磁密）成正比（只考虑线性状态）。因此，电动机有效体积越大，励磁安匝数越大，定转子间气隙越小，电动机力矩（转矩）越大，反之亦然。

2）感应子式步进电动机。特点：感应子式步进电动机与传统的反应式步进电动机相比，结构上转子加有永磁体，以提供软磁材料的工作点，而定子励磁只需提供变化的磁场而不必提供磁材料工作点的耗能，因此该电动机效率高、电流小、发热低。因永磁体的存在，该电动机具有较强的反电动势，其自身阻尼作用比较好，使其在运转过程中比较平稳、噪声低、低频振动小。感应子式步进电动机某种程度上可以看作是低速同步电动机。一个四相电动机可以作四相运行，也可以作二相运行（必须采用双极电压驱动），而反应式电动机则不能如此。一个二相电动机的内部绕组与四相电动机完全一致，小功率电动机一般直接接为二相，而功率大一点的电动机，为了方便使用，灵活改变电动机的动态特点，往往将其外部接线为八根引线（四相），这样使用时，既可以作四相电动机使用，可以作二相电动机绕组串联或并联使用。

分类：感应子式步进电动机根据相数可分为二相电动机、三相电动机、四相电动机、五相电动机等。根据机座号（电动机外径）可分为：42BYG（BYG 为感应子式步进电动机代号）、57BYG、86BYG、110BYG，为国际标准；而像 70BYG、90BYG、130BYG 等均为国内标准。

初步训练

利用单片机产生时序脉冲控制步进电动机的转动，同时结合外部开关实现电动机的正反转。

任务分析：

步进电动机是将电脉冲信号转变为角位移或者线位移的控制元件，在非超载的情况下，电动机的转速、停止的位置只取决于脉冲信号的频率和脉冲数，而不受负载变化的影响。步进电动机必须有双环行脉冲信号、功率驱动电路等组成控制系统方可使用。

步进电动机的主要特性：

1）步进电动机必须加驱动才可以转动，驱动信号必须为脉冲信号，没有脉冲的时候，步进电动机就停止。

2）步进电动机有瞬间起动和急速停止的优越特性。

3）改变脉冲的顺序，可以改变转动的方向。

根据以上分析，画出步进电动机驱动电路图，如图 5-4 所示。

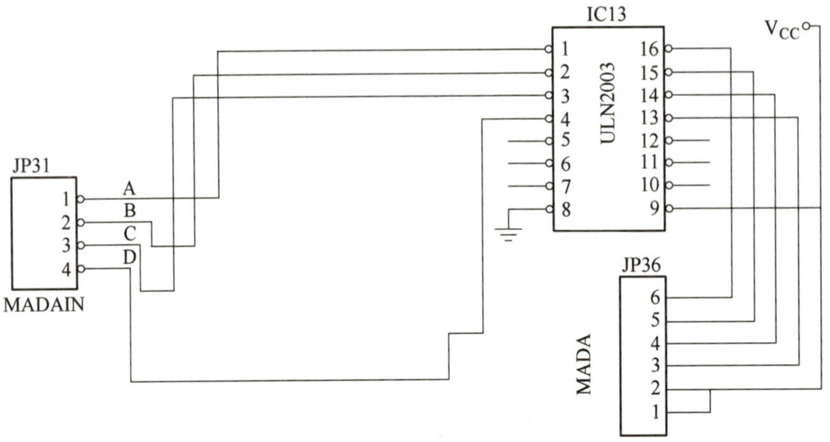

图 5-4　单片机驱动控制步进电动机驱动电路图

操作步骤：

1）连线：使用连接线接线，P1.4 接 A，P1.5 接 B，P1.6 接 C，P1.7 接 D，P1.0 接数据开关，$\overline{EA}$接 +5V。

2）运行 Keil μVision4 软件，新建一个工程文件夹（如 BJDJ），新建一个工程文件 BJDJ.ASM。

3）输入并编辑 BJDJ.ASM 文件，并且编译生成 HEX 文件。

4）用编程器将生成的 HEX 文件下载到单片机中，或用仿真器来执行程序，将程序下载到仿真器中，具体方法请参考仿真器的使用一节。

5）运行实验程序，观察实验现象。

6）完成实训操作，关闭电源，拆除接线，整理归位。

7）完成任务工单中相关题目。

参考程序：

```
                                        ; 步进电动机控制
                                        ; P1.4～P1.7 控制 A、B、C、D 四个相位开关
                                        ; KEY—P1.0  1：正转
                                        ; 0：反转
        ORG     0000H
        LJMP    MAIN
        ORG     0030H
MAIN:   JNB     P1.0, START             ; 正转程序
ZZ:     MOV     P1, #40h                ; C
        LCALL   DELAY
        MOV     P1, #10H                ; A
```

```
         LCALL   DELAY
         MOV     P1, #80H            ; D
         LCALL   DELAY
         MOV     P1, #20H            ; B
         LCALL   DELAY
         JB      P1.0, ZZ            ; 反转程序
START:   MOV     P1, #10h            ; A
         LCALL   DELAY
         MOV     P1, #40H            ; C
         LCALL   DELAY
         MOV     P1, #20H            ; B
         LCALL   DELAY
         MOV     P1, #80H            ; D
         LCALL   DELAY
         SJMP    MAIN
DELAY:   MOV     R1, #40H
LOOP2:   MOV     R2 , # 55h
LOOP1:   DJNZ    R2 , LOOP1
         DJNZ    R1, LOOP2
         RET
         END
```

强化训练

实现对步进电动机转向及转速的控制。具体要求：采用 STC89C52 作为控制单元，通过键盘实现对步进电动机转向及转速的控制，并且将步进电动机的转动状态用四个 LED 指示。

采用 ULN2003 达林顿管电动机驱动芯片，ULN2003 芯片是高耐压、大电流达林顿阵列，由 7 组达林顿晶体管阵列和相应的电阻网络以及钳位二极管网络构成，具有同时驱动 7 组负载的能力，为单片双极型大功率高速集成电路。功率电子电路大多要求具有大电流输出能力，以便于驱动各种类型的负载。功率驱动电路是功率电子设备输出电路的一个重要组成部分。ULN2003 芯片高压、大电流达林顿晶体管阵列产品属于可控大功率器件，对步进电动机控制方便灵活。

单片机的 P1.0 ~ P1.6 连接 ULN2003 的输入引脚，P3.4 ~ P3.7 连接四个独立按键：一个起动键、一个停止键、一个速度调节键和一个正反转切换键。速度等级采用 LED 指示灯指示。原理图如图 5-5 所示。

任务分析：

步进电动机控制系统的软件需要同时完成读取键盘、处理键盘、控制步进电动机转动、控制数码管动态显示等任务，这就必须通过中断技术来实现。

主程序可采用查询方式扫描键盘端口，检测按键动作是否发生，若有按键动作则处理键盘，根据按键值修改相应参数值，实现键盘的实时处理功能。定时器 T0 中断服务程序控制步进电动机的转动：根据当前显示的速度用键盘手动改变 T0 定时时间常数，设置 TH0 和

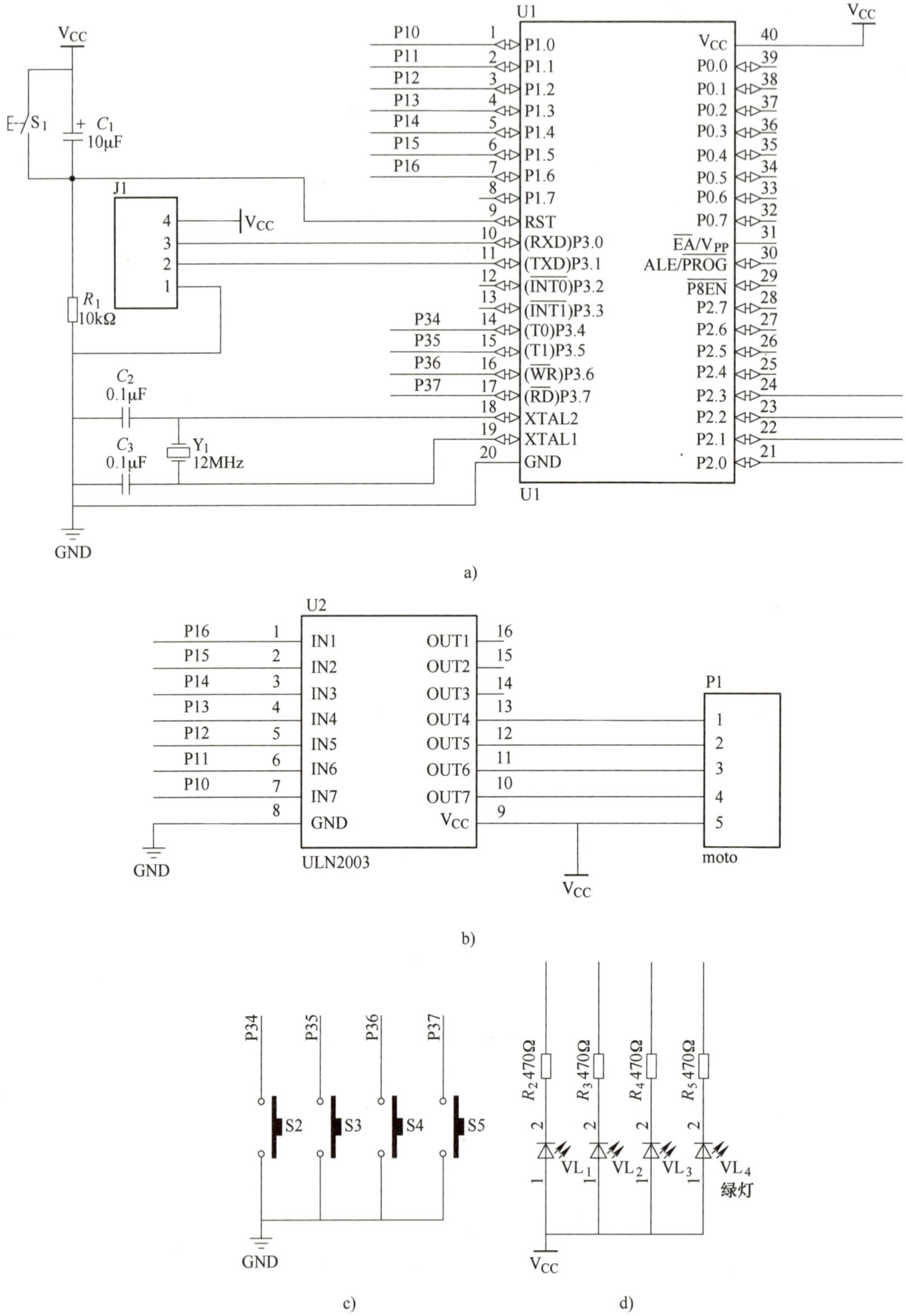

图 5-5 原理图

a）单片机主控电路原理图 b）步进电动机驱动电路原理图 c）按键电路 d）指示电路

TL0 的值，达到对转速精确控制的目的；根据转动方向控制位的值，控制脉冲信号循环移动的方向，达到对转动方向控制的目的。

说明如下：

1）单片机接收键盘信息，改变系统内部变量值。

2）单片机输出脉冲信号，控制步进电动机转动。

3）单片机根据步进电动机实际转动值，控制数码管显示。

根据以上分析，程序流程图如图 5-6 所示。

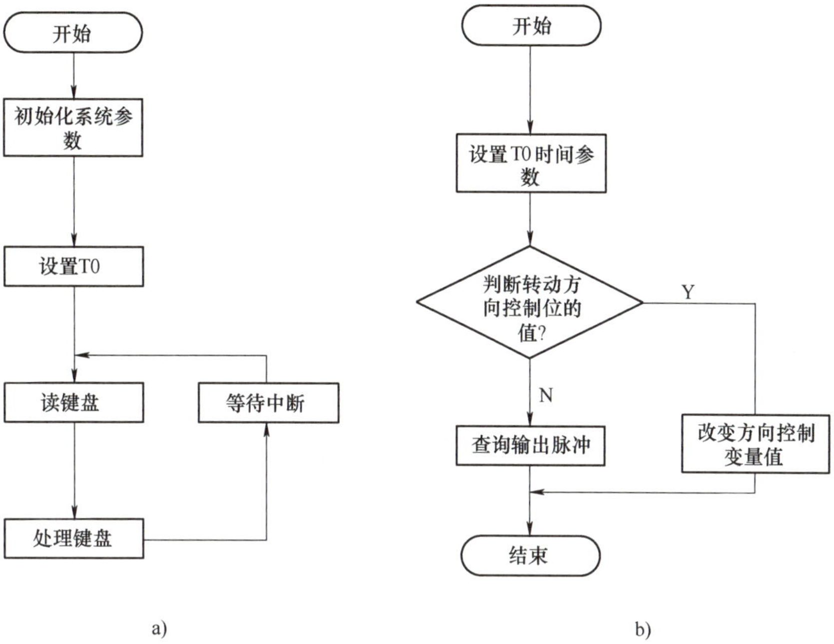

图 5-6　程序流程图

a）主程序　b）中断服务子程序

定时器 T0 中断服务程序的中断时间由当前的转速决定。进入中断程序后，首先要保护现场，再根据当前值设置 TH0 和 TL0 的值；然后判断转动方向控制位的值，如果是 0，则控制脉冲信号由 P1.0、P1.2 输出，如果是 1，则控制脉冲信号由 P1.1、P1.3 输出；最后恢复现场，返回，等待下次中断。

通过用当前转速控制中断时间，控制了脉冲的输出频率，也就达到了控制步进电动机转动速度的目的；通过检测转动方向控制位的电平，选择脉冲信号 P1.0、P1.2 与 P1.1、P1.3 间的切换，控制了步进电动机各引出端的接通顺序，也就到实现了步进电动机转动方向的控制。

习　题

1. 步进电动机的工作原理是____________。
2. 矩角特性的数学表达式为____________。
3. 三相反应式步进电动机的通电状态包括__________、________和________。
4. 提高步进电动机的带负载能力的方法有________和________。
5. 为什么随着通电频率的增加，步进电动机的带负载能力会下降？

◇◇◇项目二 汽车辅助电器

◆任务 汽车辅助电器认知

知识目标

1. 理解刮水器知识及操控原理。
2. 理解电动车窗的组成及工作原理。
3. 理解电动座椅的组成及工作原理。
4. 了解智能网联汽车的环境感知系统。

能力目标

1. 能利用单片机控制汽车电动车窗的上升和下降，并进行防夹手保护。
2. 能利用单片机控制汽车刮水器并进行调速。
3. 能利用单片机完成相关的电动控制。

素养目标

树立创新意识、服务意识。

任务相关知识

1. 认识刮水器

刮水器的功用是清扫风窗玻璃上的雨水、雪或尘土，以确保驾驶人有良好的视线。一般汽车的刮水器装在前风窗，部分汽车在后风窗也装有刮水器。

（1）刮水器的类型结构

类型：汽车上采用的刮水器有真空式、气动式和电动式三种形式。应用最广泛的是电动刮水器。

电动刮水器按磁场结构不同又可分为绕线式和永磁式两种，由于永磁式具有体积小、重量轻、结构简单等特点，在汽车上得到了广泛的应用。下面主要介绍应用较多的永磁式电动刮水器。

（2）刮水器的变速原理

汽车刮水器一般设置高低两种刮水速度。

由于电动刮水器的动力来源是直流电动机，故刮水器的变速就是直流电动机的变速。在实际应用中，一般是通过改变直流电动机的磁通 ϕ 或两电刷之间的电枢绕组（导体）数 Z 来改变直流电动机的转速。

永磁式电动机一般通过改变电刷间的导体数目来改变电动机转速，如图 5-7 所示。采用三电刷式结构，B_1 为低速运转电刷，B_2 为高速运转电刷，B_3 为公共电刷。

当电动机工作时，在电枢绕组内同时产生与电枢电流方向相反的反电动势，其大小与转速成比例。只有当外加电压 U 与反电动势几乎相等时，电枢的转速才趋于稳定。

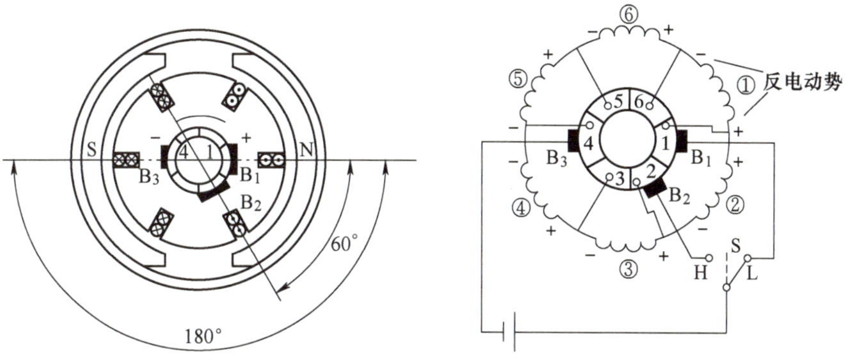

图 5-7　永磁式电动刮水器调速原理

1）低速运转。当开关拨向 L 时，电源电压 U 加在 B_1 与 B_3 电刷之间，电流经过由①、⑥、⑤与②、③、④线圈组成的两组并联回路，每条回路中串联的有效线圈各三个，因串联线圈（导体）数相对较多，故反电动势较大，电动机以较低转速运转。

2）高速运转。当开关拨向 H 时，电源电压 U 加在 B_2 和 B_3 电刷之间，电流经过由②、①、⑥、⑤与③、④组成的两条并联回路，由于线圈②和线圈①的绕线方向相反，而流经其中的电流方向相同，故线圈②产生的反电动势与①的反电动势互相抵消，只有两个线圈的反电动势与电源电压平衡，故反电动势较小，电动机以较高转速运转。可见，并联回路中串联线圈（导体）数目减少，能使电动机转速升高。

这样，永磁式电动刮水器就得到了高、低不同的工作档位。

（3）刮水器系统的自动复位

当要使刮水器停下来时，自动复位装置可在任何时刻切断刮水电动机电路，使刮水片自动停止在风窗玻璃的下部，以免影响驾驶人的视线。

2. 电动车窗

电动车窗又称电动门窗，它可以使驾驶人或乘客在座位上控制车窗玻璃自动上升或下降。电动车窗控制系统主要由车窗、直流电动机、电动玻璃升降器开关（主控开关、分控开关）、继电器、断路器等装置组成。

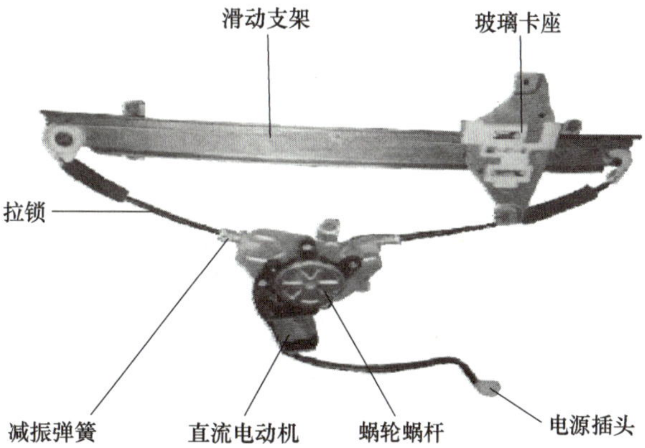

图 5-8　钢丝滚筒式玻璃升降器

（1）电动车窗的结构

1）直流电动机。直流电动机有永磁式和双绕组式两种。每个车窗都装有一套升降机构并通过开关控制它的电流或磁场方向，使车窗玻璃上升或下降。

2）车窗玻璃升降器。车窗玻璃升降器常见的有钢丝滚筒式和齿扇式两种。

钢丝滚筒式玻璃升降器（见图5-8）的双向直流电动机前端安装有减速机构，其上安装一个绕有钢丝的滚筒，玻璃卡座固定在钢丝上，且可在滑动支架上移动。

齿扇式玻璃升降器（见图5-9）的双向直流电动机带动蜗轮蜗杆减速改变方向后，驱动齿扇从而使玻璃向下移动，齿扇上安有螺旋弹簧，当车窗玻璃下降时螺旋弹簧收缩，将一部分能量转化为弹性势能；当车窗玻璃上升时，螺旋弹簧伸展，释放出储存的弹性势能，达到直流电动机双向负荷平衡的目的。

3）控制开关。所有电动车窗都有两套控制开关：一套为主控开关，安装在驾驶人侧车门扶手或仪表板上，由驾驶人控制车窗玻璃升降；另一套为分控开关，安装在乘客侧车门扶手中部，可由乘客操纵。主控开关下还安装有控制分控开关的总开关，如果断开它，分控开关就不起作用。带有延迟开关的电动车窗系统可在点火开关关断后约10 min内，或在车门打开以前，仍提供电源，使驾驶人和乘客有时间关闭或打开车窗。

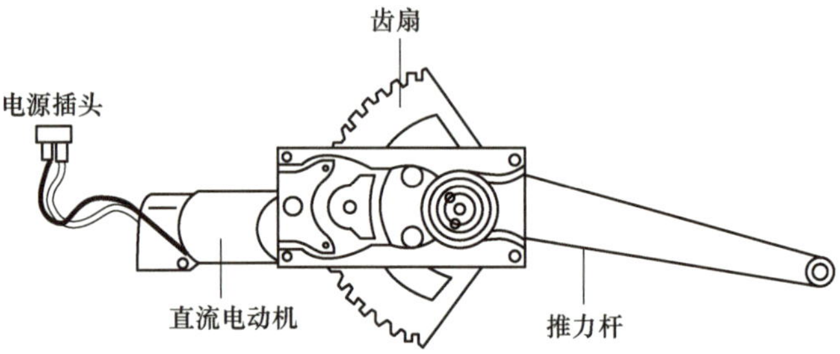

图5-9　齿扇式玻璃升降器

4）断路器。为了防止电动机过载，在电路或电动机内装有一个或多个双金属片式热敏断路器，用以控制电动机中的电流。若车窗玻璃因某种原因卡住（如密封条老化），即使操纵开关没有断开，双金属片式热敏断路器也会因电流过大自动断路，从而保护电动机不被烧毁。

（2）电动车窗的工作原理与控制

车窗电动机都是双向的，分永磁式和双绕组串励式两类。永磁式直流电动机是通过改变输入电枢绕组的电流方向使电动机以相反的方向旋转。双绕组串励式直流电动机有两个绕向相反的磁场绕组，一个称为上升绕组，另个称为下降绕组，通电后产生方向相反的磁场，用以改变电动机的旋转方向。

3. 电动座椅

六向电动座椅是用三个电动机移动的六个不同方向进行调节的：座椅的整体上、下高度调节和前、后滑动调节，以及前倾、后倾的调节。电动座椅前后方调节量一般为100～160mm，座位前部与后部的调节量约30～50mm。全程移动所需时间为8～10s。电动座椅一般由控制装置和执行机构组成，图5-10所示为六向电动座椅结构图。

（1）控制装置

控制装置接收驾驶人或乘客输入的命令，控制执行机构完成电动座椅的调整。电动座椅组合开关包括前倾开关、后倾开关和四向开关（即上下和前后）。电动座椅组合开关有的汽车安装在车门上，有的汽车安装在座椅旁边以使驾驶人或乘客操纵方便。

（2）执行机构

执行机构用来完成驾驶人或乘客的指令，在传动装置提供动力前提下完成座椅的调整，以实现座椅的调节。其主要由电动机、传动及调节装置等组成。

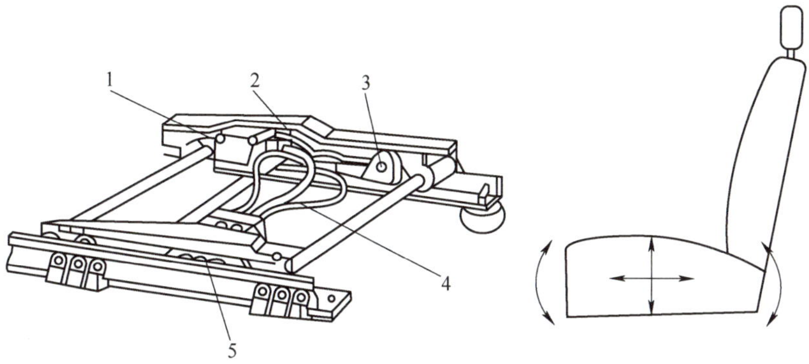

图 5-10　六向电动座椅结构图

1—前变速器　2—水平变速器　3—后变速器　4—软轴　5—电动机

4. 汽车环境感知系统

智能网联汽车以汽车为主体、利用先进的智能化技术实现车辆的安全行驶，并通过无线通信技术为用户提供多样化信息服务。智能网联汽车的基本结构可以分为环境感知、决策规划、控制执行三大系统。

智能网联汽车的环境感知系统相当于驾驶人的眼睛和耳朵，用来识别车辆周围的信息。环境感知系统利用各种传感器获取道路、车辆位置和障碍物等信息，并将这些信息传送给车载控制中心，为智能网联汽车提供决策依据。

环境感知系统的功能是通过车载传感器、卫星定位技术以及无线通信技术等，使得车辆能够对自身状况与外界环境进行动态与静态的信息识别，并将信息传送给下一个阶层，即决策规划系统。环境感知的目的主要包括车辆的通过性、安全性、经济型、平顺性；环境感知对象主要有行驶路面、周边物体、驾驶人状态、驾驶环境；环境感知部件有视觉传感器、激光传感器、雷达传感器等。

初步训练

设计汽车自动刮水器控制系统。具体要求：传感器对环境雨量大小进行检测，把信号输给单片机系统，通过程序控制步进电动机根据相应的环境做出不同的转动。比如当小雨时，刮水器自动工作在小雨运行方案（刮水电动机转动一个来回后停止 10s 后继续运行）；当中大雨时，刮水器自动工作在中大雨运行方案（刮水电动机转动一个来回后停止 5s 后继续运行）；当大雨时，刮水器自动工作在大雨运行方案（刮水电动机转动一个来回后继续运行）。

任务分析：

传感器运用的是雨量传感器，雨量传感器是汽车自动刮水器控制系统的重要组成部分。本设计中所用雨量传感器是基于光强变化的原理，提出的一种新的红外线雨量传感器（见图 5-11）。该传感器由红外光发射电路和红外光接收电路组成，利用红外专用集成接收芯片 TK1838 作为雨量传感器的接收芯片。根据雨量的多少，可输出相应的脉冲：当小雨时，输出脉冲较少；当雨量大时，脉冲数量较多；当雨量变化时，会自动转变脉冲数量。实验证明，该雨量传感器反应灵敏，实时性好，性能稳定。

应用两个定时/计数器，T0 采用中断方式（每定时 10ms 中断一次）；T1 采用查值方式，用作计数（T0 每中断一次，读取一次它的值，并做相应的处理）。主程序流程图如图 5-12 所示。

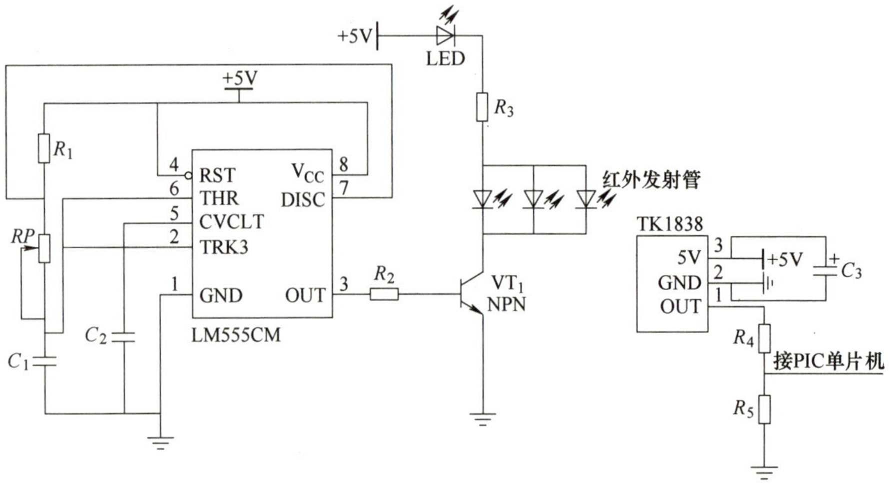

图 5-11　雨量传感器内部结构

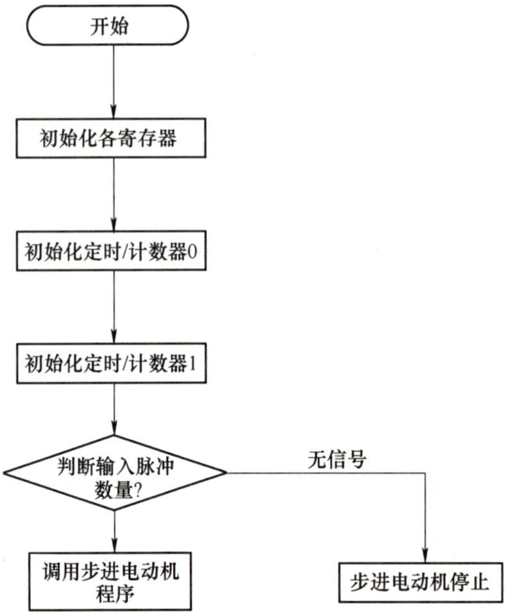

图 5-12　主程序流程图

习　题

1. 汽车上采用的刮水器有________、________和__________三种形式，应用最广泛的是____________。

2. 刮水器变速的原理是什么？

3. 电动车窗控制系统主要由________、________、______________（主控开关、分控开关）、________和________等装置组成。

4. 车窗升降的控制原理是什么？

5. 电动座椅的执行机构用来完成驾驶人的指令，在传动装置提供的动力前提下完成座椅的调整，以实现座椅的调节。其主要由________、________和______等组成。

◇◇◇ 项目三　汽车车窗模拟控制

◆ 任务　汽车车窗模拟控制设计

知识目标

1. 掌握直流电动机的工作原理以及编程方法。

2. 掌握单片机如何模拟产生 PWM 脉冲控制电动机转速，并由外部的数据开关实现 PWM 占空比的改变，控制直流电动机的转速。

3. 理解汽车电动车窗的工作原理。

能力目标

1. 会设计直流电动机驱动电路。

2. 能利用单片机控制直流电动机的转速。

3. 能利用单片机模拟产生 PWM 脉冲控制电动机转速。

4. 能进行电动机驱动相关硬件及软件设计。

素养目标

养成严谨务实的工作作风以及积累总结的习惯。

任务相关知识

1. 认识直流电机

（1）直流电机的用途

直流电动机的优点：

1）调速范围广，易于平滑调节。

2）过载能力强，起动、制动转矩大。

3）易于控制，可靠性高。

4）调速时的能量损耗较小。

缺点：换向困难，容量受到限制，不能做得很大。

应用：车上电动装置、轧钢机、电车、电气铁道牵引、造纸、纺织拖动等。

直流发电机用作电解、电镀、电冶炼、充电、交流发电机励磁等的直流电源。

（2）直流电机的工作原理

原理：任何电机的工作原理都建立在电磁感应和电磁力这个基础上。

1）工作原理：电磁力定律。载流导体在磁场中将会受到力的作用，若磁场与载流导体互相垂直，作用在导体上的电磁力大小为

$$F = Bli$$

力的方向用左手定则确定，如图 5-13 所示。

2）电动机工作过程分析：直流电动机的工作原理如图 5-14 所示。

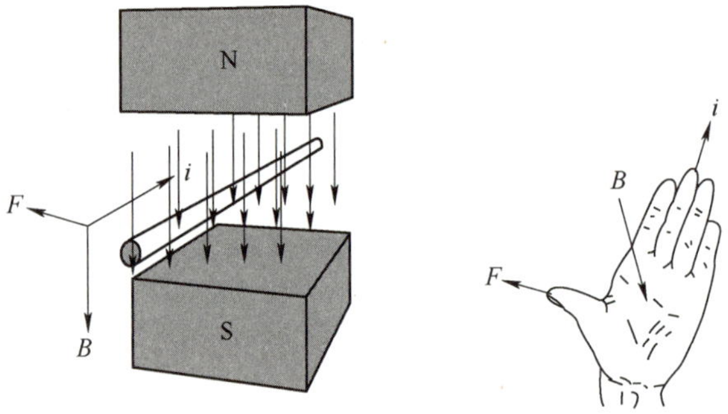

图 5-13　电磁力方向的确定

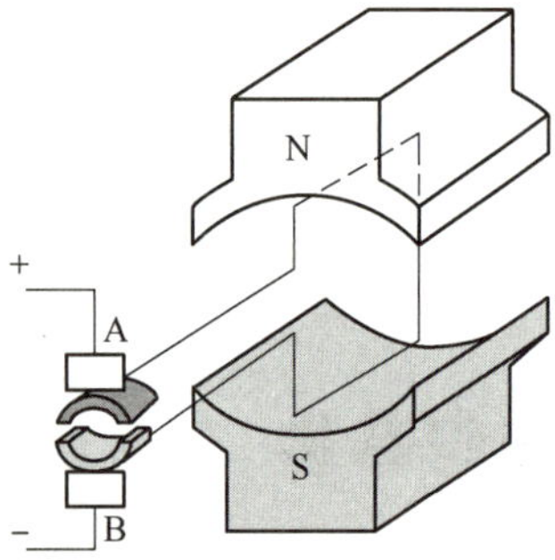

图 5-14　直流电动机的工作原理

①构成如下：

磁场：图中 N 极和 S 极是一对静止的磁极，用以产生磁场，其磁感应强度沿圆周正弦分布。

励磁绕组：容量较小的电动机是用永久磁铁做磁极的。容量较大的电动机的磁场是由直流电流通过绕在磁极铁心上的绕组产生的。用来形成 N 极和 S 极的绕组称为励磁绕组，励磁绕组中的电流称为励磁电流 I_f。

电枢绕组：在 N 极和 S 极之间，有一个能绕轴旋转的圆柱形铁心，其上紧绕着一个线圈称为电枢绕组（图中只画出一匝线圈），电枢绕组中的电流称为电枢电流 I_a。

换向器：电枢绕组两端分别接在两个相互绝缘而和绕组同轴旋转的半圆形铜片（换向片）上，所有换向片组成换向器。换向器上压着固定不动的碳质电刷。

电枢：铁心、电枢绕组和换向器所组成的旋转部分称为电枢。

②如图 5-15 所示，工作过程如下：

a. 电磁转矩的产生。如图 5-15a 所示，电枢绕组通过电刷接到直流电源上，绕组的旋转轴与机械负载相连。电流从电刷 A 流入电枢绕组，从电刷 B 流出。电枢电流 I_a 与磁场相互作用产生电磁力 F，其方向可用左手定则判定。这一对电磁力所形成的电磁转矩 T，使电动机电枢逆时针旋转。

电磁转矩与电枢旋转方向关系：同向。

b. 换向。当电枢转到图 5-15b 所示位置时，ab 边转到了 S 极下，cd 边转到了 N 极下。这时线圈电磁转矩的方向发生了改变，但由于换向器随同一起旋转，使得电刷 A 总是接触 N 极下的导线，而电刷 B 总是接触 S 极下的导线，故电流流动方向发生改变，电磁转矩方向不变。

③反电动势与能量转换分析：反电动势：电枢转动时，割切磁力线而产生感应电动势，这个电动势的方向（用右手定则判定）与电枢电流 I_a 和外加电压 U 的方向总是相反的，称为反电动势 E_a。

反电动势与发电机的电动势 E 的作用不同。发电机的电动势是电源电动势，在外电路产生电流。而 E_a 是反电动势，电源只有克服这个反电动势才能向电动机输入电流。

可见，电动机向负载输出机械功率的同时，却向电动机输入电功率，电动机起着将电能

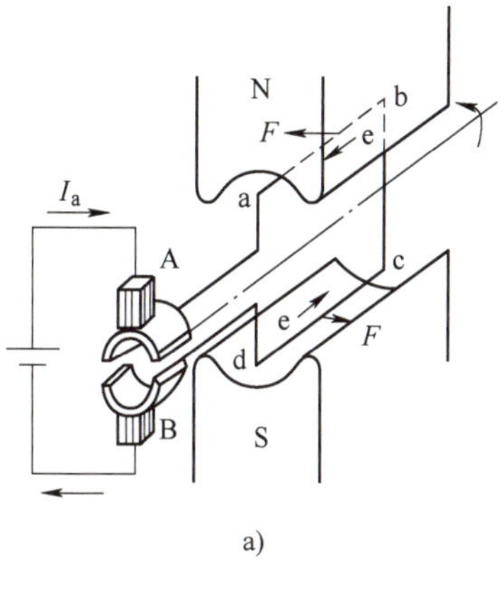

图 5-15 直流电动机工作过程

转换为机械能的作用。

电动势方向与电流方向关系：反向。

能量转换：电源（电能）→电磁转矩→负载（机械能）。

2. H 桥驱动电路的相关知识

H 桥驱动电路是非常典型的直流电动机驱动电路，如图 5-16 所示。正因为它的形状酷似字母 H，所以得名“H 桥驱动电路”。

图 5-16 中，H 桥驱动电路主要由 4 个晶体管、4 个二极管和 1 个电动机组成。要使电动机运转，必须导通对角线上的一对晶体管。根据不同晶体管对的导通情况，电流可能会从左至右或从右至左流过电动机，从而控制电动机的转向。当晶体管 VT_1 和 VT_4 导通时，电流将从左至右流过电动机，从而驱动电动机顺时针转动；当晶体管 VT_2 和 VT_3 导通时，电流将从右至左流过电动机，从而驱动电动机逆时针转动。

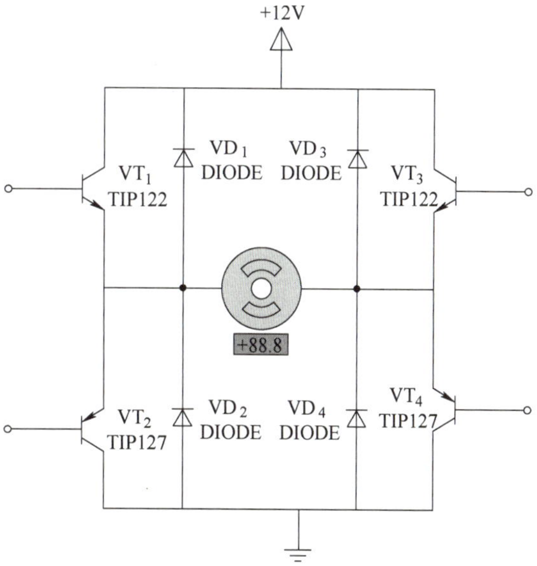

图 5-16 H 桥驱动电路

需要特别注意的是，驱动电动机时，要保证 H 桥上两个同侧的晶体管不能同时导通。如果晶体管 VT_1 和 VT_2 同时导通，那么电流就会从正极穿过两个晶体管直接回到负极。此时，电路中除了晶体管外没有其他任何负载，因此电路上的电流会非常大，甚至烧坏晶体管，所以在使用 H 桥驱动电路时一定要避免此情况的发生。

用分立元件制作 H 桥很麻烦而且很容易搭错，可以选择封装好的 H 桥集成电路，例如常用的 L293D、L298N、TA7257P、SN754410 等。接上电源、电动机和控制信号就可以直接使用了。

初步训练

利用单片机模拟产生的 PWM 控制直流电动机的转动，同时结合外部开关实现电动机的转速控制。

任务分析：

直流电动机是将电信号转变为线位移的控制元件。直流电动机必须由功率驱动电路等组成控制系统方可使用。同时，在转速和驱动能力非超载的情况下，可由端口输出的 PWM 实现直流电动机的调速。

根据以上分析，画出电路图，如图 5-17 所示。

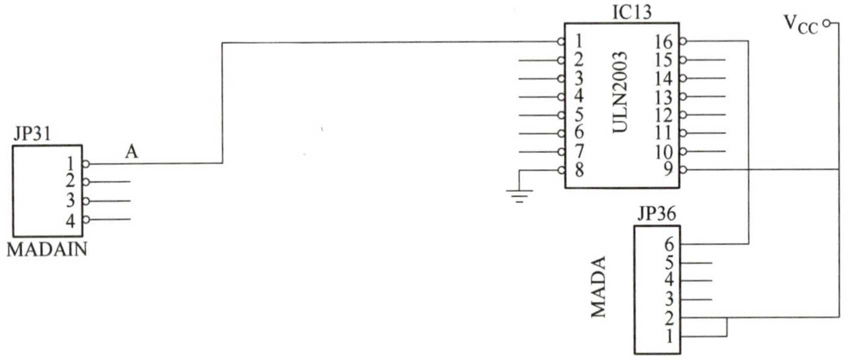

图 5-17　直流电动机驱动电路原理图

操作步骤：

1）按照表 5-1 将 PWM 和单片机进行连线。

表 5-1　PWM 和单片机连线对应表

PWM 模块	单片机	PWM 模块	单片机
IN	P1. 0	K1	P1. 1
	$\overline{EA}$引脚接 +5V	K2	P1. 2
数据开关			

2）运行 Keil μVision4 软件，新建一个工程文件夹（如 DJ），新建一个工程文件 DJ. ASM。

3）在 Keil μVision4 软件中根据流程图进行编程，并调试通过，生成 HEX 文件。

4）将生成的 HEX 文件下载到单片机中。

5）运行实验程序，观察实验现象，并记录在任务工单中。

6）完成实训操作，关闭电源，拆除接线，整理归位。

7）完成任务工单中相关题目。

参考程序：

```
PWMH        EQU 30H
PWM         EQU 31H
COUNTER     EQU 32H
```

```
          TEMP       EQU 33H
          ORG        0000H
          AJMP       MAIN
          ORG        000BH
          AJMP       INTT0
          ORG        0100H
MAIN:     MOV        SP, #60H
          MOV        PWMH, #02H
          MOV        PWM, #30H
          MOV        COUNTER, #01H
          MOV        TMOD, #02H
          MOV        TH0, #00H
          MOV        TL0, #00H
          SETB       ET0
          SETB       EA
          SETB       TR0
KSCAN:    JNB        P1.1, K1CHECK
          JNB        P1.2, K2CHECK
          AJMP       KSCAN
K1CHECK:
          lcall      DL110mS
          JB         P1.1, KSCAN
          JNB        P1.1, $
          SJMP       K1HANDLE
K1HANDLE: MOV        A, PWMH
          CJNE       A, PWM, K1H0
          SJMP       KSCAN
K1H0:     MOV        A, PWMH
          INC        A
          CJNE       A, PWM, K1H1
          CLR        TR0
          SETB       P1.0
          SJMP       K1H2
K1H1:     CJNE       A, #02H, K1H2
          SETB       TR0
K1H2:     INC        PWMH
          SJMP       KSCAN
K2CHECK:  LCALL      DL110MS
          JB         P1.2, KSCAN
```

```
          JNB       P1.2, $
          SJMP      K2HANDLE
K2HANDLE: MOV       A, PWMH
          CJNE      A, #01H, K2H0
          SJMP      KSCAN
K2H0:     MOV       A, PWMH
          MOV       TEMP, PWM
          DEC       A
          CJNE      A, #01H, K2H1
          CLR       TR0
          CLR       P1.0
          SJMP      K2H2
K2H1:     DEC       TEMP
          CJNE      A, TEMP, K2H2
          SETB      TR0
K2H2:     DEC       PWMH
          SJMP      KSCAN
INTT0:    PUSH      PSW
          PUSH      ACC
          INC       COUNTER
          MOV       A, COUNTER
          CJNE      A, PWMH, INTT01
          CLR       P1.0
INTT01:   CJNE      A, PWM, INTT02
          MOV       COUNTER, #01H
          SETB      P1.0
INTT02:             POP ACC
          POP       PSW
          RETI
DL110mS:  MOV       R6, #10H
DD:       MOV       R7, #0FFH
          DJNZ      R7, $
          DJNZ      R6, DD
          RET
          END
```

强化训练

用单片机控制直流电动机正反转，来模拟汽车电动车窗的升降。

任务分析：

如图 5-18 所示，由单片机的 P2.0、P2.1 通过晶体管控制继电器，当 P2.0 输出低电平、

P2.1 输出高电平时，晶体管 Q1 导通、晶体管 Q2 截止，从而导致与 Q1 相连的继电器吸合，电动机因两端产生电压而转动。由 P3.0、P3.1，P3.2 控制电动机的正转、反转和停止。

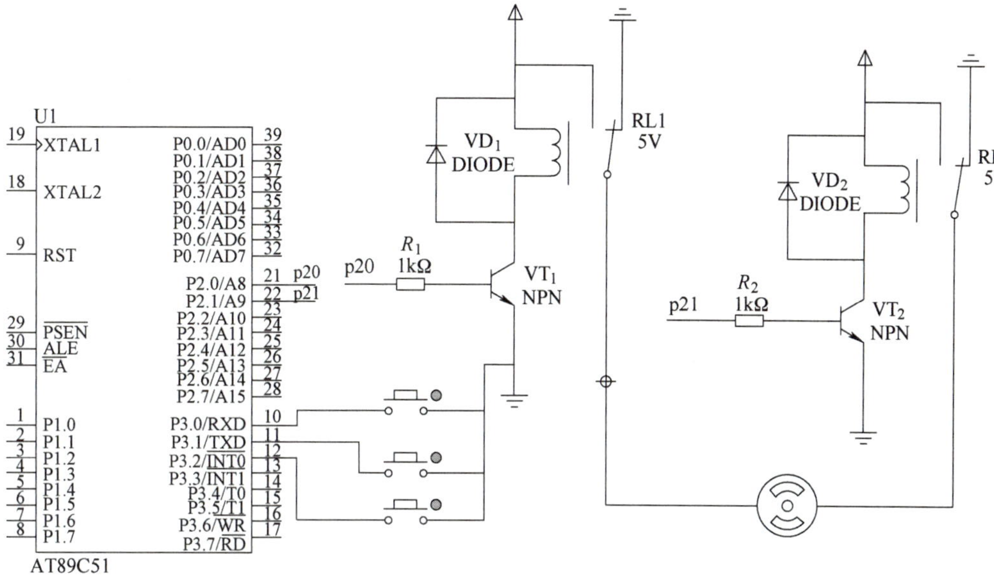

图 5-18　单片机驱动直流电动机正反转电路图

图 5-18 中，两个继电器的两端都反向接了一个二极管，这非常重要，当使用电磁继电器时必须接，原因如下：线圈通电正常工作时，二极管对电路不起作用；当继电器线圈在断电的一瞬间会产生一个很强的反向电动势，继电器线圈两端反向并联的二极管就是用来消耗这个反向电动势的，通常将这个二极管称为消耗二极管，如果不加这个消耗二极管，反向电动势就会直接作用在驱动晶体管上，很容易将晶体管烧毁。

参考程序：

```
        ORG     0000H
        LJMP    MAIN
        ORG     0030H
MAIN:   MOV     A, P3
        ANL     A, #07H
        CJNE    A, #6, PZZ
        MOV     P2, #01H
        LCALL   DELAY
        AJMP    MAIN
PZZ:    CJNE    A, #5, PFZ
        MOV     P2, #02H
        LCALL   DELAY
        AJMP    MAIN
PFZ:    CJNE    A, #3, MAIN
        MOV     P2, #03H
```

```
        LCALL   DELAY
DELAY:  MOV     R5, #195
C1:     MOV     R6, #255
        DJNZ    R6, $
        DJNZ    R5, C1
        RET
        END
```

习　题

1. 直流电动机的励磁方式有________、________、__________和__________四种形式。

2. 直流电动机电枢导体中的电动势和电流是________性质的；单叠绕组的支路数与电动机的极数________。

3. 说明直流电动机的工作原理。

4. 直流电动机的额定参数有哪些?

5. 直流电枢绕组由哪些部件构成?

◇◇◇附录　汇编语言指令表

51 系列单片机指令集

助记符		指令说明	字节数	周期数
（数据传递类指令）				
MOV	A，Rn	寄存器传送到累加器	1	1
MOV	A，direct	直接地址传送到累加器	2	1
MOV	A，@Ri	累加器传送到外部 RAM（8 位地址）	1	1
MOV	A，#data	立即数传送到累加器	2	1
MOV	Rn，A	累加器传送到寄存器	1	1
MOV	Rn，direct	直接地址传送到寄存器	2	2
MOV	Rn，#data	立即数传送到寄存器	2	1
MOV	direct，Rn	寄存器传送到直接地址	2	1
MOV	direct，direct	直接地址传送到直接地址	3	2
MOV	direct，A	累加器传送到直接地址	2	1
MOV	direct，@Ri	间接 RAM 传送到直接地址	2	2
MOV	direct，#data	立即数传送到直接地址	3	2
MOV	@Ri，A	累加器传送到间接 RAM	1	2
MOV	@Ri，direct	直接地址传送到间接 RAM	2	1
MOV	@Ri，#data	立即数传送到间接 RAM	2	2
MOV	DPTR，#data16	16 位常数加载到数据指针	3	1
MOVC	A，@A+DPTR	代码字节传送到累加器	1	2
MOVC	A，@A+PC	代码字节传送到累加器	1	2
MOVX	A，@Ri	外部 RAM（8 位地址）传送到累加器	1	2
MOVX	A，@DPTR	外部 RAM（16 位地址）传送到累加器	1	2
MOVX	@Ri，A	累加器传送到外部 RAM（8 位地址）	1	2
MOVX	@DPTR，A	累加器传送到外部 RAM（16 位地址）	1	2
PUSH	direct	直接地址压入堆栈	2	2
POP	direct	直接地址弹出堆栈	2	2
XCH	A，Rn	寄存器和累加器交换	1	1
XCH	A，direct	直接地址和累加器交换	2	1
XCH	A，@Ri	间接 RAM 和累加器交换	1	1
XCHD	A，@Ri	间接 RAM 和累加器交换低 4 位字节	1	1

（续）

助记符		指令说明	字节数	周期数
（算术运算类指令）				
INC	A	累加器加 1	1	1
INC	Rn	寄存器加 1	1	1
INC	direct	直接地址加 1	2	1
INC	@ Ri	间接 RAM 加 1	1	1
INC	DPTR	数据指针加 1	1	2
DEC	A	累加器减 1	1	1
DEC	Rn	寄存器减 1	1	1
DEC	direct	直接地址减 1	2	2
DEC	@ Ri	间接 RAM 减 1	1	1
MUL	AB	累加器和 B 寄存器相乘	1	4
DIV	AB	累加器除以 B 寄存器	1	4
DA	A	累加器十进制调整	1	1
ADD	A，Rn	寄存器与累加器求和	1	1
ADD	A，direct	直接地址与累加器求和	2	1
ADD	A，@ Ri	间接 RAM 与累加器求和	1	1
ADD	A，#data	立即数与累加器求和	2	1
ADDC	A，Rn	寄存器与累加器求和（带进位）	1	1
ADDC	A，direct	直接地址与累加器求和（带进位）	2	1
ADDC	A，@ Ri	间接 RAM 与累加器求和（带进位）	1	1
ADDC	A，#data	立即数与累加器求和（带进位）	2	1
SUBB	A，Rn	累加器减去寄存器（带借位）	1	1
SUBB	A，direct	累加器减去直接地址（带借位）	2	1
SUBB	A，@ Ri	累加器减去间接 RAM（带借位）	1	1
SUBB	A，#data	累加器减去立即数（带借位）	2	1
（逻辑运算类指令）				
ANL	A，Rn	寄存器“与”到累加器	1	1
ANL	A，direct	直接地址“与”到累加器	2	1
ANL	A，@ Ri	间接 RAM“与”到累加器	1	1
ANL	A，#data	立即数“与”到累加器	2	1
ANL	direct，A	累加器“与”到直接地址	2	1
ANL	direct，#data	立即数“与”到直接地址	3	2
ORL	A，Rn	寄存器“或”到累加器	1	2
ORL	A，direct	直接地址“或”到累加器	2	1
ORL	A，@ Ri	间接 RAM“或”到累加器	1	1
ORL	A，#data	立即数“或”到累加器	2	1

（续）

助记符		指令说明	字节数	周期数
（逻辑运算类指令）				
ORL	direct，A	累加器“或”到直接地址	2	1
ORL	direct，#data	立即数“或”到直接地址	3	1
XRL	A，Rn	寄存器“异或”到累加器	1	2
XRL	A，direct	直接地址“异或”到累加器	2	1
XRL	A，@Ri	间接 RAM“异或”到累加器	1	1
XRL	A，#data	立即数“异或”到累加器	2	1
XRL	direct，A	累加器“异或”到直接地址	2	1
XRL	direct，#data	立即数“异或”到直接地址	3	1
CLR	A	累加器清零	1	2
CPL	A	累加器求反	1	1
RL	A	累加器循环左移	1	1
RLC	A	带进位累加器循环左移	1	1
RR	A	累加器循环右移	1	1
RRC	A	带进位累加器循环右移	1	1
SWAP	A	累加器高、低 4 位交换	1	1
（控制转移类指令）				
JMP	@A+DPTR	相对 DPTR 的无条件间接转移	1	2
JZ	rel	累加器为 0 则转移	2	2
JNZ	rel	累加器为 1 则转移	2	2
CJNE	A，direct，rel	比较直接地址和累加器，不相等则转移	3	2
CJNE	A，#data，rel	比较立即数和累加器，不相等则转移	3	2
CJNE	Rn，#data，rel	比较寄存器和立即数，不相等则转移	2	2
CJNE	@Ri，#data，rel	比较立即数和间接 RAM，不相等则转移	3	2
DJNZ	Rn，rel	寄存器减 1，不为 0 则转移	3	2
DJNZ	direct，rel	直接地址减 1，不为 0 则转移	3	2
NOP		空操作，用于短暂延时	1	1
ACALL	add11	绝对调用子程序	2	2
LCALL	add16	长调用子程序	3	2
RET		从子程序返回	1	2
RETI		从中断服务子程序返回	1	2
AJMP	add11	无条件绝对转移	2	2
LJMP	add16	无条件长转移	3	2
SJMP	rel	无条件相对转移	2	2

（续）

助记符		指令说明	字节数	周期数
（布尔指令）				
CLR	C	清进位位	1	1
CLR	bit	清直接寻址位	2	1
SETB	C	置位进位位	1	1
SETB	bit	置位直接寻址位	2	1
CPL	C	取反进位位	1	1
CPL	bit	取反直接寻址位	2	1
ANL	C，bit	直接寻址位“与”到进位位	2	2
ANL	C，/bit	直接寻址位的反码“与”到进位位	2	2
ORL	C，bit	直接寻址位“或”到进位位	2	2
ORL	C，/bit	直接寻址位的反码“或”到进位位	2	2
MOV	C，bit	直接寻址位传送到进位位	2	1
MOV	bit，C	进位位位传送到直接寻址	2	2
JC	rel	如果进位位为 1 则转移	2	2
JNC	rel	如果进位位为 0 则转移	2	2
JB	bit，rel	如果直接寻址位为 1 则转移	3	2
JNB	bit，rel	如果直接寻址位为 0 则转移	3	2
JBC	bit，rel	直接寻址位为 1 则转移并清除该位	2	2

参考文献

[1] 胡汉才. 单片机原理及其接口技术［M］. 4版. 北京：清华大学出版社，2018.

[2] 罗学恒. 单片机实用教程：单片机原理·汇编语言·接口技术［M］. 北京：高等教育出版社，2006.

[3] 李全利. 单片机原理及应用技术［M］. 2版. 北京：清华大学出版社，2014.

[4] 黄鹏. 汽车单片机应用技术［M］. 北京：机械工业出版社，2017.

[5] 周立功. 单片机实验与实践［M］. 北京：北京航空航天大学出版社，2004.

[6] 侯树梅. 汽车单片机及局域网技术［M］. 北京：高等教育出版社，2005.

[7] 林为群，李秉玉，辛勤. 汽车单片机及车载网络系统［M］. 2版. 北京：人民交通出版社，2017.

[8] 南金瑞，金狄，刘波澜. 汽车单片机及车载总线技术［M］. 2版. 北京：北京理工大学出版社，2013.

[9] 于万海. 汽车单片机与车载网络技术［M］. 2版. 西安：西安电子科技大学出版社，2013.

[10] 赵子民. 单片机及汽车车载网络［M］. 郑州：黄河水利出版社，2013.

[11] 刘鸿健. 汽车单片机与车载网络技术［M］. 2版. 北京：化学工业出版社，2016.

[12] 何金戈. 汽车传感器原理与检修［M］. 2版. 北京：化学工业出版社，2015.

任务工单

任 务 工 单

任务工单 1：汽车电子技术与单片机认知

<table>
<tr><td>工作任务</td><td colspan="5">汽车电子技术与单片机认知</td></tr>
<tr><td>姓　名</td><td></td><td>学　号</td><td></td><td>班　级</td><td></td></tr>
<tr><td>任务地点</td><td colspan="3"></td><td>日　期</td><td></td></tr>
<tr><td>小组成员</td><td colspan="3"></td><td>课　时</td><td></td></tr>
<tr><td>任务要求</td><td colspan="5">1. 初步训练：简述汽车电子技术发展
2. 强化训练：简述单片机发展历史、特点、应用领域和发展趋势</td></tr>
<tr><td>任务目标</td><td colspan="5">1. 了解汽车电子技术的发展历史
2. 掌握单片机的基本知识
3. 掌握单片机的发展历史、特点、应用领域及发展趋势等
4. 了解单片机在汽车中的应用</td></tr>
<tr><td>初步训练</td><td colspan="5">1. 汽车电子技术的发展历史如下：
1）从__________开始，微电子技术的迅猛发展使其在汽车上被广泛应用，给汽车工业的进一步发展带来了新的生机
2）从__________开始，主要用电子装置改善部分机械部件的性能
3）从__________开始，汽车电子控制技术开始形成，大规模集成电路得到广泛应用，减小了汽车电子产品的体积，提高了电子装置的可靠性和稳定性
4）__________被认为是电子技术在汽车上应用的第三阶段，在这一阶段中，在汽车上大规模应用的以微处理器为核心的微机控制系统趋于成熟和可靠，并向智能化发展，汽车全面进入电子化时代
5）2000 年以后，汽车电子化被认为已进入第四阶段——__________，在这一阶段中，汽车产品将大量采用人工智能技术，并利用网络进行信息的传递和交换</td></tr>
</table>

（续）

<table>
<tr><td>初步训练</td><td>2. 微型计算机是指把__________、__________、__________和__________等集装在一块或数块印制电路板上所构成的计算机，通常包括三种类型__________、__________和__________
3. 单片机的全称为__________</td></tr>
<tr><td>强化训练</td><td>1. 单片机的发展历史分为哪几个阶段

2. 单片机具有哪些特点

3. 单片机主要应用在哪些领域

4. 简述单片机的发展趋势</td></tr>
<tr><td>考核评价</td><td>
<table>
<tr><td>项目评价</td><td>考核内容</td><td>考核要求</td><td>标准分值</td><td>自我评价</td><td>小组评价</td><td>教师评价</td></tr>
<tr><td rowspan="2">专业能力</td><td>汽车电子技术的发展历史</td><td>汽车电子技术发展历史的关键节点</td><td>40分</td><td></td><td></td><td></td></tr>
<tr><td>单片机的基本知识</td><td>单片机的发展历史、特点、应用领域及发展趋势</td><td>40分</td><td></td><td></td><td></td></tr>
<tr><td rowspan="3">素质能力</td><td>遵守时间</td><td>遵守作息制度、不迟到、不早退、不旷课</td><td>5分</td><td></td><td></td><td></td></tr>
<tr><td>团队协作精神</td><td>组内主动沟通、协作，具有合作交流意识</td><td>10分</td><td></td><td></td><td></td></tr>
<tr><td>个人表达</td><td>口头表达能力、书面总结能力</td><td>5分</td><td></td><td></td><td></td></tr>
</table>
</td></tr>
</table>

任务工单 2：51 系列单片机认知

<table>
<tr><td>工作任务</td><td colspan="5">51 系列单片机认知</td></tr>
<tr><td>姓　名</td><td></td><td>学　号</td><td></td><td>班　级</td><td></td></tr>
<tr><td>任务地点</td><td colspan="3"></td><td>日　期</td><td></td></tr>
<tr><td>小组成员</td><td colspan="3"></td><td>课　时</td><td></td></tr>
<tr><td>任务要求</td><td colspan="5">1. 初步训练：陈述单片机性能参数、引脚等
2. 强化训练：陈述单片机的内部结构、存储器结构和配置</td></tr>
<tr><td>任务目标</td><td colspan="5">1. 了解 89S51 单片机的性能参数和引脚功能
2. 掌握单片机的内部结构
3. 能进行单片机内外存储器的选择设置
4. 能对各特殊功能寄存器进行功能说明</td></tr>
<tr><td>初步训练</td><td colspan="5">1. RST 引脚出现____个机器周期以上____电平将使单片机复位
2. 欲使 CPU 仅访问外部程序存储器，$\overline{EA}$端必须保持____电平
3. 单片机由________和________两个大部分组成。________主要由 CPU（运算器和控制器）、存储器、I/O 接口和 I/O 设备组成，各组成部分之间通过________、________、________三总线联系在一起
4. 51 系列单片机片内有____ KB 的程序存储器，片外可以扩展____ KB 的 RAM 和 ROM
5. 51 系列单片机的数据存储器有 64KB 的寻址区，在地址上和程序存储器重合，却不会出现读写数据和读指令混乱的情况，是如何实现的

6. 51 系列单片机的片内数据存储器是 256B（含特殊功能寄存器），可分为哪 4 个区

</td></tr>
</table>

（续）

初步训练	7. 在某一时刻单片机只能使用其中一组工作寄存器，工作寄存器组的选择是由__________中的__________和__________决定的 8. 位寻址区，共____ B（即____位）。该区可以作为一般的数据 RAM 区进行读写，还可以对每个字节的每一位进行操作，并且对这些位都规定了固定的位地址，用位地址 00H ~ 7FH 分别与之对应
强化训练	1. 简述 P3 口的第二功能 2. 请说明 PSW 程序状态字各位功能 3. 片内数据存储器如何分区
考核评价	（见下表）

项目评价	考核内容	考核要求	标准分值	自我评价	小组评价	教师评价
专业能力	单片机性能参数和引脚	51 系列单片机的性能参数 51 系列单片机的引脚	40 分			
	单片机的内部结构、存储器结构和配置	51 系列单片机的内部结构 51 系列单片机的存储器配置 51 系列单片机的工作寄存器配置 51 系列单片机的特殊功能寄存器	40 分			
素质能力	遵守时间	遵守作息制度，不迟到、不早退、不旷课	5 分			
	团队协作精神	组内主动沟通、协作，具有合作交流意识	10 分			
	个人表达	口头表达能力、书面总结能力	5 分			

任务工单 3：MOTOROLA 系列汽车单片机认知

工作任务	MOTOROLA 系列汽车单片机认知				
姓　名		学　号		班　级	
任务地点				日　期	
小组成员				课　时	
任务要求	1. 初步训练：简述点火控制电路原理 2. 强化训练：分析喷油控制电路结构				
任务目标	1. 能列举 8 位、16 位、32 位汽车单片机的应用 2. 能理解点火控制电路的原理 3. 能理解喷油控制电路的结构				
初步训练	1. 简述你所知道的应用在汽车上的单片机 2. MC68HC908GP32 有哪几种封装形式 3. MC68HC11F1 有哪两种封装形式				

（续）

<table>
<tr><td>强化训练</td><td>4. 简述金杯单点玛瑞利逻辑电路的点火控制电路工作过程

5. 点火电路要正常工作的4要点是什么

6. 简述金杯单点玛瑞利逻辑电路的喷油控制电路工作过程</td></tr>
<tr><td>考核评价</td><td>

项目评价	考核内容	考核要求	标准分值	自我评价	小组评价	教师评价
专业能力	汽车单片机基本知识	了解 MC68HC908GP32 芯片 了解 MC68HC11F1 芯片	40分			
	点火和喷油控制电路	点火控制电路工作过程分析和喷油控制电路分析	40分			
素质能力	遵守时间	遵守作息制度，不迟到、不早退、不旷课	5分			
	团队协作精神	组内主动沟通、协作，具有合作交流意识	10分			
	个人表达	口头表达能力、书面总结能力	5分			

</td></tr>
</table>

任务工单4：汇编语言认知

<table>
<tr><td>工作任务</td><td colspan="5">汇编语言认知</td></tr>
<tr><td>姓　名</td><td></td><td>学　号</td><td></td><td>班　级</td><td></td></tr>
<tr><td>实训地点</td><td colspan="3"></td><td>日　期</td><td></td></tr>
<tr><td>小组成员</td><td colspan="3"></td><td>课　时</td><td></td></tr>
<tr><td>任务要求</td><td colspan="5">1. 初步训练：根据题目要求画出程序流程图。具体要求：已知VAR单元中有一个自变量X，请按如下条件编出求函数值Y并将它存入FUNC单元的程序，其中VAR代表30H单元，FUNC代表31H单元
$$Y=\begin{cases}1, & X>0\\0, & X=0\\-1, & X<0\end{cases}$$
2. 强化训练：根据题目要求画出程序流程图。具体要求：编程实现把20H单元内两个BCD码变换成相应ASCII码放在21H（高位BCD码的ASCII码）和22H（低位BCD码的ASCII码）单元</td></tr>
<tr><td>实训目的</td><td colspan="5">1. 了解程序语言
2. 掌握汇编语言的常用符号、指令格式和伪指令、寻址方式
3. 会判断指令的寻址方式
4. 会使用程序流程图常用图形符号画程序流程图</td></tr>
<tr><td>初步训练</td><td colspan="5">1. 基本知识
1）汇编语言标号段与操作码段之间用________相隔；操作码段与操作数段间用________相隔；两个操作数之间用________相隔；操作数段与注释段之间用________相隔。其中，标号段位于一条语句的开头，用于存放语句的标号，来指明标号所在指令操作码字节在内存的地址，又称为标号地址或符号地址。标号由________________组成，长度为____个字符，当超过8个字符时，汇编程序自动舍去超过部分的字符
2）在MCS-51单片机的汇编语言中，操作数通常有5种合法表示方式，是哪5种</td></tr>
</table>

（续）

<table>
<tr><td>初步训练</td><td>2. DATA 与 EQU 的主要区别是什么

在程序流程图中，以下图形各表示什么含义？根据初步训练要求，画出程序流程图
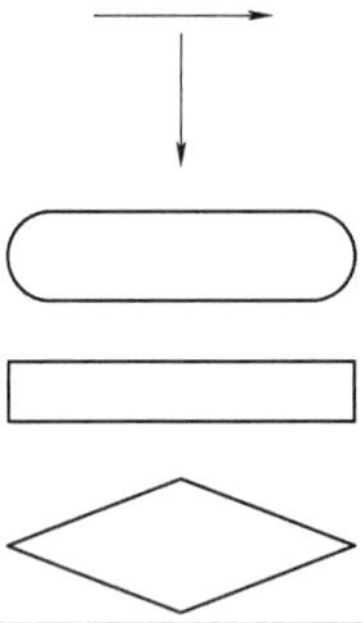</td></tr>
<tr><td>强化训练</td><td>1. 汇编语言有哪两种汇编方式

2. 7 种寻址方式是指哪 7 种

3. 根据强化训练要求，画出程序流程图</td></tr>
<tr><td>考核评价</td><td>
<table>
<tr><th>项目评价</th><th>考核内容</th><th>考核要求</th><th>标准分值</th><th>自我评价</th><th>小组评价</th><th>教师评价</th></tr>
<tr><td rowspan="5">专业能力</td><td>常用符号及指令格式</td><td>汇编语言常用符号掌握情况，指令的基本格式</td><td>30 分</td><td></td><td></td><td></td></tr>
<tr><td>伪指令</td><td>伪指令的作用</td><td>15 分</td><td></td><td></td><td></td></tr>
<tr><td>寻址方式</td><td>7 种寻址方式的判断</td><td>20 分</td><td></td><td></td><td></td></tr>
<tr><td>技术文件撰写</td><td>任务工单等技术文件的撰写</td><td>5 分</td><td></td><td></td><td></td></tr>
<tr><td>安全文明生产</td><td>参照相关法规进行考评，确保人身和设备安全</td><td>10 分</td><td></td><td></td><td></td></tr>
<tr><td rowspan="3">素质能力</td><td>遵守时间</td><td>遵守作息制度，不迟到、不早退、不旷课</td><td>5 分</td><td></td><td></td><td></td></tr>
<tr><td>团队协作精神</td><td>组内主动沟通、协作，具有合作交流意识</td><td>10 分</td><td></td><td></td><td></td></tr>
<tr><td>个人表达</td><td>口头表达能力，书面总结能力</td><td>5 分</td><td></td><td></td><td></td></tr>
</table>
</td></tr>
</table>

任务工单5：单片机最小系统认知

<table>
<tr><td>工作任务</td><td colspan="5">单片机最小系统认知</td></tr>
<tr><td>姓　名</td><td></td><td>学　号</td><td></td><td>班　级</td><td></td></tr>
<tr><td>实训地点</td><td colspan="3"></td><td>日　期</td><td></td></tr>
<tr><td>小组成员</td><td colspan="3"></td><td>课　时</td><td></td></tr>
<tr><td>任务要求</td><td colspan="5">1. 初步训练：画出单片机的按键复位电路，并说明工作原理
2. 强化训练：画出单片机最小系统电路图，并标注上各元器件的值</td></tr>
<tr><td>实训目的</td><td colspan="5">1. 理解振荡周期、时钟周期、机器周期和指令周期的含义
2. 能理解复位电路和振荡电路的工作原理
3. 会画出复位电路和振荡电路
4. 会画出单片机最小系统</td></tr>
<tr><td>初步训练</td><td colspan="5">1. 画出上电复位和按键复位电路的电路图，并标注出各元器件的值

2. 对比上电复位和按键复位电路的不同之处

3. 简述按键复位单路的工作原理

</td></tr>
</table>

（续）

<table>
<tr><td>强化训练</td><td>1. 画出单片机最小系统

2. 当晶振选择 12MHz 时，最小系统中，各元器件的值是多少</td></tr>
<tr><td>考核评价</td><td>

项目评价	考核内容	考核要求	标准分值	自我评价	小组评价	教师评价
专业能力	常用符号及指令格式	汇编语言常用符号掌握情况、指令的基本格式	30 分			
	伪指令	伪指令的作用	15 分			
	寻址方式	7 种寻址方式的判断	20 分			
	技术文件撰写	任务工单等技术文件的撰写	5 分			
	安全文明生产	参照相关法规进行考评，确保人身和设备安全	10 分			
素质能力	遵守时间	遵守作息制度，不迟到、不早退、不旷课	5 分			
	团队协作精神	组内主动沟通、协作，具有合作交流意识	10 分			
	个人表达	口头表达能力、书面总结能力	5 分			

</td></tr>
</table>

任务工单6：汽车照明灯模拟控制设计

<table>
<tr><td>工作任务</td><td colspan="5">汽车照明灯模拟控制设计</td></tr>
<tr><td>姓　名</td><td></td><td>学　号</td><td></td><td>班　级</td><td></td></tr>
<tr><td>实训地点</td><td colspan="3"></td><td>日　期</td><td></td></tr>
<tr><td>小组成员</td><td colspan="3"></td><td>课　时</td><td></td></tr>
<tr><td>任务要求</td><td colspan="5">1. 初步训练：用单片机控制 LED 模拟汽车的照明灯
2. 强化训练：用 8 个开关模拟控制 8 个汽车照明灯</td></tr>
<tr><td>实训目的</td><td colspan="5">1. 会使用 Keil 软件进行程序调试
2. 会使用发光二极管
3. 能利用单片机对发光二极管进行控制
4. 能用单片机设计汽车照明灯模拟控制电路和程序</td></tr>
<tr><td>初步训练</td><td colspan="5">1. 发光二极管内部有一个________结，具有____导电性。电流只能从____极流向____极，通过____左右电流即可发光，电流越大，其亮度越强，若电流过大，会烧毁发光二极管，一般电流控制在________之间
2. 连接电路

3. 程序流程图

4. 把程序下载到单片机后，关闭开关时，LED（亮、灭），打开开关时，LED（亮、灭）</td></tr>
</table>

（续）

<table>
<tr><td>强化训练</td><td>1. 连接电路

2. 程序流程图

3. 把程序下载到单片机后，关闭开关时，LED（亮、灭），打开开关时，LED（亮、灭）</td></tr>
<tr><td>考核评价</td><td>

项目评价	考核内容	考核要求	标准分值	自我评价	小组评价	教师评价
专业能力	电路原理设计	能设计出电路，画出电路图，并在实验台上正确完成接线	15分			
	程序流程图	能画出程序流程图	15分			
	程序编写	能根据程序流程图编写出相应程序	15分			
	软硬件调试	能实现任务要求的现象	20分			
	技术文件撰写	任务工单等技术文件的撰写	5分			
素质能力	安全文明生产	参照相关法规进行考评，确保人身和设备安全	10分			
	遵守时间	遵守作息制度，不迟到、不早退、不旷课	5分			
	团队协作精神	组内主动沟通、协作，具有合作交流意识	10分			
	个人表达	口头表达能力、书面总结能力	5分			

</td></tr>
</table>

任务工单7：汇编语言顺序程序结构认知

<table>
<tr><td>工作任务</td><td colspan="5">汇编语言顺序程序结构认知</td></tr>
<tr><td>姓　名</td><td></td><td>学　号</td><td></td><td>班　级</td><td></td></tr>
<tr><td>实训地点</td><td colspan="3"></td><td>日　期</td><td></td></tr>
<tr><td>小组成员</td><td colspan="3"></td><td>课　时</td><td></td></tr>
<tr><td>任务要求</td><td colspan="5">1. 初步训练：试写出把30H单元和40H单元内容进行交换的程序段
2. 强化训练：利用ADDC指令进行双字节的加法运算；利用SUBB指令进行双字节的减法运算</td></tr>
<tr><td>实训目的</td><td colspan="5">1. 会运用传送类指令和运算类指令编写程序
2. 会画程序流程图
3. 能根据程序流程图完成顺序程序结构的编写
4. 能编写出双字节的加法运算程序和减法运算程序</td></tr>
<tr><td>初步训练</td><td colspan="5">1. 利用传送类指令如何编写程序

2. 利用交换指令如何编写程序

3. 利用堆栈操作指令如何编写程序

</td></tr>
</table>

（续）

<table>
<tr>
<td>强化训练</td>
<td>1. 双字节加法运算程序编写时，低8位是否需要考虑进位问题？高8位是否需要考虑进位问题

2. 多字节加法程序编写时，低8位是否需要考虑进位问题

3. 强化训练一，进入调试环境，单击图标，在屏幕右下方打开Memory窗口，在“Address:”右边的编辑框内输入“D：30H”，在30H、31H单元和40H、41H单元中输入两个加数______、____和____、____，单步运行程序，观察累加器A，进位标志位C，以及50H、51H两个单元的数据的变化。执行完程序后，50H、51H两个单元的数据分别是____、____
4. 双字节减法程序编写时，低8位是否需要考虑借位问题？高8位是否需要考虑借位问题

5. 多字节减法程序编写时，低8位是否需要考虑进位问题
6. 强化训练二，进入调试环境，单击图标，在屏幕右下方打开Memory窗口，在“Address:”右边的编辑框内输入“D：30H”，在30H、31H单元和40H、41H单元中输入两个加数______、____和____、____，单步运行程序，观察累加器A，进位标志位C，50H，51H两个单元的数据的变化，执行完程序，50H，51H两个单元的数据分别是____、____</td>
</tr>
<tr>
<td>考核评价</td>
<td>
<table>
<tr><th>项目评价</th><th>考核内容</th><th>考核要求</th><th>标准分值</th><th>自我评价</th><th>小组评价</th><th>教师评价</th></tr>
<tr><td rowspan="4">专业能力</td><td>传送指令</td><td>传送类指令掌握情况</td><td>20分</td><td></td><td></td><td></td></tr>
<tr><td>运算类指令</td><td>运算类指令掌握情况</td><td>20分</td><td></td><td></td><td></td></tr>
<tr><td>多字节的加减运算</td><td>多字节的加减运算的处理</td><td>25分</td><td></td><td></td><td></td></tr>
<tr><td>技术文件撰写</td><td>任务工单等技术文件的撰写</td><td>5分</td><td></td><td></td><td></td></tr>
<tr><td rowspan="4">素质能力</td><td>安全文明生产</td><td>参照相关法规进行考评，确保人身和设备安全</td><td>10分</td><td></td><td></td><td></td></tr>
<tr><td>遵守时间</td><td>遵守作息制度，不迟到、不早退、不旷课</td><td>5分</td><td></td><td></td><td></td></tr>
<tr><td>团队协作精神</td><td>组内主动沟通、协作，具有合作交流意识</td><td>10分</td><td></td><td></td><td></td></tr>
<tr><td>个人表达</td><td>口头表达能力、书面总结能力</td><td>5分</td><td></td><td></td><td></td></tr>
</table>
</td>
</tr>
</table>

任务工单8：汽车喇叭模拟控制设计

<table>
<tr><td>工作任务</td><td colspan="5">汽车喇叭模拟控制设计</td></tr>
<tr><td>姓　名</td><td></td><td>学　号</td><td></td><td>班　级</td><td></td></tr>
<tr><td>实训地点</td><td colspan="3"></td><td>日　期</td><td></td></tr>
<tr><td>小组成员</td><td colspan="3"></td><td>课　时</td><td></td></tr>
<tr><td>任务要求</td><td colspan="5">1. 初步训练：单片机控制蜂鸣器发声
2. 强化训练：单片机模拟汽车喇叭控制</td></tr>
<tr><td>实训目的</td><td colspan="5">1. 理解单片机并行端口电路结构，掌握4个I/O口的特点
2. 掌握蜂鸣器的工作原理
3. 会对单片机I/O口进行赋值操作和读取操作
4. 能进行蜂鸣器电路设计
5. 能用单片机设计汽车喇叭模拟控制电路和程序</td></tr>
<tr><td>初步训练</td><td colspan="5">1. 单片机驱动蜂鸣器发声有哪两种方式

2. 蜂鸣器驱动电路

3. 采用I/O口定时进行翻转电平产生驱动波形对2500Hz的蜂鸣器进行驱动，可以知道周期为________，需要驱动蜂鸣器的I/O口每________ μs翻转一次电平就可以产生一个频率为____ Hz、占空比为1/2的方波
4. 给单片机上电，蜂鸣器出现什么现象</td></tr>
</table>

（续）

<table>
<tr>
<td>强化训练</td>
<td>
1. 开关与单片机的连接电路

2. P1.1 引脚接开关，当开关闭合时，P1.1 引脚为____电平，向______引脚输出输出频率为 2500Hz、占空比为 1/2 的方波，驱动蜂鸣器发出声音
3. 程序流程图

4. 检测开关是否关闭的指令是______________
5. 延时 200μs 的指令是______________
</td>
</tr>
<tr>
<td>考核评价</td>
<td>
<table>
<tr><th>项目评价</th><th>考核内容</th><th>考核要求</th><th>标准分值</th><th>自我评价</th><th>小组评价</th><th>教师评价</th></tr>
<tr><td rowspan="5">专业能力</td><td>电路原理设计</td><td>能设计出电路，画出电路图，并在实验台上正确完成接线</td><td>15 分</td><td></td><td></td><td></td></tr>
<tr><td>程序流程图</td><td>能画出程序流程图</td><td>15 分</td><td></td><td></td><td></td></tr>
<tr><td>程序编写</td><td>能根据程序流程图编写出相应程序</td><td>15 分</td><td></td><td></td><td></td></tr>
<tr><td>软硬件调试</td><td>能实现任务要求现象</td><td>20 分</td><td></td><td></td><td></td></tr>
<tr><td>技术文件撰写</td><td>任务工单等技术文件的撰写</td><td>5 分</td><td></td><td></td><td></td></tr>
<tr><td rowspan="4">素质能力</td><td>安全文明生产</td><td>参照相关法规进行考评，确保人身和设备安全</td><td>10 分</td><td></td><td></td><td></td></tr>
<tr><td>遵守时间</td><td>遵守作息制度，不迟到、不早退、不旷课</td><td>5 分</td><td></td><td></td><td></td></tr>
<tr><td>团队协作精神</td><td>组内主动沟通、协作，具有合作交流意识</td><td>10 分</td><td></td><td></td><td></td></tr>
<tr><td>个人表达</td><td>口头表达能力、书面总结能力</td><td>5 分</td><td></td><td></td><td></td></tr>
</table>
</td>
</tr>
</table>

任务工单9：汇编语言循环程序结构认知

<table>
<tr><td>工作任务</td><td colspan="5">汇编语言循环程序结构认知</td></tr>
<tr><td>姓　名</td><td></td><td>学　号</td><td></td><td>班　级</td><td></td></tr>
<tr><td>实训地点</td><td colspan="3"></td><td>日　期</td><td></td></tr>
<tr><td>小组成员</td><td colspan="3"></td><td>课　时</td><td></td></tr>
<tr><td>任务要求</td><td colspan="5">1. 初步训练：Xi 均为单字节数据，并按 i（i=1，2，…，n）顺序存放在从 50H 开始的内部 RAM 单元中。若 n=10，现在要求编程求出它们的和（双字节），并放在 30H、31H 中
2. 强化训练：无符号数排序。具体要求：在片内 RAM 中，起始地址为 30H 的 8 个单元中存放有 8 个无符号数，试对这些无符号数进行升序排序</td></tr>
<tr><td>实训目的</td><td colspan="5">1. 掌握逻辑操作类指令、控制转移类指令和位操作类指令
2. 会使用循环结构进行编程</td></tr>
<tr><td>初步训练</td><td colspan="5">1. 循环程序由哪 4 部分组成

2. 循环结构的两种编程方法是什么

3. 如何编写程序</td></tr>
</table>

（续）

<table>
<tr><td>强化训练</td><td>1. 冒泡排序法执行时从前向后进行相邻数的比较，如数据的大小次序与要求的顺序不符就将这两个数____，否则________。对于升序排序，通过这种相邻数的互换，使__________________。从前向后进行一次冒泡（相邻数的互换），就会把________换到最后；再进行一次冒泡，就会把________排在倒数第二的位置；依此类推
2. 根据分析思路，画出程序流程图</td></tr>
<tr><td>考核评价</td><td>
<table>
<tr><th>项目评价</th><th>考核内容</th><th>考核要求</th><th>标准分值</th><th>自我评价</th><th>小组评价</th><th>教师评价</th></tr>
<tr><td rowspan="4">专业能力</td><td>逻辑运算类指令</td><td>逻辑运算类指令掌握情况</td><td>20 分</td><td></td><td></td><td></td></tr>
<tr><td>控制转移类指令</td><td>控制转移类指令掌握情况</td><td>20 分</td><td></td><td></td><td></td></tr>
<tr><td>多个数相加减运算</td><td>多个数相加减运算的处理</td><td>25 分</td><td></td><td></td><td></td></tr>
<tr><td>技术文件撰写</td><td>任务工单等技术文件的撰写</td><td>5 分</td><td></td><td></td><td></td></tr>
<tr><td rowspan="4">素质能力</td><td>安全文明生产</td><td>参照相关法规进行考评，确保人身和设备安全</td><td>10 分</td><td></td><td></td><td></td></tr>
<tr><td>遵守时间</td><td>遵守作息制度，不迟到、不早退、不旷课</td><td>5 分</td><td></td><td></td><td></td></tr>
<tr><td>团队协作精神</td><td>组内主动沟通、协作，具有合作交流意识</td><td>10 分</td><td></td><td></td><td></td></tr>
<tr><td>个人表达</td><td>口头表达能力、书面总结能力</td><td>5 分</td><td></td><td></td><td></td></tr>
</table>
</td></tr>
</table>

任务工单10：汽车紧急灯模拟控制设计

<table>
<tr><td>工作任务</td><td colspan="5">汽车紧急灯模拟控制设计</td></tr>
<tr><td>姓　名</td><td></td><td>学　号</td><td></td><td>班　级</td><td></td></tr>
<tr><td>实训地点</td><td colspan="3"></td><td>日　期</td><td></td></tr>
<tr><td>小组成员</td><td colspan="3"></td><td>课　时</td><td></td></tr>
<tr><td>任务要求</td><td colspan="5">1. 初步训练：用LED模拟汽车紧急灯控制
2. 强化训练：用双闪灯开关模拟控制两个汽车双闪灯</td></tr>
<tr><td>实训目的</td><td colspan="5">1. 掌握汽车信号装置的形式和作用
2. 会对单片机I/O口进行赋值操作和读取操作
3. 能对接在单片机上的LED进行控制
4. 能用循环结构编程实现1s延时
5. 能用单片机设计汽车紧急灯模拟控制电路和程序</td></tr>
<tr><td>初步训练</td><td colspan="5">1. 汽车信号装置有哪几类

2. 在哪些情况下需要使用汽车紧急灯

3. 用循环结构编写延时1s子程序

4. 用LED模拟汽车紧急灯控制的程序流程图

5. 开关闭合后，LED会出现什么现象？开关打开后，LED又会出现什么现象</td></tr>
</table>

（续）

<table>
<tr><td>强化训练</td><td>1. 开关、LED 与单片机的连接电路

2. 程序流程图

3. 开关闭合后，LED 会出现什么现象？开关打开后，LED 又会出现什么现象</td></tr>
<tr><td>考核评价</td><td>
<table>
<tr><th>项目评价</th><th>考核内容</th><th>考核要求</th><th>标准分值</th><th>自我评价</th><th>小组评价</th><th>教师评价</th></tr>
<tr><td rowspan="5">专业能力</td><td>电路原理设计</td><td>能设计出电路，画出电路图，并在实验台上正确完成接线</td><td>15 分</td><td></td><td></td><td></td></tr>
<tr><td>程序流程图</td><td>能画出程序流程图</td><td>15 分</td><td></td><td></td><td></td></tr>
<tr><td>程序编写</td><td>能根据程序流程图编写出相应程序</td><td>15 分</td><td></td><td></td><td></td></tr>
<tr><td>软硬件调试</td><td>能实现任务要求现象</td><td>20 分</td><td></td><td></td><td></td></tr>
<tr><td>技术文件撰写</td><td>任务工单等技术文件的撰写</td><td>5 分</td><td></td><td></td><td></td></tr>
<tr><td rowspan="4">素质能力</td><td>安全文明生产</td><td>参照相关法规进行考评，确保人身和设备安全</td><td>10 分</td><td></td><td></td><td></td></tr>
<tr><td>遵守时间</td><td>遵守作息制度，不迟到、不早退、不旷课</td><td>5 分</td><td></td><td></td><td></td></tr>
<tr><td>团队协作精神</td><td>组内主动沟通、协作，具有合作交流意识</td><td>10 分</td><td></td><td></td><td></td></tr>
<tr><td>个人表达</td><td>口头表达能力、书面总结能力</td><td>5 分</td><td></td><td></td><td></td></tr>
</table>
</td></tr>
</table>

任务工单11：汇编语言查表程序结构认知

<table>
<tr><td>工作任务</td><td colspan="5">汇编语言查表程序结构认知</td></tr>
<tr><td>姓 名</td><td></td><td>学 号</td><td></td><td>班 级</td><td></td></tr>
<tr><td>实训地点</td><td colspan="3"></td><td>日 期</td><td></td></tr>
<tr><td>小组成员</td><td colspan="3"></td><td>课 时</td><td></td></tr>
<tr><td>任务要求</td><td colspan="5">1. 初步训练：已知R0低4位有一个十六进制数（0～F），请编程求出其ASCII码并送入30H单元
2. 强化训练：采用非查表程序结构完成初步训练任务，分析总结有何不同</td></tr>
<tr><td>实训目的</td><td colspan="5">1. 会进行二进制、十六进制与十进制之间的转换
2. 会使用查表指令
3. 能编程实现数值转换成二进制ASCII码的方法</td></tr>
<tr><td>初步训练</td><td colspan="5">1. 由ASCII码表可知，常用ASCII码0～9的ASCII码为________，A～F的ASCII码为__________，将ASCII码做成表，即可采用查表方式到对应的ASCII码
2. 程序流程图

3. 程序详单

</td></tr>
</table>

（续）

<table>
<tr><td>强化训练</td><td>1. 0 ~ 9 的 ASCII 码为 30H ~ 39H，即十进制与 ASCII 码两者相差______；A ~ F 的 ASCII 码为 41H ~ 46H，即十六进制与 ASCII 码两者相差______，所以本实验中，若 R0≤9，则 R0 内容只需加 30H；若 R0 > 9，则 R0 内容需加 37H
2. 程序流程图
3. 程序详单</td></tr>
<tr><td>考核评价</td><td>
<table>
<tr><th>项目评价</th><th>考核内容</th><th>考核要求</th><th>标准分值</th><th>自我评价</th><th>小组评价</th><th>教师评价</th></tr>
<tr><td rowspan="4">专业能力</td><td>查表指令</td><td>查表指令掌握情况</td><td>20 分</td><td></td><td></td><td></td></tr>
<tr><td>字符编码</td><td>BCD 码和 ASCII 码掌握情况，能画出程序流程图</td><td>20 分</td><td></td><td></td><td></td></tr>
<tr><td>进制和码制</td><td>二进制、十六进制等的掌握情况和原码、反码、补码的掌握情况</td><td>25 分</td><td></td><td></td><td></td></tr>
<tr><td>技术文件撰写</td><td>任务工单等技术文件的撰写</td><td>5 分</td><td></td><td></td><td></td></tr>
<tr><td rowspan="4">素质能力</td><td>安全文明生产</td><td>参照相关法规进行考评，确保人身和设备安全</td><td>10 分</td><td></td><td></td><td></td></tr>
<tr><td>遵守时间</td><td>遵守作息制度，不迟到、不早退、不旷课</td><td>5 分</td><td></td><td></td><td></td></tr>
<tr><td>团队协作精神</td><td>组内主动沟通、协作，具有合作交流意识</td><td>10 分</td><td></td><td></td><td></td></tr>
<tr><td>个人表达</td><td>口头表达能力、书面总结能力</td><td>5 分</td><td></td><td></td><td></td></tr>
</table>
</td></tr>
</table>

任务工单 12：汇编语言子程序结构认知

<table>
<tr><td>工作任务</td><td colspan="5">汇编语言子程序结构认知</td></tr>
<tr><td>姓　名</td><td></td><td>学　号</td><td></td><td>班　级</td><td></td></tr>
<tr><td>实训地点</td><td colspan="3"></td><td>日　期</td><td></td></tr>
<tr><td>小组成员</td><td colspan="3"></td><td>课　时</td><td></td></tr>
<tr><td>任务要求</td><td colspan="5">1. 初步训练：设 MDA 和 MDB 内有两数 a 和 b，请编出求 $c = a^2 + b^2$ 并把 c 送入 MDC 的程序，其中 a 和 b 皆为小于 10 的整数，MDA 为 20H 单元，MDB 为 21H 单元，MDC 为 22H 单元
2. 强化训练：在编写程序的时候，经常需要编写延时程序，试用循环程序结构编写延时 50ms 的子程序（晶振频率为 12MHz）</td></tr>
<tr><td>实训目的</td><td colspan="5">1. 理解子程序结构
2. 掌握调用指令的使用方法
3. 掌握保护现场和恢复现场的方法
4. 掌握主程序和子程序之间进行参数传递的方法
5. 能用子程序结构进行编程
6. 会编写求二次方的子程序
7. 巩固查表程序的设计方法</td></tr>
<tr><td>初步训练</td><td colspan="5">1. 子程序调用需要具有两项功能：________、________
2. 主程序对子程序的调用由主程序中的________实现，子程序返回主程序则由子程序末尾的一条________实现
3. 保护和恢复现场的方法有哪两种

4. 传送子程序参数的方法通常有哪几种

</td></tr>
</table>

（续）

<table>
<tr><td>初步训练</td><td>5. 程序需要由两部分组成：________——通过累加器 A 传送子程序的入口参数 a 和 b；________——通过累加器 A 传送出口参数 a^2 和 b^2 给主程序。子程序为求二次方的通用子程序，可以采用________的结构完成求二次方功能
6. 根据分析画出程序流程图</td></tr>
<tr><td>强化训练</td><td>1. 若晶振频率为 12MHz，可算得 1 个机器周期为______ μs。执行一条 DJNZ 指令需要 2 个机器周期，即______ μs。若晶振频率为 6MHz，可算得 1 个机器周期为______ μs。执行一条 DJNZ 指令需要 2 个机器周期，即______ μs
2. 编写子程序</td></tr>
<tr><td>考核评价</td><td>
<table>
<tr><th>项目评价</th><th>考核内容</th><th>考核要求</th><th>标准分值</th><th>自我评价</th><th>小组评价</th><th>教师评价</th></tr>
<tr><td rowspan="4">专业能力</td><td>子程序结构</td><td>子程序结构掌握情况</td><td>20 分</td><td></td><td></td><td></td></tr>
<tr><td>程序流程图</td><td>绘制程序流程图的情况</td><td>20 分</td><td></td><td></td><td></td></tr>
<tr><td>编写程序</td><td>根据流程图编写程序的情况</td><td>25 分</td><td></td><td></td><td></td></tr>
<tr><td>技术文件撰写</td><td>任务工单等技术文件的撰写</td><td>5 分</td><td></td><td></td><td></td></tr>
<tr><td rowspan="4">素质能力</td><td>安全文明生产</td><td>参照相关法规进行考评，确保人身和设备安全</td><td>10 分</td><td></td><td></td><td></td></tr>
<tr><td>遵守时间</td><td>遵守作息制度，不迟到、不早退、不旷课</td><td>5 分</td><td></td><td></td><td></td></tr>
<tr><td>团队协作精神</td><td>组内主动沟通、协作，具有合作交流意识</td><td>10 分</td><td></td><td></td><td></td></tr>
<tr><td>个人表达</td><td>口头表达能力、书面总结能力</td><td>5 分</td><td></td><td></td><td></td></tr>
</table>
</td></tr>
</table>

任务工单13：汽车简易防盗报警系统认知

<table>
<tr><td>工作任务</td><td colspan="5">汽车简易防盗报警系统认知</td></tr>
<tr><td>姓　名</td><td></td><td>学　号</td><td></td><td>班　级</td><td></td></tr>
<tr><td>实训地点</td><td colspan="3"></td><td>日　期</td><td></td></tr>
<tr><td>小组成员</td><td colspan="3"></td><td>课　时</td><td></td></tr>
<tr><td>任务要求</td><td colspan="5">1. 初步训练：设计一款简易的汽车防盗报警系统
2. 强化训练：设计汽车配件流水线监视器</td></tr>
<tr><td>实训目的</td><td colspan="5">1. 理解中断的相关概念和中断处理过程
2. 掌握5个中断源的自然优先级和入口地址
3. 掌握中断系统的初始化方法、TCON、SCON、IE、IP寄存器的设置方法
4. 会判断中断源的优先级
5. 能利用TCON、SCON、IE、IP寄存器实现对5个中断源的控制
6. 能对单片机中断系统进行初始化</td></tr>
<tr><td>初步训练</td><td colspan="5">1. 允许$\overline{INT0}$中断时，IE的值为
<table><tr><td></td><td></td><td></td><td></td><td></td><td></td><td></td><td></td></tr></table>
2. 将$\overline{INT0}$设置为电平触发方式时，TCON中IT0的值为______
3. 打开S2，将系统设置为不报警状态，S1闭合，蜂鸣器响还是不响？S1打开，蜂鸣器响还是不响？闭合S2，将系统设置为报警状态，S1闭合，蜂鸣器响还是不响？S1打开，蜂鸣器响还是不响？请根据实训现象填写下表
<table>
<tr><th>开关S2状态</th><th>开关S1状态</th><th>蜂鸣器状态</th></tr>
<tr><td>打开</td><td>打开</td><td></td></tr>
<tr><td>打开</td><td>闭合</td><td></td></tr>
<tr><td>闭合</td><td>打开</td><td></td></tr>
<tr><td>闭合</td><td>闭合</td><td></td></tr>
</table></td></tr>
</table>

（续）

<table>
<tr><td>强化训练</td><td>
1. T0 选用工作方式 2，计数 100 个，TMOD 的值为
<table><tr><td></td><td></td><td></td><td></td><td></td><td></td><td></td><td></td></tr></table>
2. T0 选用工作方式 2，计数 100 个，则计数初值为______
3. 允许 T0 中断，IE 的值为
<table><tr><td></td><td></td><td></td><td></td><td></td><td></td><td></td><td></td></tr></table>
4. 编写双字节加法子程序

5. 编写延时 1s 子程序
</td></tr>
<tr><td>考核评价</td><td>
<table>
<tr><th>项目评价</th><th>考核内容</th><th>考核要求</th><th>标准分值</th><th>自我评价</th><th>小组评价</th><th>教师评价</th></tr>
<tr><td rowspan="5">专业能力</td><td>电路原理设计</td><td>能设计出电路，画出电路图，并在实验台上正确完成接线</td><td>15 分</td><td></td><td></td><td></td></tr>
<tr><td>程序流程图</td><td>能画出程序流程图</td><td>15 分</td><td></td><td></td><td></td></tr>
<tr><td>程序编写</td><td>能根据程序流程图编写出相应程序</td><td>15 分</td><td></td><td></td><td></td></tr>
<tr><td>软硬件调试</td><td>能实现任务要求现象</td><td>20 分</td><td></td><td></td><td></td></tr>
<tr><td>技术文件撰写</td><td>任务工单等技术文件的撰写</td><td>5 分</td><td></td><td></td><td></td></tr>
<tr><td rowspan="4">素质能力</td><td>安全文明生产</td><td>参照相关法规进行考评，确保人身和设备安全</td><td>10 分</td><td></td><td></td><td></td></tr>
<tr><td>遵守时间</td><td>遵守作息制度，不迟到、不早退、不旷课</td><td>5 分</td><td></td><td></td><td></td></tr>
<tr><td>团队协作精神</td><td>组内主动沟通、协作，具有合作交流意识</td><td>10 分</td><td></td><td></td><td></td></tr>
<tr><td>个人表达</td><td>口头表达能力、书面总结能力</td><td>5 分</td><td></td><td></td><td></td></tr>
</table>
</td></tr>
</table>

任务工单14：流水灯设计

<table>
<tr><td>工作任务</td><td colspan="4">流水灯设计</td></tr>
<tr><td>姓　名</td><td></td><td>学　号</td><td></td><td>班　级</td><td></td></tr>
<tr><td>实训地点</td><td colspan="3"></td><td>日　期</td><td></td></tr>
<tr><td>小组成员</td><td colspan="3"></td><td>课　时</td><td></td></tr>
<tr><td>任务要求</td><td colspan="5">1. 初步训练：设计一款流水灯
2. 强化训练：设计脉冲宽度测量系统</td></tr>
<tr><td>实训目的</td><td colspan="5">1. 能根据需要选择定时/计数器的工作方式
2. 能计算定时/计数器的初值
3. 能对单片机定时/计数器进行初始化</td></tr>
<tr><td>初步训练</td><td colspan="5">1. 定时器T0工作在工作方式1，TMOD＝______
2. 定时时间为50ms，采用定时工作方式1，则TH0＝______，TL0＝______
3. 定时器中断和定时器查询方法的区别是什么

4. 编程设计一款流水灯。具体要求：P1口上接8个LED，如图2-46所示，上电后第一秒钟VL1、VL3亮，第二秒钟VL2、VL4亮，第三秒钟VL5、VL7亮，第四秒钟VL6、VL8亮，第五秒VL1、VL3、VL5、VL7亮，第六秒钟VL2、VL4、VL6、VL8亮，第七秒钟8个LED全亮，第八秒钟全灭；之后又从头开始，VL1、VL3亮，然后VL2、VL4亮，……，一直循环下去</td></tr>
<tr><td>强化训练</td><td colspan="5">1. 当GATE＝______，若TR1＝______，外部信号电平通过$\overline{INT1}$引脚直接开启或关闭定时器T1。当$\overline{INT1}$为______时，允许计数，否则停止计数。若TR1＝______，断开控制开关，停止计数</td></tr>
</table>

（续）

强化训练

2. 如图 2-1 所示，机电式 IC 卡预付费电能表 1kW · h 转 250 转，单片机根据其机械转盘旋转情况采样计数，每旋转一周采样 1 次，当电能表所预存金额足够支付 1kW · h 时，单片机引脚输出高电平控制继电器闭合，否则控制继电器断电。画出电路图，写出程序

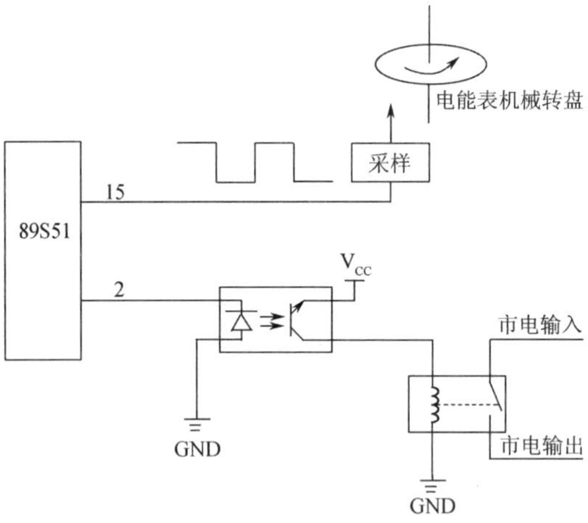

图 2-1　预付费电能表控制电路图

考核评价

项目评价	考核内容	考核要求	标准分值	自我评价	小组评价	教师评价
专业能力	电路原理设计	能设计出电路，画出电路图，并在实验台上正确完成接线	15 分			
	程序流程图	能画出程序流程图	15 分			
	程序编写	能根据程序流程图编写出相应程序	15 分			
	软硬件调试	能实现任务要求现象	20 分			
	技术文件撰写	任务工单等技术文件的撰写	5 分			
素质能力	安全文明生产	参照相关法规进行考评，确保人身和设备安全	10 分			
	遵守时间	遵守作息制度，不迟到、不早退、不旷课	5 分			
	团队协作精神	组内主动沟通、协作，具有合作交流意识	10 分			
	个人表达	口头表达能力、书面总结能力	5 分			

任务工单15：电子音乐设计

<table>
<tr><td>工作任务</td><td colspan="5">电子音乐设计</td></tr>
<tr><td>姓　名</td><td></td><td>学　号</td><td></td><td>班　级</td><td></td></tr>
<tr><td>实训地点</td><td colspan="3"></td><td>日　期</td><td></td></tr>
<tr><td>小组成员</td><td colspan="3"></td><td>课　时</td><td></td></tr>
<tr><td>任务要求</td><td colspan="5">1. 初步训练：设计一款倒车警示音系统
2. 强化训练：利用单片机、蜂鸣器演奏《兰花草》</td></tr>
<tr><td>实训目的</td><td colspan="5">1. 能根据需要选择定时/计数器的工作方式，计算定时/计数器的初值
2. 能用单片机定时/计数器实现倒车警示音设计
3. 能用单片机实现电子音乐设计</td></tr>
<tr><td>初步训练</td><td colspan="5">1. 单片机产生方波信号频率 $f=500$Hz，则周期为____，单片机定时时间为________，利用定时器 T1 工作方式 1，则 TMOD = __________，IE = ______，定时器定时初值为__________
2. 定时器 T1 中断入口地址为________

3. P1.0 输出取反的命令为 ________</td></tr>
<tr><td>强化训练</td><td colspan="5">1. 《兰花草》节拍为______，其中最低音为____，简谱码为____，TC 值为______；最高音为________，简谱码为____，TC 值为____
2. 第二小节中的中 1DO 的简谱码为______，节拍为______，在表格中的编码为____
3. 假设 1/4 拍为 1DELAY，2/4 拍为______，4/4 拍应为______
4. 乐曲中的休止符其音调参数设置为______，乐曲结束用节拍参数______来表示
5. DW 命令用来定义 ______字节，其高字节存入________，低字节存入______</td></tr>
</table>

（续）

<table>
<tr><td>强化训练</td><td>6. 编写 125ms 的延时程序</td></tr>
<tr><td>考核评价</td><td>

项目评价	考核内容	考核要求	标准分值	自我评价	小组评价	教师评价
专业能力	电路原理设计	能设计出电路，画出电路图，并在实验台上正确完成接线	15 分			
	程序流程图	能画出程序流程图	15 分			
	程序编写	能根据程序流程图编写出相应程序	15 分			
	软硬件调试	能实现任务要求现象	20 分			
	技术文件撰写	任务工单等技术文件的撰写	5 分			
素质能力	安全文明生产	参照相关法规进行考评，确保人身和设备安全	10 分			
	遵守时间	遵守作息制度，不迟到、不早退、不旷课	5 分			
	团队协作精神	组内主动沟通、协作，具有合作交流意识	10 分			
	个人表达	口头表达能力、书面总结能力	5 分			

</td></tr>
</table>

任务工单 16：汽车转向灯模拟控制设计

<table>
<tr><td>工作任务</td><td colspan="5">汽车转向灯模拟控制设计</td></tr>
<tr><td>姓　名</td><td></td><td>学　号</td><td></td><td>班　级</td><td></td></tr>
<tr><td>实训地点</td><td colspan="3"></td><td>日　期</td><td></td></tr>
<tr><td>小组成员</td><td colspan="3"></td><td>课　时</td><td></td></tr>
<tr><td>任务要求</td><td colspan="5">1. 初步训练：利用单片机设计一个简单的汽车转向灯模拟控制系统
2. 强化训练：设计一款具有左转、右转、制动、紧急和停靠功能的汽车转向灯模拟控制系统</td></tr>
<tr><td>实训目的</td><td colspan="5">1. 了解汽车转向灯的工作原理
2. 掌握利用单片机模拟控制汽车转向灯的方法</td></tr>
<tr><td>初步训练</td><td colspan="5">1. 单片机检测开关状态，开关闭合时，电平为______，断开时电平为____
2. 判断开关 S1 是否闭合的程序语句用________
3. 分别闭合开关 S1 和 S2，观察 LED 状况，请根据实训现象填写下表
<table><tr><th>S1</th><th>S2</th><th>VL1 状态</th><th>VL2 状态</th></tr><tr><td>打开</td><td>闭合</td><td></td><td></td></tr><tr><td>闭合</td><td>打开</td><td></td><td></td></tr></table></td></tr>
<tr><td>强化训练</td><td colspan="5">1. T0 选用工作方式 1，定时初值为 50ms，则 TMOD 的值为____，则定时初值为______
2. 禁止 T0 定时器中断，IE 的值为________
3. 定时器溢出，则 TF0 = __________
4. 编写按键查询子程序</td></tr>
</table>

（续）

强化训练

5. 分别闭合开关 S1、S2、S3、S4、S5，观察 6 个 LED 状况，请根据实训现象填写下表

S1	S2	S3	S4	S5	VL1	VL2	VL3	VL4	VL5	VL6
闭合	打开	打开	打开	打开						
打开	闭合	打开	打开	打开						
打开	打开	闭合	打开	打开						
打开	打开	打开	闭合	打开						
打开	打开	打开	打开	闭合						

考核评价

项目评价	考核内容	考核要求	标准分值	自我评价	小组评价	教师评价
专业能力	电路原理设计	能设计出电路，画出电路图，并在实验台上正确完成接线	15 分			
	程序流程图	能画出程序流程图	15 分			
	程序编写	能根据程序流程图编写出相应程序	15 分			
	软硬件调试	能实现任务要求现象	20 分			
	技术文件撰写	任务工单等技术文件的撰写	5 分			
素质能力	安全文明生产	参照相关法规进行考评，确保人身和设备安全	10 分			
	遵守时间	遵守作息制度，不迟到、不早退、不旷课	5 分			
	团队协作精神	组内主动沟通、协作，具有合作交流意识	10 分			
	个人表达	口头表达能力、书面总结能力	5 分			

任务工单 17：交通信号灯设计

<table>
<tr><td>工作任务</td><td colspan="5">交通信号灯设计</td></tr>
<tr><td>姓 名</td><td></td><td>学 号</td><td></td><td>班 级</td><td></td></tr>
<tr><td>实训地点</td><td colspan="3"></td><td>日 期</td><td></td></tr>
<tr><td>小组成员</td><td colspan="3"></td><td>课 时</td><td></td></tr>
<tr><td>任务要求</td><td colspan="5">1. 初步训练：利用单片机实现红黄蓝灯控制系统设计
2. 强化训练：设计交通信号灯控制系统</td></tr>
<tr><td>实训目的</td><td colspan="5">1. 了解交通信号灯的工作原理
2. 掌握利用单片机模拟交通信号灯控制的方法
3. 掌握单片机 I/O 端口的控制和使用方法
4. 掌握单片机定时/计数器的使用
5. 能利用软件程序实现延时控制
6. 能利用定时/计数器进行定时控制</td></tr>
<tr><td>初步训练</td><td colspan="5">1. 红灯亮时，P1 = ____；黄灯亮时，P1 = ____；绿灯亮时，P1 = ______
2. 写出 1s 和 5s 的延时程序</td></tr>
<tr><td>强化训练</td><td colspan="5">1. T0 选用工作方式 1，计数 100 个，TMOD 的值为
[ ][ ][ ][ ][ ][ ][ ][ ]
2. T0 选用工作方式 1，晶振频率 12MHz，实现 50ms 定时，则定时初值为______
3. 允许 T0 中断，IE 的值为
[ ][ ][ ][ ][ ][ ][ ][ ]</td></tr>
</table>

（续）

<table>
<tr><td rowspan="6">强化训练</td><td colspan="6">4. 观察 LED 的亮灭现象，填写下表</td></tr>
<tr><td colspan="3">东西方向</td><td colspan="3">南北方向</td></tr>
<tr><td>A 红灯</td><td>A 黄灯</td><td>A 绿灯</td><td>B 红灯</td><td>B 黄灯</td><td>B 绿灯</td></tr>
<tr><td></td><td></td><td></td><td></td><td></td><td></td></tr>
<tr><td></td><td></td><td></td><td></td><td></td><td></td></tr>
<tr><td></td><td></td><td></td><td></td><td></td><td></td></tr>
</table>

<table>
<tr><td rowspan="11">考核评价</td><td>项目评价</td><td>考核内容</td><td>考核要求</td><td>标准分值</td><td>自我评价</td><td>小组评价</td><td>教师评价</td></tr>
<tr><td rowspan="5">专业能力</td><td>电路原理设计</td><td>能设计出电路，画出电路图，并在实验台上正确完成接线</td><td>15 分</td><td></td><td></td><td></td></tr>
<tr><td>程序流程图</td><td>能画出程序流程图</td><td>15 分</td><td></td><td></td><td></td></tr>
<tr><td>程序编写</td><td>能根据程序流程图编写出相应程序</td><td>15 分</td><td></td><td></td><td></td></tr>
<tr><td>软硬件调试</td><td>能实现任务要求现象</td><td>20 分</td><td></td><td></td><td></td></tr>
<tr><td>技术文件撰写</td><td>任务工单等技术文件的撰写</td><td>5 分</td><td></td><td></td><td></td></tr>
<tr><td rowspan="4">素质能力</td><td>安全文明生产</td><td>参照相关法规进行考评，确保人身和设备安全</td><td>10 分</td><td></td><td></td><td></td></tr>
<tr><td>遵守时间</td><td>遵守作息制度，不迟到、不早退、不旷课</td><td>5 分</td><td></td><td></td><td></td></tr>
<tr><td>团队协作精神</td><td>组内主动沟通、协作，具有合作交流意识</td><td>10 分</td><td></td><td></td><td></td></tr>
<tr><td>个人表达</td><td>口头表达能力、书面总结能力</td><td>5 分</td><td></td><td></td><td></td></tr>
</table>

任务工单18：汇编语言分支程序设计

<table>
<tr><td>工作任务</td><td colspan="5">汇编语言分支程序设计</td></tr>
<tr><td>姓　名</td><td></td><td>学　号</td><td></td><td>班　级</td><td></td></tr>
<tr><td>实训地点</td><td colspan="3"></td><td>日　期</td><td></td></tr>
<tr><td>小组成员</td><td colspan="3"></td><td>课　时</td><td></td></tr>
<tr><td>任务要求</td><td colspan="5">1. 初步训练：进行数值转换成二进制 ASCII 码的程序设计
2. 强化训练：进行函数计算的程序设计</td></tr>
<tr><td>实训目的</td><td colspan="5">1. 掌握分支结构程序设计的基本方法
2. 掌握无条件和条件转移指令的使用
3. 了解分支程序的分类
4. 会设计单分支、多分支和散转程序</td></tr>
<tr><td>初步训练</td><td colspan="5">1. 由常用 ASCII 码可知，0 ~ 9 的 ASCII 码为________，即十进制与 ASCII 码二者相差______；A ~ F 的 ASCII 码为______，即十进制与 ASCII 码二者相差____
2. 根据常用 ASCII 码表，查出 R0 低 4 位的 ASCII 码，填入下表
<table>
<tr><td>R0</td><td>R0 低 4 位的 ASCII 码</td><td>30H</td></tr>
<tr><td>01H</td><td></td><td></td></tr>
<tr><td>0AH</td><td></td><td></td></tr>
<tr><td>33H</td><td></td><td></td></tr>
<tr><td>ABH</td><td></td><td></td></tr>
<tr><td>FFH</td><td></td><td></td></tr>
<tr><td>80H</td><td></td><td></td></tr>
</table>
进入程序调试模式，在左侧栏的 R0 中输入一个十六进制数，在存储器窗口中输入“D：30H”。运行程序，观察 30H 中的值，填入上表，验证是否为 R0 中低 4 位的 ASCII 码</td></tr>
</table>

（续）

<table>
<tr><td>强化训练</td><td>
1. 累加器 ACC. 7 是符号位，如果 ACC. 7 为____，那么这个 ACC 是负数；如果 ACC. 7 为____，那么 ACC 就是正数
2. 进入程序调试模式，在 30H 单元输入数字，观察 31H 单元的数值变化并填下表
<table>
<tr><th>30H</th><th>31H</th></tr>
<tr><td>0</td><td></td></tr>
<tr><td>6</td><td></td></tr>
<tr><td>118</td><td></td></tr>
<tr><td>-3</td><td></td></tr>
<tr><td>-19</td><td></td></tr>
</table>
3. 先分支后赋值和先赋值后分支有什么区别
</td></tr>
<tr><td>考核评价</td><td>
<table>
<tr><th>项目评价</th><th>考核内容</th><th>考核要求</th><th>标准分值</th><th>自我评价</th><th>小组评价</th><th>教师评价</th></tr>
<tr><td rowspan="4">专业能力</td><td>程序流程图</td><td>能画出程序流程图</td><td>20 分</td><td></td><td></td><td></td></tr>
<tr><td>程序编写</td><td>能根据程序流程图编写出相应程序</td><td>25 分</td><td></td><td></td><td></td></tr>
<tr><td>软硬件调试</td><td>能实现任务要求现象</td><td>20 分</td><td></td><td></td><td></td></tr>
<tr><td>技术文件撰写</td><td>任务工单等技术文件的撰写</td><td>5 分</td><td></td><td></td><td></td></tr>
<tr><td rowspan="4">素质能力</td><td>安全文明生产</td><td>参照相关法规进行考评，确保人身和设备安全</td><td>10 分</td><td></td><td></td><td></td></tr>
<tr><td>遵守时间</td><td>遵守作息制度，不迟到、不早退、不旷课</td><td>5 分</td><td></td><td></td><td></td></tr>
<tr><td>团队协作精神</td><td>组内主动沟通、协作，具有合作交流意识</td><td>10 分</td><td></td><td></td><td></td></tr>
<tr><td>个人表达</td><td>口头表达能力、书面总结能力</td><td>5 分</td><td></td><td></td><td></td></tr>
</table>
</td></tr>
</table>

任务工单19：空燃比反馈修正控制设计

工作任务	空燃比反馈修正控制设计				
姓　名		学　号		班　级	
实训地点				日　期	
小组成员				课　时	
任务要求	初步训练：进行模拟空燃比反馈修正控制系统的设计				
实训目的	1. 理解汽车喷油量的控制原理 2. 掌握空燃比反馈修正原理 3. 回顾分支程序的设计方法 4. 会利用 CJNE、JC 等控制转移类指令设计三分支结构程序				
初步训练	1. 红灯亮，P1 = ______；黄灯亮，P1 = ______；红灯亮，P1 = ______ 2. 使用指令“CJNE R1，yyH，N1”，当 R1 = yyH，则____，否则______ 当 R1 > yyH，CY = ______；当 R1 < yyH，CY = ______ 3. 使用指令“JC，N2”，当 CY = 0，则____，否则______ 4. 假设 yyH = 0FH，根据 xxH 值，填写下表 LED 亮灭状态				

xxH	绿灯	红灯	黄灯
05H			
0BH			
0FH			
23H			

（续）

<table>
<tr><td rowspan="11">考核评价</td><td>项目评价</td><td>考核内容</td><td>考核要求</td><td>标准分值</td><td>自我评价</td><td>小组评价</td><td>教师评价</td></tr>
<tr><td rowspan="5">专业能力</td><td>电路原理设计</td><td>能设计出电路，画出电路图，并在实验台上正确完成接线</td><td>15 分</td><td></td><td></td><td></td></tr>
<tr><td>程序流程图</td><td>能画出程序流程图</td><td>15 分</td><td></td><td></td><td></td></tr>
<tr><td>程序编写</td><td>能根据程序流程图编写出相应程序</td><td>15 分</td><td></td><td></td><td></td></tr>
<tr><td>软硬件调试</td><td>能实现任务要求现象</td><td>20 分</td><td></td><td></td><td></td></tr>
<tr><td>技术文件撰写</td><td>任务工单等技术文件的撰写</td><td>5 分</td><td></td><td></td><td></td></tr>
<tr><td rowspan="4">素质能力</td><td>安全文明生产</td><td>参照相关法规进行考评，确保人身和设备安全</td><td>10 分</td><td></td><td></td><td></td></tr>
<tr><td>遵守时间</td><td>遵守作息制度，不迟到、不早退、不旷课</td><td>5 分</td><td></td><td></td><td></td></tr>
<tr><td>团队协作精神</td><td>组内主动沟通、协作，具有合作交流意识</td><td>10 分</td><td></td><td></td><td></td></tr>
<tr><td>个人表达</td><td>口头表达能力、书面总结能力</td><td>5 分</td><td></td><td></td><td></td></tr>
</table>

任务工单 20：LED 数码管显示认知

<table>
<tr><td>工作任务</td><td colspan="5">LED 数码管显示认知</td></tr>
<tr><td>姓　名</td><td></td><td>学　号</td><td></td><td>班　级</td><td></td></tr>
<tr><td>实训地点</td><td colspan="3"></td><td>日　期</td><td></td></tr>
<tr><td>小组成员</td><td colspan="3"></td><td>课　时</td><td></td></tr>
<tr><td>任务要求</td><td colspan="5">1. 初步训练：利用单片机控制 1 位 LED 数码管循环显示“0 ~ 9”
2. 强化训练：利用定时/计数器模拟汽车生产线产品计件</td></tr>
<tr><td>实训目的</td><td colspan="5">1. 掌握 LED 数码管的结构
2. 了解 LED 数码管的分类
3. 掌握 LED 数码管的工作原理
4. 掌握 LED 数码管的编码方式
5. 能进行 LED 数码管的接口电路设计</td></tr>
<tr><td>初步训练</td><td colspan="5">1. 共阳极 LED 数码管的公共端接______，共阴极 LED 数码管的公共端接____
2. 请列出共阳极 LED 数码管的 0 ~ 9 的字形编码

3. 要使 LED 数码管循环显示 A ~ F，程序怎样实现

</td></tr>
<tr><td>强化训练</td><td colspan="5">1. 使用定时/计数器 T0 计数工作方式 2，则 TMOD = ________
2. 定时/计数器 T0 计数 16 个，则定时器初值为______，TH0 = ________，TL0 = ________</td></tr>
</table>

（续）

<table>
<tr><td rowspan="1">强化训练</td><td>3. 写出共阳极 LED 数码管字形编码的字节数据表格

4. 编写延时 1s 子程序</td></tr>
<tr><td>考核评价</td><td>

项目评价	考核内容	考核要求	标准分值	自我评价	小组评价	教师评价
专业能力	电路原理设计	能设计出电路，画出电路图，并在实验台上正确完成接线	15 分			
	程序流程图	能画出程序流程图	15 分			
	程序编写	能根据程序流程图编写出相应程序	15 分			
	软硬件调试	能实现任务要求现象	20 分			
	技术文件撰写	任务工单等技术文件的撰写	5 分			
素质能力	安全文明生产	参照相关法规进行考评，确保人身和设备安全	10 分			
	遵守时间	遵守作息制度，不迟到、不早退、不旷课	5 分			
	团队协作精神	组内主动沟通、协作，具有合作交流意识	10 分			
	个人表达	口头表达能力、书面总结能力	5 分			

</td></tr>
</table>

任务工单21：LED数码管静态显示设计

<table>
<tr><td>工作任务</td><td colspan="5">LED 数码管静态显示设计</td></tr>
<tr><td>姓　名</td><td></td><td>学　号</td><td></td><td>班　级</td><td></td></tr>
<tr><td>实训地点</td><td colspan="3"></td><td>日　期</td><td></td></tr>
<tr><td>小组成员</td><td colspan="3"></td><td>课　时</td><td></td></tr>
<tr><td>任务要求</td><td colspan="5">1. 初步训练：利用单片机设计一个数字显示牌
2. 强化训练：利用单片机控制 8 位 LED 数码管实现 0 ~ 9 轮流显示</td></tr>
<tr><td>实训目的</td><td colspan="5">1. 掌握 LED 数码管静态显示的原理
2. 了解 LED 数码管静态显示的特点
3. 掌握 74HC377 芯片的引脚及功能真值表
4. 理解 74HC377 的两种工作状态
5. 会使用 74HC377 芯片的锁存功能操作
6. 能进行 LED 数码管显示的电路接口设计</td></tr>
<tr><td>初步训练</td><td colspan="5">1. 要进行段选位操作时，CS1 = ____，CS2 = ____
2. 写出送段选码的程序

3. 写出送位选码的程序

</td></tr>
</table>

（续）

<table>
<tr><td>强化训练</td><td>1. 写出共阳极 LED 数码管“0 ~ 9”的字形编码的字节数据表格

2. 写出判断是否显示 10 次的程序</td></tr>
<tr><td>考核评价</td><td>

项目评价	考核内容	考核要求	标准分值	自我评价	小组评价	教师评价
专业能力	电路原理设计	能设计出电路，画出电路图，并在实验台上正确完成接线	15 分			
	程序流程图	能画出程序流程图	15 分			
	程序编写	能根据程序流程图编写出相应程序	15 分			
	软硬件调试	能实现任务要求现象	20 分			
	技术文件撰写	任务工单等技术文件的撰写	5 分			
素质能力	安全文明生产	参照相关法规进行考评，确保人身和设备安全	10 分			
	遵守时间	遵守作息制度，不迟到、不早退、不旷课	5 分			
	团队协作精神	组内主动沟通、协作，具有合作交流意识	10 分			
	个人表达	口头表达能力、书面总结能力	5 分			

</td></tr>
</table>

任务工单22：LED数码管动态显示设计

<table>
<tr><td>工作任务</td><td colspan="5">LED数码管动态显示设计</td></tr>
<tr><td>姓　名</td><td></td><td>学　号</td><td></td><td>班　级</td><td></td></tr>
<tr><td>实训地点</td><td colspan="3"></td><td>日　期</td><td></td></tr>
<tr><td>小组成员</td><td colspan="3"></td><td>课　时</td><td></td></tr>
<tr><td>任务要求</td><td colspan="5">1. 初步训练：利用单片机设计一个显示年月日的日历显示系统
2. 强化训练：利用单片机设计一个LED数码管显示的秒表</td></tr>
<tr><td>实训目的</td><td colspan="5">1. 掌握LED数码管动态显示原理
2. 掌握单片机控制LED数码管动态显示的电路接口设计和编程方法
3. 了解LED数码管动态显示特点</td></tr>
<tr><td>初步训练</td><td colspan="5">1. 位选选中第一位数码管，P1的值为______
2. 右移一位的指令为______
3. 查表程序的指令为______
4. 请写出“17-03-20”的字形编码

5. 改变延时程序，观察LED数码管现象，填入下表
<table>
<tr><th>R7</th><th>R6</th><th>数码管现象</th></tr>
<tr><td>FFH</td><td>FFH</td><td></td></tr>
<tr><td>0FH</td><td>0FH</td><td></td></tr>
<tr><td>02H</td><td>0AH</td><td></td></tr>
</table>
</td></tr>
</table>

（续）

强化训练

1. 要显示的秒值的十位数值字符的位选码位是____，个位字符的位选码为______

2. 如何获得秒值的十位和个位数值？写出程序

3. 晶振频率为12MHz，实现1s定时，请写出中断服务程序

考核评价

项目评价	考核内容	考核要求	标准分值	自我评价	小组评价	教师评价
专业能力	电路原理设计	能设计出电路，画出电路图，并在实验台上正确完成接线	15分			
	程序流程图	能画出程序流程图	15分			
	程序编写	能根据程序流程图编写出相应程序	15分			
	软硬件调试	能实现任务要求现象	20分			
	技术文件撰写	任务工单等技术文件的撰写	5分			
素质能力	安全文明生产	参照相关法规进行考评，确保人身和设备安全	10分			
	遵守时间	遵守作息制度，不迟到、不早退、不旷课	5分			
	团队协作精神	组内主动沟通、协作，具有合作交流意识	10分			
	个人表达	口头表达能力、书面总结能力	5分			

任务工单23：汽车里程表设计

<table>
<tr><td>工作任务</td><td colspan="5">汽车里程表设计</td></tr>
<tr><td>姓　名</td><td></td><td>学　号</td><td></td><td>班　级</td><td></td></tr>
<tr><td>实训地点</td><td colspan="3"></td><td>日　期</td><td></td></tr>
<tr><td>小组成员</td><td colspan="3"></td><td>课　时</td><td></td></tr>
<tr><td>任务要求</td><td colspan="5">1. 初步训练：设计一款简易的汽车里程表系统
2. 强化训练：设计一款显示运行时间的汽车里程表系统</td></tr>
<tr><td>实训目的</td><td colspan="5">1. 理解汽车里程表的设计原理
2. 回顾定时/计数器的定时和计数使用方法
3. 理解汽车里程表的设计原理
4. 理解光电晶体管的工作原理
5. 能用光电晶体管模拟检测车轮转动圈数
6. 能用单片机定时/计数器进行定时和计数设计</td></tr>
<tr><td>初步训练</td><td colspan="5">1. 汽车里程数值显示格式为“XX. X km”，则里程数值的最小单位为____，车轮周长为2m，车轮转动____圈时，显示数值加1
2. 利用T0作计数器，每计数50次计数器溢出，里程数值R0加1。采用定时工作方式2，则TMOD = ____，计数初值 = ____
3. 汽车里程数显示使用4位LED数码管DS7 ~ DS4，请写出LED数码管的位选码

4. 写T0计数50次中断服务程序

</td></tr>
</table>

（续）

<table>
<tr><td>强化训练</td><td>1. 采用定时器 T1 工作方式 1 定时 50ms，用 R1 作 50ms 计数单元，实现 1s 定时，T1 计数初值 = ____
2. T0 为计数器模式、工作方式 2 工作，T1 为定时器模式、工作方式 1 工作，则 TMOD = ______
3. 写出 LED 数码管 DS3 ~ DS0 的位选码
4. 写 T1 定时 1s 的中断服务程序
5. 编写延时 1s 子程序</td></tr>
<tr><td>考核评价</td><td>
<table>
<tr><th>项目评价</th><th>考核内容</th><th>考核要求</th><th>标准分值</th><th>自我评价</th><th>小组评价</th><th>教师评价</th></tr>
<tr><td rowspan="5">专业能力</td><td>电路原理设计</td><td>能设计出电路，画出电路图，并在实验台上正确完成接线</td><td>15 分</td><td></td><td></td><td></td></tr>
<tr><td>程序流程图</td><td>能画出程序流程图</td><td>15 分</td><td></td><td></td><td></td></tr>
<tr><td>程序编写</td><td>能根据程序流程图编写出相应程序</td><td>15 分</td><td></td><td></td><td></td></tr>
<tr><td>软硬件调试</td><td>能实现任务要求现象</td><td>20 分</td><td></td><td></td><td></td></tr>
<tr><td>技术文件撰写</td><td>任务工单等技术文件的撰写</td><td>5 分</td><td></td><td></td><td></td></tr>
<tr><td rowspan="4">素质能力</td><td>安全文明生产</td><td>参照相关法规进行考评，确保人身和设备安全</td><td>10 分</td><td></td><td></td><td></td></tr>
<tr><td>遵守时间</td><td>遵守作息制度，不迟到、不早退、不旷课</td><td>5 分</td><td></td><td></td><td></td></tr>
<tr><td>团队协作精神</td><td>组内主动沟通、协作，具有合作交流意识</td><td>10 分</td><td></td><td></td><td></td></tr>
<tr><td>个人表达</td><td>口头表达能力、书面总结能力</td><td>5 分</td><td></td><td></td><td></td></tr>
</table>
</td></tr>
</table>

任务工单 24：LCD 显示设计

<table>
<tr><td>工作任务</td><td colspan="5">LCD 显示设计</td></tr>
<tr><td>姓　名</td><td></td><td>学　号</td><td></td><td>班　级</td><td></td></tr>
<tr><td>实训地点</td><td colspan="3"></td><td>日　期</td><td></td></tr>
<tr><td>小组成员</td><td colspan="3"></td><td>课　时</td><td></td></tr>
<tr><td>任务要求</td><td colspan="5">1. 初步训练：利用 LCD1602 显示“Dian Zi Xi”
2. 强化训练：进行 LCD1602 的移位显示设计</td></tr>
<tr><td>实训目的</td><td colspan="5">1. 理解 LCD1602 的引脚功能
2. 掌握 LCD1602 的基本操作时序
3. 掌握 LCD1602 的 11 条控制指令
4. 掌握 LCD1602 的 DDRAM 的地址映射关系
5. 能用 LCD1602 进行显示模式设置
6. 能用 LCD1602 进行字符显示位置的设置
7. 能用 LCD1602 进行初始化设置</td></tr>
<tr><td>初步训练</td><td colspan="5">1. 写出 LCD1602 初始化设置程序

2. 设置显示位置在第 1 行第 1 列，则命令字为 ______
3. 写命令操作和写数据操作的区别

4. 写命令和写数据操作时，使能端 E 的正脉冲如何实现

5. 编写写入字符串的程序

</td></tr>
</table>

（续）

<table>
<tr><td>强化训练</td><td>1. 第一行数据写入 DDRAM 的 10H 处，则命令字为______；第二行写入 50H 处，命令字为______
2. 实现显示字符移动，使用什么命令

3. 编写整屏移动程序</td></tr>
<tr><td>考核评价</td><td>

项目评价	考核内容	考核要求	标准分值	自我评价	小组评价	教师评价
专业能力	电路原理设计	能设计出电路，画出电路图，并在实验台上正确完成接线	15 分			
	程序流程图	能画出程序流程图	15 分			
	程序编写	能根据程序流程图编写出相应程序	15 分			
	软硬件调试	能实现任务要求现象	20 分			
	技术文件撰写	任务工单等技术文件的撰写	5 分			
素质能力	安全文明生产	参照相关法规进行考评，确保人身和设备安全	10 分			
	遵守时间	遵守作息制度，不迟到、不早退、不旷课	5 分			
	团队协作精神	组内主动沟通、协作，具有合作交流意识	10 分			
	个人表达	口头表达能力、书面总结能力	5 分			

</td></tr>
</table>

任务工单25：汽车转速表设计

<table>
<tr><td>工作任务</td><td colspan="5">汽车转速表设计</td></tr>
<tr><td>姓　名</td><td></td><td>学　号</td><td></td><td>班　级</td><td></td></tr>
<tr><td>实训地点</td><td colspan="3"></td><td>日　期</td><td></td></tr>
<tr><td>小组成员</td><td colspan="3"></td><td>课　时</td><td></td></tr>
<tr><td>任务要求</td><td colspan="5">初步训练：设计一款简单电子转速表</td></tr>
<tr><td>实训目的</td><td colspan="5">1. 理解简单电子转速表工作原理
2. 掌握 LCD1602 显示原理
3. 掌握霍尔式传感器的工作原理
4. 掌握霍尔式传感器 A3144 的引脚和内部电路
5. 能用 LCD1602 进行速度显示</td></tr>
<tr><td>初步训练</td><td colspan="5">1. 定时/计数器 T1 的中断入口地址是______
2. T1 实现 125ms 定时初值，TH1 = ______，TL1 = ______
3. T0 为计数工作方式 1 且 T1 为定时工作方式 1，则 TMOD = ______
4. 写出转速值取百、十、个位值的程序</td></tr>
</table>

（续）

<table>
<tr><td rowspan="11">考核评价</td><td>项目评价</td><td>考核内容</td><td>考核要求</td><td>标准分值</td><td>自我评价</td><td>小组评价</td><td>教师评价</td></tr>
<tr><td rowspan="5">专业能力</td><td>电路原理设计</td><td>能设计出电路，画出电路图，并在实验台上正确完成接线</td><td>15 分</td><td></td><td></td><td></td></tr>
<tr><td>程序流程图</td><td>能画出程序流程图</td><td>15 分</td><td></td><td></td><td></td></tr>
<tr><td>程序编写</td><td>能根据程序流程图编写出相应程序</td><td>15 分</td><td></td><td></td><td></td></tr>
<tr><td>软硬件调试</td><td>能实现任务要求现象</td><td>20 分</td><td></td><td></td><td></td></tr>
<tr><td>技术文件撰写</td><td>任务工单等技术文件的撰写</td><td>5 分</td><td></td><td></td><td></td></tr>
<tr><td rowspan="4">素质能力</td><td>安全文明生产</td><td>参照相关法规进行考评，确保人身和设备安全</td><td>10 分</td><td></td><td></td><td></td></tr>
<tr><td>遵守时间</td><td>遵守作息制度，不迟到、不早退、不旷课</td><td>5 分</td><td></td><td></td><td></td></tr>
<tr><td>团队协作精神</td><td>组内主动沟通、协作，具有合作交流意识</td><td>10 分</td><td></td><td></td><td></td></tr>
<tr><td>个人表达</td><td>口头表达能力、书面总结能力</td><td>5 分</td><td></td><td></td><td></td></tr>
</table>

任务工单 26：点阵 LED 显示设计

<table>
<tr><td>工作任务</td><td colspan="5">点阵 LED 显示设计</td></tr>
<tr><td>姓　名</td><td></td><td>学　号</td><td></td><td>班　级</td><td></td></tr>
<tr><td>实训地点</td><td colspan="3"></td><td>日　期</td><td></td></tr>
<tr><td>小组成员</td><td colspan="3"></td><td>课　时</td><td></td></tr>
<tr><td>任务要求</td><td colspan="5">1. 初步训练：利用 8×8 LED 点阵显示数字 0～9
2. 强化训练：将 4 块 8×8 LED 点阵合并成一个 16×16 显示屏，并让其显示汉字“我”</td></tr>
<tr><td>实训目的</td><td colspan="5">1. 理解点阵显示器的组成
2. 掌握点阵式 LED 显示原理
3. 掌握 LED 点阵控制器的控制原理
4. 能写出点阵显示编码
5. 能完成点阵显示器与单片机的硬件电路连接
6. 能利用 4 块 8×8 LED 点阵合并而成一个 16×16 显示屏</td></tr>
<tr><td>初步训练</td><td colspan="5">1. 8×8 LED 点阵显示数字 2 的编码是什么

2. 8×8 LED 点阵显示数字 7 的编码是什么

3. 8×8 LED 点阵显示数字 9 的编码是什么

</td></tr>
</table>

（续）

强化训练

1. 16×16 显示屏是如何利用 8×8 LED 点阵显示屏得到的

2. 16×16 显示屏显示汉字“我”的编码是什么

考核评价

项目评价	考核内容	考核要求	标准分值	自我评价	小组评价	教师评价
专业能力	电路原理设计	能设计出电路，画出电路图，并在实验台上正确完成接线	15 分			
	程序流程图	能画出程序流程图	15 分			
	程序编写	能根据程序流程图编写出相应程序	15 分			
	软硬件调试	能实现任务要求现象	20 分			
	技术文件撰写	任务工单等技术文件的撰写	5 分			
素质能力	安全文明生产	参照相关法规进行考评，确保人身和设备安全	10 分			
	遵守时间	遵守作息制度，不迟到、不早退、不旷课	5 分			
	团队协作精神	组内主动沟通、协作，具有合作交流意识	10 分			
	个人表达	口头表达能力、书面总结能力	5 分			

任务工单 27：电子时钟设计

工作任务	电子时钟设计				
姓　名		学　号		班　级	
实训地点				日　期	
小组成员				课　时	
任务要求	初步训练：利用 DS1302 实现电子时钟设计				
实训目的	了解实时时钟芯片 DS1302 的原理，掌握其编程方法				
初步训练	1. 实验的硬件原理图				

（续）

<table>
<tr><td>初步训练</td><td colspan="7">2. 记录实验结果，是否会产生误差</td></tr>
<tr><td rowspan="10">考核评价</td><td>项目评价</td><td>考核内容</td><td>考核要求</td><td>标准分值</td><td>自我评价</td><td>小组评价</td><td>教师评价</td></tr>
<tr><td rowspan="5">专业能力</td><td>电路原理设计</td><td>能设计出电路，画出电路图，并在实验台上正确完成接线</td><td>15 分</td><td></td><td></td><td></td></tr>
<tr><td>程序流程图</td><td>能画出程序流程图</td><td>15 分</td><td></td><td></td><td></td></tr>
<tr><td>程序编写</td><td>能根据程序流程图编写出相应程序</td><td>15 分</td><td></td><td></td><td></td></tr>
<tr><td>软硬件调试</td><td>能实现任务要求现象</td><td>20 分</td><td></td><td></td><td></td></tr>
<tr><td>技术文件撰写</td><td>任务工单等技术文件的撰写</td><td>5 分</td><td></td><td></td><td></td></tr>
<tr><td rowspan="4">素质能力</td><td>安全文明生产</td><td>参照相关法规进行考评，确保人身和设备安全</td><td>10 分</td><td></td><td></td><td></td></tr>
<tr><td>遵守时间</td><td>遵守作息制度，不迟到、不早退、不旷课</td><td>5 分</td><td></td><td></td><td></td></tr>
<tr><td>团队协作精神</td><td>组内主动沟通、协作，具有合作交流意识</td><td>10 分</td><td></td><td></td><td></td></tr>
<tr><td>个人表达</td><td>口头表达能力、书面总结能力</td><td>5 分</td><td></td><td></td><td></td></tr>
</table>

任务工单28：独立按键控制设计

<table>
<tr><td>工作任务</td><td colspan="5">独立按键控制设计</td></tr>
<tr><td>姓　名</td><td></td><td>学　号</td><td></td><td>班　级</td><td></td></tr>
<tr><td>实训地点</td><td colspan="3"></td><td>日　期</td><td></td></tr>
<tr><td>小组成员</td><td colspan="3"></td><td>课　时</td><td></td></tr>
<tr><td>任务要求</td><td colspan="5">1. 初步训练：查询式键盘实验
2. 强化训练：用独立按键控制智能车双闪灯</td></tr>
<tr><td>实训目的</td><td colspan="5">1. 理解独立式按键的结构和特点
2. 掌握键盘输入信息的过程
3. 掌握按键抖动的硬件和软件消除方法，并理解各种方法的原理及优缺点
4. 会设计按键去抖动软件程序
5. 能根据控制要求选择合适元器件，设计电路结构
6. 能对控制系统进行软件仿真实验</td></tr>
<tr><td>初步训练</td><td colspan="5">1. 键盘与单片机的连接电路

2. 显示器与单片机的连接电路

3. 按键去抖动的方法

</td></tr>
</table>

（续）

强化训练	1. 硬件电路设计思路 2. 电路连接注意事项 3. 软件设计方法 4. 仿真软件的使用

考核评价

项目评价	考核内容	考核要求	标准分值	自我评价	小组评价	教师评价
专业能力	电路原理设计	能设计出电路，画出电路图，并在实验台上正确完成接线	15 分			
	程序流程图	能画出程序流程图	15 分			
	程序编写	能根据程序流程图编写出相应程序	15 分			
	软硬件调试	能实现任务要求现象	20 分			
	技术文件撰写	任务工单等技术文件的撰写	5 分			
素质能力	安全文明生产	参照相关法规进行考评，确保人身和设备安全	10 分			
	遵守时间	遵守作息制度，不迟到、不早退、不旷课	5 分			
	团队协作精神	组内主动沟通、协作，具有合作交流意识	10 分			
	个人表达	口头表达能力、书面总结能力	5 分			

任务工单29：矩阵键盘控制设计

工作任务	矩阵键盘控制设计				
姓　名		学　号		班　级	
实训地点				日　期	
小组成员				课　时	
任务要求	1. 初步训练：了解4×4矩阵键盘的识别原理和编程方法 2. 强化训练：4×4 矩阵键盘计算器设计				
实训目的	1. 认识矩阵键盘 2. 了解矩阵键盘的扫描方法有哪些 3. 掌握矩阵键盘的行扫描方法 4. 了解矩阵键盘的线反转扫描法 5. 能利用单片机识别出矩阵键盘相应的键值 6. 能利用矩阵键盘完成相应任务的设计				
初步训练	1. 矩阵键盘与单片机的硬件连接电路 2. 矩阵键盘扫描键值的原理				

（续）

<table>
<tr><td>强化训练</td><td>1. 255 内减法运算的译码方法

2. 对送来的译码值进行数据处理的方法</td></tr>
<tr><td>考核评价</td><td>
<table>
<tr><th>项目评价</th><th>考核内容</th><th>考核要求</th><th>标准分值</th><th>自我评价</th><th>小组评价</th><th>教师评价</th></tr>
<tr><td rowspan="5">专业能力</td><td>电路原理设计</td><td>能设计出电路，画出电路图，并在实验台上正确完成接线</td><td>15 分</td><td></td><td></td><td></td></tr>
<tr><td>程序流程图</td><td>能画出程序流程图</td><td>15 分</td><td></td><td></td><td></td></tr>
<tr><td>程序编写</td><td>能根据程序流程图编写出相应程序</td><td>15 分</td><td></td><td></td><td></td></tr>
<tr><td>软硬件调试</td><td>能实现任务要求现象</td><td>20 分</td><td></td><td></td><td></td></tr>
<tr><td>技术文件撰写</td><td>任务工单等技术文件的撰写</td><td>5 分</td><td></td><td></td><td></td></tr>
<tr><td rowspan="4">素质能力</td><td>安全文明生产</td><td>参照相关法规进行考评，确保人身和设备安全</td><td>10 分</td><td></td><td></td><td></td></tr>
<tr><td>遵守时间</td><td>遵守作息制度，不迟到、不早退、不旷课</td><td>5 分</td><td></td><td></td><td></td></tr>
<tr><td>团队协作精神</td><td>组内主动沟通、协作，具有合作交流意识</td><td>10 分</td><td></td><td></td><td></td></tr>
<tr><td>个人表达</td><td>口头表达能力、书面总结能力</td><td>5 分</td><td></td><td></td><td></td></tr>
</table>
</td></tr>
</table>

任务工单30：蜂鸣器设计

<table>
<tr><td>工作任务</td><td colspan="5">蜂鸣器设计</td></tr>
<tr><td>姓　名</td><td></td><td>学　号</td><td></td><td>班　级</td><td></td></tr>
<tr><td>实训地点</td><td colspan="3"></td><td>日　期</td><td></td></tr>
<tr><td>小组成员</td><td colspan="3"></td><td>课　时</td><td></td></tr>
<tr><td>任务要求</td><td colspan="5">1. 初步训练：利用定时器和蜂鸣器发出7个音调来
2. 强化训练：电子琴模拟实验</td></tr>
<tr><td>实训目的</td><td colspan="5">1. 掌握蜂鸣器的工作原理，能使用的定时/计数器产生不用频率的方波
2. 会调节蜂鸣器的音调
3. 能设计出蜂鸣器与单片机连接的硬件电路
4. 能利用定时器改变蜂鸣器发音频率
5. 能完成蜂鸣器发出不同音调的声音程序设计</td></tr>
<tr><td>初步训练</td><td colspan="5">1. 音调产生的原理

2. 不同音调与单片机频率的关系

3. 发出7个不同音调时定时器的初值如何得来</td></tr>
</table>

（续）

<table>
<tr><td>强化训练</td><td>1. 音乐产生的方法

2. 若单片机的振荡频率发生变化，那么产生同样一个音符，定时器的初值会产生怎样的变化</td></tr>
<tr><td>考核评价</td><td>
<table>
<tr><th>项目评价</th><th>考核内容</th><th>考核要求</th><th>标准分值</th><th>自我评价</th><th>小组评价</th><th>教师评价</th></tr>
<tr><td rowspan="5">专业能力</td><td>电路原理设计</td><td>能设计出电路，画出电路图，并在实验台上正确完成接线</td><td>15 分</td><td></td><td></td><td></td></tr>
<tr><td>程序流程图</td><td>能画出程序流程图</td><td>15 分</td><td></td><td></td><td></td></tr>
<tr><td>程序编写</td><td>能根据程序流程图编写出相应程序</td><td>15 分</td><td></td><td></td><td></td></tr>
<tr><td>软硬件调试</td><td>能实现任务要求现象</td><td>20 分</td><td></td><td></td><td></td></tr>
<tr><td>技术文件撰写</td><td>任务工单等技术文件的撰写</td><td>5 分</td><td></td><td></td><td></td></tr>
<tr><td rowspan="4">素质能力</td><td>安全文明生产</td><td>参照相关法规进行考评，确保人身和设备安全</td><td>10 分</td><td></td><td></td><td></td></tr>
<tr><td>遵守时间</td><td>遵守作息制度，不迟到、不早退、不旷课</td><td>5 分</td><td></td><td></td><td></td></tr>
<tr><td>团队协作精神</td><td>组内主动沟通、协作，具有合作交流意识</td><td>10 分</td><td></td><td></td><td></td></tr>
<tr><td>个人表达</td><td>口头表达能力、书面总结能力</td><td>5 分</td><td></td><td></td><td></td></tr>
</table>
</td></tr>
</table>

任务工单31：步进电动机控制设计

工作任务	步进电动机控制设计				
姓　名		学　号		班　级	
实训地点				日　期	
小组成员				课　时	
任务要求	1. 初步训练：利用单片机产生时序脉冲控制步进电动机的转动，同时结合外部开关实现电动机的正反转 2. 强化训练：实现对步进电动机转向及转速的控制				
实训目的	1. 掌握步进电动机的工作原理以及编程方法 2. 掌握步进电动机的驱动电路设计及方法 3. 掌握单片机如何产生步进时序脉冲，并由外部的数据开关实现步进电动机的正反转 4. 学会利用单片机对步进电动机转速进行精准控制				
初步训练	1. 如何控制步进电动机的角位移和转速？步进电动机有哪些优点 2. 步进电动机的转速和负载大小有关系吗？怎样改变步进电动机的转向？ 3. 为什么转子的一个齿距角可以看作是360°的电角度 4. 反应式步进电动机的步距角和哪些因素有关 5. 步进电动机的负载转矩小于最大静转矩时，电动机能否正常步进运行				

（续）

强化训练	1. 扫描键盘子程序流程图 2. 画出键盘处理子程序流程图

考核评价

项目评价	考核内容	考核要求	标准分值	自我评价	小组评价	教师评价
专业能力	电路原理设计	能设计出电路，画出电路图，并在实验台上正确完成接线	15分			
	程序流程图	能画出程序流程图	15分			
	程序编写	能根据程序流程图编写出相应程序	15分			
	软硬件调试	能实现任务要求现象	20分			
	技术文件撰写	任务工单等技术文件的撰写	5分			
素质能力	安全文明生产	参照相关法规进行考评，确保人身和设备安全	10分			
	遵守时间	遵守作息制度，不迟到、不早退、不旷课	5分			
	团队协作精神	组内主动沟通、协作，具有合作交流意识	10分			
	个人表达	口头表达能力、书面总结能力	5分			

任务工单32：汽车辅助电器认知

<table>
<tr><td>工作任务</td><td colspan="5">汽车辅助电器认知</td></tr>
<tr><td>姓　名</td><td></td><td>学　号</td><td></td><td>班　级</td><td></td></tr>
<tr><td>实训地点</td><td colspan="3"></td><td>日　期</td><td></td></tr>
<tr><td>小组成员</td><td colspan="3"></td><td>课　时</td><td></td></tr>
<tr><td>任务要求</td><td colspan="5">1. 初步训练：设计车窗电流检测系统
2. 强化训练：设计汽车自动刮水器控制系统</td></tr>
<tr><td>实训目的</td><td colspan="5">1. 理解刮水器知识及操控原理
2. 理解电动车窗的组成及工作原理
3. 理解电动座椅的组成及工作原理
4. 能利用单片机控制汽车电动车窗的上升和下降，并进行防夹手保护
5. 能利用单片机控制汽车刮水器并进行调速
6. 能利用片机完成相关的电动控制</td></tr>
<tr><td>初步训练</td><td colspan="5">雨量传感器的光学原理</td></tr>
</table>

（续）

	项目评价	考核内容	考核要求	标准分值	自我评价	小组评价	教师评价
考核评价	专业能力	电路原理设计	能设计出电路，画出电路图，并在实验台上正确完成接线	15分			
		程序流程图	能画出程序流程图	15分			
		程序编写	能根据程序流程图编写出相应程序	15分			
		软硬件调试	能实现任务要求现象	20分			
		技术文件撰写	任务工单等技术文件的撰写	5分			
	素质能力	安全文明生产	参照相关法规进行考评，确保人身和设备安全	10分			
		遵守时间	遵守作息制度，不迟到、不早退、不旷课	5分			
		团队协作精神	组内主动沟通、协作，具有合作交流意识	10分			
		个人表达	口头表达能力、书面总结能力	5分			

任务工单33：汽车车窗模拟控制设计

<table>
<tr><td>工作任务</td><td colspan="5">汽车车窗模拟控制设计</td></tr>
<tr><td>姓　名</td><td></td><td>学　号</td><td></td><td>班　级</td><td></td></tr>
<tr><td>实训地点</td><td colspan="3"></td><td>日　期</td><td></td></tr>
<tr><td>小组成员</td><td colspan="3"></td><td>课　时</td><td></td></tr>
<tr><td>任务要求</td><td colspan="5">1. 初步训练：利用单片机模拟产生的PWM控制直流电动机的转动，同时结合外部开关实现电动机的转速控制
2. 强化训练：用单片机控制直流电动机正反转，来模拟汽车电动车窗的升降</td></tr>
<tr><td>实训目的</td><td colspan="5">1. 掌握直流电动机的工作原理以及编程方法
2. 掌握单片机如何模拟产生PWM脉冲控制电动机转速，并由外部的数据开关实现PWM占空比的改变，控制直流电机的转速
3. 理解汽车电动车窗的工作原理
4. 会设计直流电动机驱动电路
5. 能利用单片机控制直流电动机的转速
6. 能利用单片机模拟产生PWM脉冲控制电动机转速
7. 能进行电动机驱动等相关硬件及软件设计</td></tr>
<tr><td>初步训练</td><td colspan="5">1. 直流电动机是将__________转变为____________的控制元件
2. PWM的占空比是什么

3. PWM的分辨率是什么

</td></tr>
</table>

（续）

<table>
<tr><td>强化训练</td><td>1. 实验中采用的直流电动机驱动电路是什么

2. 两个继电器的两端都反向接了一个二极管的原因是什么</td></tr>
<tr><td>考核评价</td><td>

项目评价	考核内容	考核要求	标准分值	自我评价	小组评价	教师评价
专业能力	电路原理设计	能设计出电路，画出电路图，并在实验台上正确完成接线	15分			
	程序流程图	能画出程序流程图	15分			
	程序编写	能根据程序流程图编写出相应程序	15分			
	软硬件调试	能实现任务要求现象	20分			
	技术文件撰写	任务工单等技术文件的撰写	5分			
素质能力	安全文明生产	参照相关法规进行考评，确保人身和设备安全	10分			
	遵守时间	遵守作息制度，不迟到、不早退、不旷课	5分			
	团队协作精神	组内主动沟通、协作，具有合作交流意识	10分			
	个人表达	口头表达能力、书面总结能力	5分			

</td></tr>
</table>